U0109622

古典文獻研究輯刊

十二編

潘美月・杜潔祥 主編

第 **11** 冊

隱逸・山人・園居
——周履靖及其《夷門廣牘》研究（上）

葉俊慶 著

國家圖書館出版品預行編目資料

隱逸‧山人‧園居──周履靖及其《夷門廣牘》研究（上）／
葉俊慶 著 — 初版 — 新北市：花木蘭文化出版社，2011〔民
100〕
目 6+220 面：19×26 公分
（古典文獻研究輯刊 十二編：第 11 冊）
ISBN：978-986-254-404-4（精裝）
1.（明）周履靖 2.學術思想 3.生活型態 4.叢書
5.研究考訂
011.08　　　　　　　　　　　　　　　　100000213

ISBN-978-986-254-404-4

9 789862 544044

古典文獻研究輯刊
十二編　第十一冊　　　　　　　ISBN：978-986-254-404-4

隱逸‧山人‧園居──周履靖及其《夷門廣牘》研究（上）

作　　者　葉俊慶
主　　編　潘美月　杜潔祥
總 編 輯　杜潔祥
企劃出版　北京大學文化資源研究中心
出　　版　花木蘭文化出版社
發 行 所　花木蘭文化出版社
發 行 人　高小娟
聯絡地址　新北市永和區中正路五九五號七樓之三
　　　　　電話：02-2923-1455／傳真：02-2923-1452
網　　址　http://www.huamulan.tw 信箱 sut81518@ms59.hinet.net
印　　刷　普羅文化出版廣告事業
初　　版　2011 年 3 月
定　　價　十二編 20 冊（精裝）新台幣 31,000 元
版權所有‧請勿翻印

隱逸・山人・園居
——周履靖及其《夷門廣牘》研究（上）

葉俊慶　著

作者簡介

葉俊慶，臺灣新北市人，國立中正大學中文所碩士，現為中學教師。曾發表有〈論唐代聯句詩在文學史上的意義〉、〈故國關山無限路，風沙滿眼堪斷魂——論李益邊塞詩中的回歸意識〉、〈《笑林廣記》中的諧謔意義析論〉、〈試論明代文學中的書面傳播〉等論文。

提　　要

　　本論文乃是一宗環繞在〔明〕周履靖及其《夷門廣牘》為中心的個案研究，全文凡分五編，除了第一編〈導論〉以及第五編〈結論與展望〉之外，核心的討論章次有三編，各編之間並有著一定的論述層次，說明如下：

　　第二編的〈《夷門廣牘》的編纂、版本與文獻價值〉屬基礎的分類整理與探討，故主要採取的是古籍文獻與版本目錄的討論方式：由於〔明〕周履靖生平資料極度缺乏，今人很難再從其他文獻史料中勾勒全套叢書編纂的前後因緣，因此，筆者透過細密的文獻爬梳功夫，由序跋、書目、內容等面向一一核對，藉此推估其可能的成書過程，進而依據清人藏書書目、海內外各大重要圖書館藏目錄以考察出現今《夷門廣牘》的版本收錄情形，並針對不同版本間的版式、行款、卷數、部類歸隸……等等進行比較，指明各個版本間的差異性，最後，將《夷門廣牘》置入明代圖書的發展脈絡底下，透過相同文類的比較及其與選本作品的關係，觀察《夷門廣牘》可能的文獻價值。

　　第三編的〈《夷門廣牘》中的文人生活體系〉則是將叢書的研究脫逸文獻討論的框架，轉而視其為某種文化史料的群集，透過「物質」、「遵生」與「審美」三種論述的角度，細膩地分析〔明〕周履靖如何透過不同書籍的內容以架構出一套文人理想中的生活模式，而這也是生活史學家經常強調的「有效的策略」。然而，必須說明的，在論述過程中，可能涉及有多種特殊領域的知識，包括風水、方位、導引、吐息、棋牌……等等，對此，筆者將著重在這些言論內容所呈顯的生活關懷，而不再一一詳述其源流與發展過程。此外，為了更能夠清楚地看出《夷門廣牘》所安排的各種活動在生活中的位序為何，筆者並打破〔明〕周履靖當初規劃的十餘種牘目型態，重新按其旨趣，分作「起居」、「尊生」與「游藝」三個主題歸納，如「起居」部分包括「宅」「園」意義的轉換、風水擇吉的觀念以及居家物件的擺設，「遵生」部分包括心神調攝活動以及飲膳烹調的規劃，「游藝」部份包括博弈、投壺、雜戲等玩娛活動、詩文書畫以及音樂、戲曲等雅趣活動。

　　第四編的〈周履靖的園居經驗與書寫活動〉則是延續了第三編關於文人理想生活的架構，探尋這種文人理想的生活模式一旦回歸至〔明〕周履靖的實際生活經驗時，又會呈現出如何的面貌。因此，本編以〔明〕周履靖園居經驗為核心，除了從現存相關詩文中鉤稽梅墟園林的大體建制外，並且察探其中所展開的種種人文活動，包括園林空間的詮釋、園居經驗的書寫與對話……等等，筆者在進行文本解讀的同時，亦嘗試穿插多種園林史觀念以及文藝美學理論，希冀可以藉此讀出更多隱微的意旨與現象。

　　職是，從基礎文獻的分析掌握、到文本內涵的詮釋、再到實際經驗的驗證，整體討論過程可謂是一步步地導入《夷門廣牘》的核旨與編輯旨趣，同時，這樣的討論方式或許也更能精確地切中相關文化討論。

目　次

毛 序

「晚明」研究的學術版塊

回思筆者於 1995～1997 年間撰寫博士論文之際，中文學界對晚明文化的研究方興未艾，包括筆者恩師在內的許多知名學者如：余英時、周質平、嵇文甫、徐泓、鄭培凱、龔鵬程、曹淑娟、周志文、陳萬益、何冠彪等教授，各自在學術思想、社會風氣、文化美學、藝術風格、性靈文學、文人生活等不同議題面向，逐漸墾植了「晚明」研究的學術版塊，並豐富其詮釋的路徑。「晚明」在舊日傳統文學研究中，相較於「漢魏」、「六朝」、「唐」、「宋」等斷代而言，為較晚開發的荒原。近二十年來，諸位前賢皈於董理「晚明」塵封已久的文獻，探尋文化荒煙漫草間的偏僻角落，闢建乏人問津的課題，突破詮釋的困境，深化意義的解析，導引方法的反省，勤力提示研究的各種途徑與可能，為「晚明」研究開拓了極具學術性的參考視野。

筆者十年前的博士論文：《晚明閒賞美學研究》，[註1]便是這個學術根基拓展的成果之一。拙著旨在考察晚明的審美意識並進行系統化的解析。全書共分五大部分，其中第三、四編兩部份為筆者最用力之處。第三編『晚明閒賞美學之文獻基礎與探討』，提出晚明文人對雜學價值的新視野，稗官小說、雜藝譜錄之類的遊戲墨花，不僅符合堂皇正大的「博識」目的，更可用以涵養性情，這個曠覽博學的新角度，適足作為吾人觀察晚明美學的視點。筆者

〔註 1〕 筆者就讀於臺灣師範大學國文研究所，於 1997 年 6 月完成博士論文《晚明閒賞美學研究》，業經大幅修改更名為《晚明閒賞美學》，由臺灣學生書局（臺北，2000）出版。

特以《四庫全書》的類例名稱爲主，爲晚明閒賞美學相關文獻別作：書畫、篆刻、器用、圃藝蟲畜、飲饌、游藝、雜品、叢輯等八大類，將晚明文人博學好古的傾向在美學文獻上作了充分的印證。筆者特別比戡《洞天清祿集》、《遵生八牋》、《清祕藏》、《考槃餘事》、《長物志》、《瓶史》等幾部著作的承襲關係，發現大部分的書可謂均由高濂《遵生八牋》一書脫胎換骨而來，該書成爲拙著論述分析的重點文獻。第四編『晚明閒賞美學論』則爲拙論的另一核心。筆者首由文獻的解讀，確立明人將「尊生」與「審美」看似無關的課題，連結成爲一種深具美學意趣的起居生活，斯乃文人爲養護生命所細心營造，這是晚明閒賞美學的獨特性。其次，由傅柯「話語形構」的理論觀點作爲分析架構，探討閒賞美學的語彙策略，並由文人階層的「主體操控」與「稀釋」作用兩個特點，分析語彙策略運用的社會性。再次，爲晚明文人於賞鑑對象的審美品味方式，試圖提出了一套以「比較」、「宜稱」與「換位」等模式組成的「品味鑑識系統」。復次，在分別探討了「主體體驗的美感型態」外，再運用高友工的詮釋架構，藉以推導晚明文人由「物象」到「心象」所欲追索的，具有隔離的「美感境界」，用以呼應本編俗世生命之裝飾意義。本編企圖以「兩大課題」、「語彙策略」、「品味鑑識系統」、「美感型態」、「美感經營」、「美感境界」等面向，據以建構晚明的閒賞美學體系。

筆者立於眾多前賢成果的堅實基礎之上，傾力完成了晚明閒賞文獻的考掘及其關涉之文人美學的系統化論析。很慶幸的是，十年來，晚明的研究已爲學界的熱潮，著作如林，佳作疊出。臺灣中正大學中文研究所碩士葉俊慶先生所著《隱逸・山人・園居──周履靖及其《夷門廣牘》研究》一書，恰可視爲接續著這個研究路徑而作了良好開展的一部體系之作，充實了「晚明」研究的學術版塊。

山中宰相・雲間鶴──陳繼儒

在探討葉俊慶先生的著作之前，筆者想藉著探述一部漢學著作討論另一位山人型文士──周履靖的文友陳繼儒。晚明時期企圖建構文人生活體系全備圖譜而極具代表性的兩大叢書：《寶顏堂祕笈》與《夷門廣牘》，前者的編撰人即爲著名的陳眉公。政經社會皆已產生巨變的晚明，陳繼儒焚燒儒服，謝絕仕進，轉換身姿，靈活周旋於仕／隱／商等場域，逐步攀上文化事業的頂峰。清代蔣士銓《臨川夢・隱奸》的出場詩：「翩然一隻雲間鶴，飛去飛

來宰相衙」，便是對陳眉公一種看似優美的喝采卻不懷好意的評語。2007 年荷蘭萊頓大學出版了一位澳籍漢學博士 Jamie Greenbaum 的力作：*"Chen Jiru (1558-1639): The Background to, Development and Subsequent Uses of Literary Personae"*（陳繼儒(1558-1639)：文學人格的緣起、發展及其影響），〔註 2〕以大眾文化視角考察晚明文人陳繼儒，有精彩的闡論。Dr. Greenbaum 巧引蔣士銓詩，認為再沒有比「雲間鶴」這個意象更適合用來作為一個前現代中國文士的隱喻，擺盪在政治、經濟、社會、文化諸多面向的陳繼儒，正是這個飽含讚美、質疑與嘲諷的意象源頭。陳繼儒原是一個出身平庸鄙賤的庶子，透過靈活的文學手腕，轉型為社會名流，自我提昇至一個文化權貴的高度，這是近代中國一種新興的文人型態，陳氏建構了一個脫逸傳統軌跡的新世界。商業發達的晚明已邁入印刷出版專業化、印物種類多樣化、銷售市場普及化、閱讀受眾廣泛化的時期，Greenbaum 以《明史》本傳為引線，特別就陳氏「遠近競相購寫，徵請詩文者無虛日」的文意勾勒出文學書寫背後存在一個市場交易的曖昧世界。陳繼儒既是一名詩文雜著的作者，又是一名參與印刷流程的計畫編輯，也是審訂校注他人著述的讀者，以及與人配合編撰的共同作者，終其一生，他扮演由書籍生產者到消費者的多重角色，並發展出多樣化的閱讀市場，歷經一個逐步被授與文化權柄的過程。陳繼儒機敏地感知江南印刷、運輸與市場行銷活絡的局面，焚燒儒服看似退隱的作風，恰好提供他一個更自由的身段，更新傳統「藏諸名山」的不朽觀，以迎合大眾口味的前提進行創作。Dr. Greenbaum 透過該書描畫一個歷時長久、矛盾糾葛、複雜多變甚至略帶嬉遊況味的文人形象，在紮實文獻解讀下，發揮豐富的想像力，建立一個足以理解陳繼儒在中國文化史特殊定位的穩固架構，使讀者充滿閱讀興味。〔註 3〕

　　如鶴鳥輕盈身姿翩然飛翔於雲間的陳眉公，被時人譽為山中宰相，依傍著精良之印刷術與發展成熟的書市，在資金活絡的商業社會裡，營造並敷染著文人特有的文雅品味，《寶顏堂祕笈》可視為這個抽象理想付諸實現的一個平台。陳繼儒模式，恰為周履靖及《夷門廣牘》構畫一張絕佳的藍圖。

〔註 2〕 Leiden: Brill 2007. （Volum 81 in the Series Sinica Leidensia）. pp.43+292.

〔註 3〕 關於 Greenbaum 一書的書評，詳參拙著：〈中文書評：Jamie Greenbaum, Chen Jiru （1558～1639）: The Background to, Development and Subsequent Uses of Literary Personae.〉《漢學研究》第 27 卷第 4 期，2009 年 12 月，p.369～376。

全書概要

　　葉俊慶先生《隱逸・山人・園居——周履靖及其《夷門廣牘》研究》一書，透過環繞著明末文人周履靖及其編撰叢書《夷門廣牘》作爲中心個案，展開其人其書的全面性研究，論題雖僅是一名文士及其編著的微題研究，而其輻射出來的議題包括：山人的文藝身份、叢書的價值定位、文人虛實辨證的現世理想等，觸及的學術邊界十分遼闊。誠如學者王鴻泰指出：明後期所開展出來的「文人文化」，事實上可視爲一種獨特生命經驗的嘗試與拓展，其中包含有人生態度、生活形式與感官活動，彼此相互關涉、牽纏，成爲當時文人藉以標榜自我，相互認同的一種生命情調與生活方式，進而藉以確認其社會地位。〔註4〕晚明山人周履靖正是一個很好的典例，包樨芳以詩贊曰：「欲識幽栖絕俗塵，梅花墟裡考槃人。月明清夢羅浮夜，雪滿長林羌笛春。」周氏一方面卜園棲居於鴛湖之濱，呈現「隱逸」自任的清高風範；同時又周旋於圖書出版與索題於名士公卿間的世俗化行徑，豈不就是另一隻雲間鶴？

　　葉書共分五編，除了首編『導論』與第五編『結論與展望』外，核心撰寫有三編：『《夷門廣牘》的編纂、版本與文獻價值』、『《夷門廣牘》中的文人生活體系』、『周履靖的園居經驗與書寫活動』，各編的論述層次彼此涵融。

　　第二編『《夷門廣牘》的編纂、版本與文獻價值』，由古籍文獻與版本目錄的角度切入。由於周履靖生平資料極度缺乏，今人很難再從其他文獻史料中勾勒全套叢書編纂的前後因緣，因此，作者透過細密的文獻爬梳，由序跋、書目、內容等面向一一核對，藉此推估其可能的成書過程。進而依據清人藏書書目、海內外各大重要圖書館藏目錄以考察出現今《夷門廣牘》的版本收錄情形，並針對不同版本間的版式、行款、卷數、部類歸隸等進行比較，指明各版本間的差異，最後，將《夷門廣牘》置入明代圖書的發展脈絡，透過相同文類的比較及其與選本作品的關係，估定《夷門廣牘》可能的文獻價值。

　　第三編『《夷門廣牘》中的文人生活體系』，將叢書的研究脫逸文獻討論的框架，轉而視爲文化史料的群集。藉由「物質」、「遵生」與「審美」三個論述層面，探求周履靖如何架構一套文人理想的生活模式，此爲生活史學家經常強調的「有效的策略」。這些生活內容還包括：風水、方位、導引、吐息、棋牌……等相當龐雜的知識面向。此外，爲了能更清楚觀照《夷門廣牘》安

〔註4〕詳見王鴻泰：〈閒情雅致——明清間文人的生活經營與品賞文化〉，《故宮學術季刊》，卷二十二，第一期（2004年9月），頁69～97。

排各種活動於生活中之位序，作者打破周氏當初規劃的十餘種牘日型態，重新按其旨趣歸納爲「起居」、「尊生」與「游藝」三項主題。「起居」部分包括：「宅」「園」意義的轉換、風水擇吉的觀念以及居家物件的擺設；「遵生」部分包括：心神調攝活動以及飲膳烹調的規劃；「游藝」部份包括：博弈、投壺、雜戲等玩娛活動、詩文書畫及音樂戲曲等雅趣活動。

　　第四編『周履靖的園居經驗與書寫活動』，則延續前編關於文人理想生活的架構，探尋這種理想生活模式如何回歸並聯結周履靖的實際生活經驗。本編以周氏園居經驗爲核心，除了從現存相關詩文鈎稽梅墟園林的大體建制外，並考察梅墟展開的種種人文活動，如園林空間的詮釋、園居經驗的書寫與對話⋯⋯等。作者在進行文本解讀的同時，亦嘗試穿插多種園林史觀及文藝美學理論，希冀藉此讀出隱微的意旨與現象。

作者的學術進路

　　葉俊慶先生將一個正史沒有位址的周履靖，置於「文人文化」的理解脈絡中，觸及「文人意識」之形塑、「文藝社會」之構成，將文獻中的周履靖納入「歷史背景」、「社會文化」與「文學文本」三種觀察線索交織的經緯中以進行多層次剖析，十分敏銳地叩問著明代文化最核心的問題。

　　本書的學術進路人由「人」與「書」兩大層次進行論述。

　　首先關於「人」的部份。正史無傳的周履靖，作者於第二節傳記之資料考述上用力甚深，透過自傳與題贊、朋輩之傳、贊、地方志，以及相關人士之日記等多樣化文獻，宛如偵探一般，力圖爲身影模糊的周履靖描畫一個清晰的輪廓。眾多文獻彼此複抄的傳記主幹爲：

> 周履靖少羸，棄經生業，好讀書，金石古篆、詩文書畫俱精，編茅引流，雜植梅竹，日與文友吟詠往來、贈述酬和，編著刊刻書籍百餘種。

作者除了辨析這些面向之外，更掘發出不少湮沒不彰的材料，包括他與妻子桑貞白的詩文唱和、與鄉里間的密切互動、環繞於梅墟的園林活動，以架構這位在晚明文藝場域頻繁活動的周氏身影，葉俊慶先生很精彩地在本書裡推展了一個傳奇考索的研究軌跡。至於由「人」的研究過渡到「書」的研究途中，作者釐清了周履靖之編、撰、繪多重的書寫身份，並將周氏作品的考述作爲理解其編撰《夷門廣牘》的重要基礎。

其次，關於「書」的部份。《夷門廣牘》輯得之書共約一百一十餘種，其中內容從詩文書畫、譜錄、醫藥、飲食、占卜乃至花木植栽、文物賞鑑、導引修煉等，涉及範圍極爲駁雜。作者以爲任何文學文本的出現都不會是孤立的意義，背後始終都有一明確的對應者：扣合之時代精神、主體意識、文學風氣……等。據〈夷門廣牘敍〉之牘目說明，確指該叢書是以「生活」爲主要訴求，檢閱明代中晚期相關文獻時，這類訴求並非個案，反而熱烈地體現了眾多文人雅士的生活型範。

由書籍性質而言，《夷門廣牘》乃中國五千餘種叢書之一部，作者針對叢書考鏡源流之外，特別提舉《夷門廣牘》一書之時代性。葉先生站在眾多優秀學者的基礎上，擺脫大部叢書包含的瑣碎細節，直接將此叢書由文獻材料的身分探入文化史料，他綜合幾位學者見解領悟：

> 叢書不僅僅只是考證或文獻保存的資料庫，同時也是我們進行文化分析的工具，某種程度上，叢書內的諸多文獻自可超越原來文學史的理解，賦予新的意義，那麼，所將預見的研究視點必然也大爲增加，在看似零碎片斷的文獻史料中，發現新的文化圖像，從不同的理解側面，重新詮釋我們習以爲常、不假思索的知識體系。

是故，作者體認在中國龐大知識體系下的《夷門廣牘》，不需僅以版本目錄學家文獻材料的視角，用之作爲校勘古籍或者探掘古書原貌之途，一一辨其文獻生態而已，反而可以透過「叢書」的整體性，追索其在學術思想變遷中的意義。作者引用周積明「以輯爲作」、「以述爲作」的觀念，視叢書由「輯刻」的概念轉向「創作」。那麼，編者憑藉個人所觀所想主導其編纂，某種程度上，叢書內的知識系統其實就是編者自身文化心態、社會經驗、情感意志、時代思潮……等因素的投射。再者，從文學傳播的角度而言，書籍刊行的最終目標是要「被閱讀」，並且擁有一定的消費市場，這意味了各類叢書的出現，恐怕並非只是編者「一廂情願」地操持催生所致，其中所映現的文化、情志也可能正是某些人、某些群體的閱讀需要和渴求。

《夷門廣牘》不妨可視爲雜揉了大眾傳播機制、社會流行文化以及文人文化所應運而生的必然結果，研究者分析《夷門廣牘》內部的知識型態，將有助於我們理解其中所架構之生活體系，以及與此相應的文化脈絡。基於這樣的理解，葉先生對周履靖《夷門廣牘》的書籍定位，便可依循英國學者 Craig Clunas: "Superfluous Things: Material Culture and Social Status in Early Modern

China" 一書給予的啓示，或逕循筆者與王鴻泰等學者的路徑：將屠隆《考槃餘事》、陳繼儒《巖棲幽事》、文震亨《長物志》、高濂《遵生八箋》……等書籍視爲一種生活設計寶典，成爲特定的文化史料，觀其於不同社會階層之流傳、辯證，藉以考察社會生活文化的演進，由此理解文人文化在具體社會情境之形成。

本書之價值

　　葉俊慶先生的碩士論文口試，非常幸運地，不僅得到筆者恩師臺灣大學曹淑娟教授親自南下主持答辯會，還獲得筆者同事——畢業於美國普林斯敦大學東亞系並親炙於蒲安迪教授的楊玉君博士應允與會。曹教授讚賞葉先生全書打開詮釋視野的宏大企圖，並肯定本書能以主體性去籠罩全局撰寫架構，這個主體性既包括文本、傳主，其由內至外貫串人倫、個人生活與園林經驗，甚至擴及山人階層所形塑出來之人文社會的主體性，以及典範塑造的文化主體性表現等，本書能由一個小點觸及如此龐大的面向，誠屬難能可貴。曹教授同時提出了本書較弱的一環：園林書寫，曹教授以其傑出厚實的園林研究成果指出周履靖的梅墟與袁中郎不同，袁氏「柳浪」雖是不太成熟的園林，但有自覺性的美學經驗，周氏梅墟則非自覺性的園林美學，亦無特別的象徵意涵；此外，周氏園林的書寫，未必能與梅墟的活動經驗完全劃上等號。楊博士肯定本書之餘，亦以其貫有的細緻思惟由不同角度洞悉葉先生初稿思路模糊有待釐清的段落，更提出核心質問：「周履靖是誰？」在周氏被收編爲晚明文人的共相之外，他有著不同於陳繼儒、董其昌的特殊面向何在？口試教授指出的種種缺漏，作者已在本書定稿時作了盡力的修訂與增補。

　　本書五編十二章超過三十萬字的篇幅，不僅呈現了作者宏大的論述視野，書後的參考書目及相關附錄製表，亦展示了作者本書一段聚沙成塔的勤奮歷程。尤其參考書目洋洋陳列了葉俊慶先生幾年來叩問學術的軌跡，這個龐大而脈絡清晰的書目清單指陳了本書真正的指導教授群體。忝爲指導教授的筆者，願在此提出本書的幾點價值：

　　（一）成功演示了一個正史缺席之邊緣人物的研究案例；
　　（二）抉發《夷門廣牘》作爲一部叢書之編纂、版本、文獻及史料的意義；
　　（三）爲晚明文化的整體研究作了充分的印證並賦予厚實的積累。

尾　聲

　　葉俊慶先生是一位令人驚喜的青年學者，他這部論著《隱逸・山人・園居——周履靖及其《夷門廣牘》研究》同樣也是一部令人驚喜的鉅構。筆者早在俊慶大一時便認識這位讓許多師長跌破眼鏡的學生，原以爲興趣廣泛的他，正如其平日嬉笑所言，會到淡水漁人碼頭設攤販賣雞排，或是從商，或是進入傳播界，豈會走上學術之路？詎料因怕畢業即失業的他，竟廁身躲入研究所棲息，更沒想到他在課堂的學術思維與創意表現如此可圈可點。俊慶在碩士班修習筆者所開設之「明清文學專題研究」課程，由於其蓬勃旺盛的探索野心，點燃其明代文人文化與叢書編撰及出版熱潮的研究火種，遂燎起熊熊大火……。我看到一位對知識探求具有強烈渴望的年輕人之摸索過程與令人驚喜的成果。俊慶的成果，以其聰明靈慧、勤奮用功、求知的熱忱，以及自我鞭策的動力作爲襯墊，他對中文學界相關研究動態的掌握十分即時，又如海棉般強力吸收，極幸運地，他推進「晚明」最新銳傑出的研究領地中磨礪自我的劍鋒。

　　筆者此刻聯想到柏林（Isaiah Berlin）的名著《刺蝟與狐狸》，該書根據古希臘智者的預言說道，狐狸知道很多事情，但刺蝟只知道一件大事。柏林用這兩種動物比喻藝術與理智兩種不同性格的人，然而人的性格並非判然二分，柏林研究小說家托爾斯泰，認爲在別人眼中的托爾斯泰是一隻機靈智巧的狐狸，但他卻自認是隻刺蝟，願意專力於觀察人類的命運，並以此細究思想的深淵，他是一隻想成爲刺蝟的狐狸。俊慶具有靈敏慧思，年少時期縱然對佈設自我前程具有千般頭緒，如今一旦投身研究工作，或許可以期許自己由狐狸性格轉身成爲刺蝟，將個人廣角的興趣精專於學術之涯，用以探索中國深刻的人文世界。

國立中正大學中文系教授　毛文芳　臺灣・嘉義 2011.02.14

第壹編　導　論※

第一章　周履靖的傳記與作品考述
第二章　叢書在文學史上的定位
第三章　研究背景、方法取徑與撰寫次第

※ 按：據筆者所查，目前所知《夷門廣牘》約有十九筆，其中，筆者所得以親見者，
僅國家圖書館藏〔明〕萬曆金陵荊山書林刊本、〔明〕萬曆金陵荊山書林刊配補影
鈔本以及上海涵芬樓藏〔明〕萬曆刻本，而後兩者經比對，應爲同一版本來源。此
外，各版本都有其優缺點，其中，書目文獻出版社於 1990 年又據上海涵芬樓所藏
完整影印發行，並集結爲上、下兩冊。考量其後出，文字內容亦大致完整，因此，
本論文採之。

第一章　周履靖的傳記與作品考述

第一節　隱逸・山人・周履靖

　　明代中期以後，隨著整體社會文化的轉變而發生了許多結構性的改變，除了崇禎末期那段兵馬倥傯的歲月之外，縱然，政治作為積弱下偶有地區性戰亂發生，並造成部分市鎮的凋弊衰弱，但若從宏觀的社會文化角度來看，仍屬繁盛安定，尤其，江南經濟財富的持續穩定成長，融化了許多傳統以來難以跨躍的文化界線，四民階級之分得到更人的彈性，彼此浮動交流。於是，相應於此際變化，一種新型謁客階層——山人，逐步登上歷史舞台。他們以隱逸自持，絕意仕進，藉由退離人世的姿態揚顯其幽情雅韻；他們流連於山水峰泖、酖溺於花木泉石或賞玩之物，極力營構一種風雅怡情的藝術化生活；他們往往也不避應酬，樂於與人交遊往來，甚至游走於鄉紳貴胄之間，藉以獲取「聲名」或「利祿」；多元而豐富的生活方式，為這一時期的文人型態增添了多彩多姿的文化意義。〔註1〕

〔註1〕〔明〕薛岡〈辭友人稱山人書〉云：「山人之號，不著於古，古有其人；盛行於今，今鮮其實。不佞竊謂山人者，山中之人，非無位者之通稱也。如洗耳許由、飲牛巢父、採薇夷齊，身至老死，曷嘗一日離箕穎首陽哉？爲此四君足以當之。……今日遊客，動號山人，以爲無位者之通稱，而加不佞，益非不佞所願當矣，有人於此，苟無其位，質有其文，遊大人以成名，或呼處士，或曰布衣，名副厥實，誰曰不宜？」由此可知，明代山人既非指過去許由、巢父、夷齊輩之生活情狀，亦非山林官吏、巫覡醫卜等職業稱屬，〔明〕薛岡指出，所謂明代山人多是處士、布衣等「無位者之通稱」。而這也可說是吾人對明代山人身分的基本理解。該文詳見〔明〕薛岡：《天爵堂集》，收於《四庫未收書輯刊》（北京：北京出版社，2000年），第六輯，第二十五冊，卷十

其中，以「隱逸」作爲人生價值的追求，是普遍存在於中國文化的傳統當中，其文化的源頭大概可以推溯至《莊子・讓王》，無論是那位不受堯之讓天下而甘於山野的許由、推稱有「幽憂之病」而無暇治天下的支父、或者拒絕舜之讓天下而攜妻負子棲隱海外的石戶之農，甚至更激烈者，如北人無擇選擇「自投清泠之淵」〔註2〕。儘管諸此事例的眞實性並不高，極可能是杜撰之說，但文中確已鮮明地呈現出某種勇於追求自我價值而不惜抗命的隱逸文化特質，於是，在我們的認知思維中，經常容易將「隱逸」與所謂的「遁世離塵」、「超然物外」、「淡泊名利」、「茹藜疏食」……等意識形態相接榫，形成某種集體的文化記憶。然而，漫長的歷史發展進程中，伴隨著不同社會背景與文化思潮，隱逸文化的內涵自然有異，若依隱居場所而言，自有田園、山林、江湖、寺觀、城鎮……等等之別，而依隱居目的而言，則或有爲了保全志節而不肯入仕者，如〔漢〕嚴子陵在光武帝幾番徵聘中，爲了標榜自己無心入仕服務之志，屢屢以桀敖不馴的行爲傳達出不合作的意願；或有爲了保全人格氣節而歸隱者，如〔宋〕謝坊得，本是一位處處以國家爲念、忠君愛國的入世儒者，曾經數度以一己之微力，力挽宋末狂瀾，然而，隨著宋亡入元後，隱姓埋名、四處乞討爲生，即使聖旨幾次籠絡仍舊堅不受祿；或有等待時機、爲「道」而隱者，如〔春秋〕孔子即使主張「君子上達」、積極入世服務以成仁成道，但也有謂「天下有道則見，無道則隱」（《論語・泰伯》）、「道不行，乘桴浮於海」（《論語・公冶長》）；或有「身處江湖而心繫魏闕」者，他們往往是採取隱退名義，以「隱」自高，作爲某種沽名釣譽、待價而沽的手段，最有名者莫如〔唐〕盧藏用的「終南捷徑」，擺出山居高易的姿態，藉此獲致清名而求爲朝廷所招聘；或有甘心澹泊、追求山水物外之趣而隱者，如〔戰國〕莊子即是典例，嘗云：「日出而作，日入而息，逍遙於天地之間，而心意自得。吾何以天下爲哉！」（《莊子・讓王》）嚮往原始社會的自然生存狀態，強調身閒心靜，不以權勢富貴而傷天性之樂，而〔晉〕陶淵明亦明白自己天性與世相違，辭去彭澤令後便歸隱田園不再復出，他們的「隱」可說都是滌除一切人倫規範、人事功名後的人生境界。〔註3〕

八，頁657下～658上。

〔註2〕詳見〔清〕郭慶藩：《莊子集釋》，收於《續修四庫全書》（上海：上海古籍出版社，1995年），第九五八冊，卷九下〈讓王〉，頁79下～85下。

〔註3〕事實上，中國隱逸文化的類型著實豐富，學界亦多有相關討論，限於篇幅與討論重點關係，此處僅就五種最具代表性者舉例說明，而各類型所舉證之例，

那麼，以「隱逸」自持的明代山人又該落在哪一條脈絡底下呢？粗略觀之，他們與所謂「身處江湖而心繫魏闕」者較為近似，但又有某些本質上的差異。隱居對他們而言，同樣都是溢出傳統「清簡樸素」、「避世絕塵」對比「繁華喧囂」、「交際往來」的理解路徑。其中，後者最終是以隱居作為「致仕」的一種憑藉，但明代山人現象卻是特定歷史環境與社會文化的作用所衍生而來〔註4〕，其中，與明代科舉某些結構性因素導致多數士人無法順利入仕又有極大關係〔註5〕，因此，他們既以「山人」標榜自我，通常早已意不在舉官入府，而是希望能藉由另一種文化身分以轉換出有別於仕進的人生價值。於是，他們或有藉由某些特定生活品味的誇示與追求，以圈劃出特定生活文化與社群意識的認同感，如〔明〕趙宧光的寒山別業：

> 卜築城西寒山之麓，淘洗泥沙，俾山骨畢露，高下泉流，凡游於吳者，靡不造盧談宴。〔註6〕

其他如〔明〕張鳳翼的求志園、〔明〕王穉登的半偈園、〔明〕陳繼儒的婉

主要源引自各代史書之「隱逸傳」，茲不再一一細列出處。其他，可以參閱王文進：《仕隱與中國文學——六朝篇》（台北：台灣書店，1999年）；劉紀曜：〈仕與隱——傳統中國政治文化的兩極〉，收於《中國文化新論：理想與現實》（台北：聯經出版社，1982年），頁289～343；許建平：《山情逸魂——中國隱士心態史》（北京：東方出版社，1999年）；王德保：《仕與隱》（北京：華文出版社，1997年）；趙映林：〈中國古代隱士與隱逸文化〉，《歷史月刊》，1996年4月號，頁30～36。

〔註4〕 事實上，山人之名並非明代所獨有，至少我們在《周禮》、《左傳》等先秦文獻都可見其名，但作為一種文人身分並且蔚然成風者，則非明代莫屬，然，關於明代山人的形成與發展實極為複雜，此處未及詳論，讀者可以參閱張德建：《明代山人文學研究》（湖南：湖南人民出版社，2005年）；（日）鈴木正：〈明代山人考〉，收入清水博士追悼紀念明代史論叢編輯委員會編：《清水博士追悼紀念明代史論叢》（東京：大安出版社，1962年），頁357～388。下引此二論著皆同此二版本，不另出詳註。

〔註5〕 林皓宏曾以實際統計數據指出這種現象的癥結點，云：由於人口長期穩定地成長，明初為數僅三到六萬名的生員，到了十六世紀時已經增加到三十餘萬名，明末更是高達五十萬餘名。在科舉名額無大增加，僧多粥少的情形下，生員晉身為貢生的競爭率從明初的40：1一下子激增到300：1或400：1；鄉試的競爭率也從59：1增至300：1，百分之六十到七十的生員則終其一生不可能更上一層樓的，潘侃「挨貢」二十載，正是最好說明。詳見氏著：〈晚明徽州商人的文化活動——以徽商族裔潘之桓為中心〉，《九州學刊》第六卷第三期（1994年12月），頁35～60、40。下引此文皆同此一版本，不另出詳註。

〔註6〕 詳見〔清〕朱彝尊：《靜志居詩話》，收於《明代傳記叢刊》（台北：明文書局，1991年），第十冊，卷十九，「趙宧光」條，頁7。

變草堂⋯⋯等等，無一園林草堂非是草木敷榮、華實芬芳，素軒碧牖掩映於松林竹石之間，雅好山水的同時，對於生活環境的經營亦可謂極盡審美藝術之能事，而《遵生八箋》、《清秘藏》、《長物志》更是全面地由行居、飲食、文房、醫藥、賞玩⋯⋯等多種面向，精心規劃出一套可以標榜自我認同的生活方式。學者王鴻泰就曾循此路線考察明清文人文化的生活經營，並指出：明後期所開展出來的「文人文化」事實上可以視為是一種獨特的生命經驗的嘗試與拓展，其中包含有人生態度、生活形式與感官活動，彼此相互關涉、牽纏，成為當時文人（山人）藉以標榜自我，相互認同的一種生命情調與生活方式，進而藉以確認其社會地位〔註7〕。或有藉由本身的詩文書畫能力以賣文筆耕、經營文化活動，如〔明〕李詡《戒庵老人漫筆》所記的一則軼文：

> 馬懷德言，曾為人求文字於祝枝山，問曰：「是見精神否？」（俗以取人錢為精神）曰：「然。」又曰：「吾不與他計較，清物也好。」問何清物，則曰：「青羊絨罷。」〔註8〕

又如〔明〕馮班〈將死之鳴〉：

> 自鼎革以來，余遊北方，士君子好為詩，山人詞客縱橫於道路，讀書者亦不致饑餒也。〔註9〕

其他包括〔明〕梅鼎祚、〔明〕張鳳翼、〔明〕何偉然等人，往往也都是在青雲求志路上失意後，不約而同地選擇出版編輯為其志業。引文中所謂「舉世同然也」、「人人務為此舉」或許只是誇張之辭，但由此形容也不無可見人們對於詩文需求的熱絡程度，而對這些題撰編輯的人來說，他們積極從事賣文編書的文化經營，固然由於「筆潤」而得免饑餒之虞，但其中更重要者，恐怕是其背後因為題詩刻書而能傳「名」後世以得不朽的意義，甚至，當諸此詩文圖書作品與傳播媒介力量發生結合後，產生更具效力的宣傳效果，因而也蘊積了更多、更厚實的社會聲譽以證其存在的優越性，某種程度上，這可以說是明代社會文化發展上，文藝活動逐漸別出於科舉制度之外，自成一

〔註7〕 詳見王鴻泰：〈閒情雅致──明清間文人的生活經營與品賞文化〉，《故宮學術季刊》卷二十二第一期（2004 年 9 月），頁 69～97。下引此文皆同此一版本，不另出詳註。

〔註8〕 詳見〔明〕李詡：《戒庵老人漫筆》（北京：中華書局，1997 年），卷一，頁 16。

〔註9〕 詳見〔明〕馮班：《鈍吟雜錄》，收於《叢書集成新編》（台北：新文豐出版社，1985 年），第八冊，第十卷，頁 115。

個社會活動場域，而文人得於此一文藝場域中馳騁其才藝的結果〔註10〕；或有藉由藝文活動所展開之人際交遊以揚名藝林，如：

◎今之所謂高士者，皆名山人。而山人多以詩自高，要以冀薦紳脣齒爲糊口計，詩亦不合名作。〔註11〕

◎本朝布衣以詩名者，多封己自好，不輕出游人間，其挾詩卷、攜竿牘，遨遊縉紳，如晚宋所謂山人者，嘉靖間自子充（吳擴）始，在北方則謝茂秦、鄭若庸，此後接跡如市人矣。〔註12〕

詩文書藝除了是作爲個人抒發情感、表情達意的一種文藝創作活動之外，對明代山人而言，「山人多以詩自高，要以冀薦紳脣齒爲糊口計」、「其挾詩卷、攜竿牘，遨遊縉紳」，它同時也具有極強的社交意義，其中或有以書信往來者，如〔明〕謝臻〈走筆效太白歌行寄上沈王殿下〉云：「願做峰頭一片雲，飛向宮城朝復夕。」〔註13〕〔明〕屠隆〈寄沈少卿〉：「我在泥途君實仕，臨風未敢說相思。」〔註14〕委婉地透露自己攀附遊謁的意圖，並冀願能獲得上位者片言褒賞以增個人聲譽，或有積極參與各類大小詩社、詩會，諸如〔明〕秦景暘主持之「碧山吟社」、〔明〕沈仕主持之「南屏詩社」、〔明〕祝時泰主持之「紫陽詩社」……等等，都是明代中晚期極爲有名的詩社，而參與者通常多具備有一定文藝涵養或社會地位，因此，參與這樣性質的社團活動，一方面既可以在賡和酬答、刻燭分韻的競技遊戲過程中，展現個人才學、表現自我而爲主流文壇所賞識，另一方面，則可以藉由詩會舉行的集體性互動過程中，連絡彼此以拓展個人人際交遊，隱然蓄勢形成某種小眾團體，也使得詩文才藝創作逐漸跨躍「個人抒發情感」的意義，而成爲當時建構人際社會關係的重要觸媒。

〔註10〕關於明代文人偏離科舉正業，逐漸走向文藝愛好之途的心態與過程，可以參閱王鴻泰：〈迷路的詩——明代士人的習詩情緣與人生選擇〉，《中央研究院近代史研究所集刊》第五十期（2005年12月），頁1～54，特別是頁40。下引此文皆同此一版本，不另出詳註。

〔註11〕詳見〔明〕陸雲龍評點，蔣金德點校：《明人小品十六家·翠娛閣評選李維楨小品》（浙江古籍出版社，1996年），卷一，頁379。

〔註12〕詳見〔清〕錢謙益著：《列朝詩集小傳》（台北：世界書局，1985年），丁集上，吳山人擴，頁453～454。

〔註13〕詳見〔明〕謝榛：《謝榛全集》（北京：齊魯書社，2000年），卷三，頁78。

〔註14〕詳見〔明〕屠隆：《白榆集》，收於《四庫全書存目叢書》（台南：莊嚴文化事業有限公司，1997年），集部別集類，第一八〇冊，卷五，頁77上。下引此書皆同此一版本。

　　不難發現，明代山人既是以隱逸作為他們標榜的本質，其意其行本應當是絕塵避世、不問俗務的，然而，環繞於他們周匝所開展之種種活動與文化行為，無論是以生活品味標榜自我、經營文化活動以積累個人聲譽、遊謁於官宦士大夫之家以求獲片言褒賞或者參與各種詩會以標顯個人才藝……等等，反而顯得更具「社會性」與「現實性」，不免屢屢遭致他人質疑與譏刺〔註15〕，如《萬曆野獲編》所記載：「此輩率多儇巧，善迎意旨，其曲體善承，有倚門斷袖所不逮者，宜仕紳溺之不悔也。」〔註16〕〔明〕徐叔明甚厭山人，亦曾曰：「山人當巖居穴處，而奈何日置足朱門也。漢時授侯者皆遙授不之國，今諸山人亦當稱遙授山人。」〔註17〕而四庫館臣更尖銳地點出明代山人現象的矛盾：「有明中葉以後，山人墨客，標榜成風，稍能書畫詩文者，下則廁食客之班，上則飾隱君之號，藉士大夫以為利，士大夫亦藉以為名。」〔註18〕而這經常也是學界相關討論中的某種「既定印象」。

　　但就如同前文所提，明代的山人是一個極為複雜的文人群體，其中固然或有貪享富貴名利與社會聲譽者，但亦不乏急難好義、知恩圖報者，如〔明〕謝臻曾為〔明〕盧冉入獄一事四處奔走申訴即是顯例〔註19〕，因此，當我們觀察明代文人文化與山人現象時，與其先入為主地否定他們存在的正當性、正面性意義，毋如採取個別行為意義的細究更為適當，也更能察探彼此的細部差異。

　　〔明〕周履靖同樣屬明代著名山人之一，卜園棲居於鴛湖之濱，並以「隱逸」自任，如〔明〕賓梧〈賦贈梅墟先生二律〉其一：「曲水帶幽墟，衡門隱

〔註15〕關於這股反彈聲浪，阿英曾撰有一篇短文論及，詳見阿英：〈明末的反山人文學〉，收於氏著：《夜航集》（上海：中國文聯出版社，1935年），頁103～106。

〔註16〕詳見〔明〕沈德符：《萬曆野獲編》（北京：中華書局，1997年），卷二十三，「山人愚妄」條，頁587。

〔註17〕詳見〔明〕馮時可：《雨航雜錄》，收於嚴一萍選輯：《百部叢書集成》（台北：藝文印書館，1966年）之十八，《寶顏堂秘笈》，第十七函，第一三五冊，下卷，頁10左。

〔註18〕詳見〔清〕永瑢、紀昀等撰：《四庫全書總目提要》（台北：臺灣商務印書館，1983年），第四冊，別集類，卷一八○，「牒草」條，頁824上。下引此書皆同此一版本，不另出詳註。

〔註19〕曹淑娟曾表示，明代社會上的確混雜有真假聖人與真假山人，而其共同癥結就在於是否能夠真誠面對自己，言良知者，或流為口舌播弄，言隱逸者，或徒然展現一種姿態，都是所謂玩弄光景的弊病。詳見氏著：《晚明性靈小品研究》（台北：文津出版社，1988年）。下引此書皆同此一版本，不另出詳註。

者居。曉烟清溢帳，春樹密通車。」〔註20〕〔明〕包檉芳：「欲識幽栖絕俗塵，梅花墟裡考槃人。月明清夢羅浮夜，雪滿長林羌笛春。」〔註21〕然周旋於他身邊的相關活動，諸如圖書出版、索序跋於名士公卿、梅墟園林經驗……等等，卻頗爲「世俗化」。對此，本論文立基於明代山人現象的認知基礎，屬於「文人文化」的理解脈絡，其中並涉及有「文人意識」的塑造以及「文藝社會情境」的構成，卻不先驗地認定其評價是否，而是將〔明〕周履靖的活動型態納入「歷史背景」、「社會文化」與「文學文本」三種觀察面向，採取更客觀的理解方式進行剖析。

第二節　傳記資料考述

據文獻指出，〔明〕周履靖「在隆萬間號爲隱士而聲氣頗廣」〔註22〕，然而，實際查核一般史傳材料卻未見有相關生平記載，反倒是在地方志、親朋文友或者自己所寫的傳略資料才有較爲詳細的載錄，爲他的生平事蹟記存了部分片段。以下，筆者將所得資料劃別爲四部分，一一說明：

一、自傳與題贊

由〔明〕周履靖自作的傳略大抵有七筆，分別爲〈螺冠子自敘〉、兩篇〈梅顛道人傳〉、〈茹草翁贊〉及三則〈梅顛自贊〉。〈螺冠子自敘〉乃〔明〕周履靖託名所作的自傳，全文可分作兩部分，前半部除了略述螺冠子（即周履靖自身）的生平背景及其生活環境外，並詳列了往來諸公六十餘人，後半部則臚列所創作、編纂、刊刻、摹拓的作品百餘種。由於該文乃〔明〕周履靖所撰，故內文所提供的訊息應具可信度，使我們對其交遊、作品的情況掌握都有極大的助益。據筆者所見，該文主要放在《梅墟先生別錄》中，除了《夷門廣牘》收錄之外〔註23〕，《四庫全書存目叢書》曾有據上海涵芬樓藏

〔註20〕詳見〔明〕賓梧：〈贈梅墟先生二律〉其一，《梅塢貽瓊》，卷二，收於〔明〕周履靖編：《夷門廣牘》（北京：書目文獻出版社，1990年），頁969下。下引此書皆同此一版本，不另出詳註。

〔註21〕詳見〔明〕包檉芳：（未題詩名），《梅塢貽瓊》，卷三，收於〔明〕周履靖編：《夷門廣牘》，頁975上。

〔註22〕詳見〔清〕永瑢、紀昀等撰：《四庫全書總目提要》，第五冊，集部，總集類存目二，頁159上。

〔註23〕詳見〔明〕周履靖：〈螺冠子自敘〉，《梅墟別錄》，收於氏編：《夷門廣牘》，頁944下～947下。

《夷門廣牘》複印刊行〔註 24〕，而《叢書集成初編》則將它與《梅墟先生別錄》各自獨立成兩冊〔註 25〕，其他如杜聯喆所編《明人自傳文鈔》亦收有此文。〔註 26〕

　　另外，兩篇的〈梅顛道人傳〉，因為同名之故，筆者冠以「甲」、「乙」作為區隔。甲篇〈梅顛道人傳〉收錄於《閒雲稿》第四卷〔註 27〕，並見於杜聯喆所編《明人自傳文鈔》中〔註 28〕，而乙篇〈梅顛道人傳〉僅見收於《五柳賡歌》第四卷〔註 29〕；兩篇文章何以分為兩處收錄已不得確考，但顯然都是有意仿照〔明〕陶淵明〈五柳先生傳〉所作，文中除了描述自己平生志趣之外，也標舉了自身恬然沖淡之興，樂居林泉煙霞而不疲，尤其，選擇〈五柳先生傳〉的賡和作為自傳體例，似乎也正傳達了〔明〕周履靖對於夙昔典範的繼承、嚮往，讀者閱讀之時，每每也能回想起千年前那位不慕榮利的五柳先生，傳達出某種同情共感的情志體系。另外，〈茹草翁贊〉〔註 30〕以及〈梅顛自贊〉〔註 31〕就形式而言，疑似人物小像上的題識語，然目前仍未能查見相關畫作，筆者不敢遽斷。

二、親友朋輩所作傳、贊

　　〔明〕李日華（1565～1635）於萬曆七年（1579）所作的〈梅墟先生別錄〉〔註 32〕，起初作傳意本不在替〔明〕周履靖傳名，根據〈別錄〉首段

〔註 24〕 詳見《四庫全書存目叢書》（台南：莊嚴文化事業有限公司，1996 年），史部傳記類，第八十五冊。下引此書皆同此一版本，不另出詳註。

〔註 25〕 兩冊分別收錄於《叢書集成初編》（北京：中華書局，1991 年），第三四五〇～三四五一冊。

〔註 26〕 詳見杜聯喆輯：《明人自傳文鈔》（台北：藝文印書館，1977 年），頁 136～140。下引此書皆同此一版本。

〔註 27〕 詳見〔明〕周履靖：〈梅顛道人傳〉，《閒雲稿》，卷四，收於氏編：《夷門廣牘》，頁 1150 上。

〔註 28〕 詳見杜聯喆輯：《明人自傳文鈔》，頁 140～141。

〔註 29〕 詳見〔明〕周履靖：〈梅顛道人傳〉，《五柳賡歌》，卷四，收於氏編：《夷門廣牘》，頁 1073 上。

〔註 30〕 詳見〔明〕周履靖：〈茹草翁贊〉，《閒雲稿》，卷四，收於氏編：《夷門廣牘》，頁 1150 下。

〔註 31〕 詳見〔明〕周履靖著，〔明〕陳繼儒編：《梅顛稿選》，《四庫全書存目叢書》（台南：莊嚴文化事業有限公司，1997 年），子部，第一八七冊，卷十九，頁 492 下。下引此書皆同此一版本，不另出詳註。

〔註 32〕 詳見〔明〕李日華：〈梅墟先生別錄有序〉，《梅墟別錄》，上卷，收於〔明〕周履靖編：《夷門廣牘》，頁 916 下～923 下。

記載：

> 先生名藉甚，宇內諸名公莫不日緩煩先生，顧余以近而昵知先生
> 詳，然以年幼而遊揚大人，且謂余倍其譽也。故特筆其所覩記者一
> 二於左，蓋用以自法，非所以令先生知也。客有過余齋頭考先生言
> 動者，予輒出此，且無煩余踐踐耳。〔註33〕

文中指出，〔明〕李日華與〔明〕周履靖兩人爲叔姪關係，幼時嘗讀書於梅
墟書屋，對於〔明〕周履靖的家庭、生活景況，自然也較一般人認識更多，
雖然年僅志學，卻仍常有許多名流雅士相繼過其齋頭，欲徵詢梅墟先生相關
軼事，爲免人事的煩擾，特別作傳以記所知一二事；文中從梅墟先生的家庭、
婚姻、志趣，談及交遊、義行、軼事等，敘述頗詳，如此一來，無論是否曾
與〔明〕周履靖相過從者，透過〈別錄〉的描述，皆能對其人其事有一定程
度認識〔註34〕，後來陸續幾位文友朋輩爲〔明〕周履靖所作的傳記，往往也
多本於此〔註35〕，同時，這也是目前所見關於〔明〕周履靖生平事蹟的記載
中，較爲完備豐富的傳記資料。

　　其次，〔明〕鄭琰（生卒年不詳）的〈梅墟先生別錄〉〔註36〕、〔明〕
劉鳳（1519～1600）的〈螺冠子傳〉、〈貧士傳〉〔註37〕，以及〔明〕包檉芳
（1534～1596）的〈梅顚道人小傳〉〔註38〕四文，多以談論關於〔明〕周履
靖生平風采、生活志趣及其交遊爲主，其中所記內容雖大抵不出〔明〕李日
華所作〈別錄〉，但仍有李文所未備之處，如〔明〕鄭琰一文除了謄錄不少
〔明〕周履靖所作詩文，也附論諸多雅聞軼事，而〔明〕劉鳳〈貧士傳〉一

〔註33〕 詳見同上註，頁916下。
〔註34〕 〔明〕彭輅曰：「九疑爲梅墟山人撰〈別錄〉甚詳，且核蓋山人遁跡塵中，而
　　　　格趣則瀟然世外……惟知山人者，迺信斯錄無一字誕蔓也。」另外，〔明〕
　　　　鄭琰曰：「余蓋未嘗過從梅墟，讀九疑〈別錄〉，夢寐其爲人。」詳見同上註，
　　　　頁924上。
〔註35〕 例如〔明〕劉鳳所作的〈螺冠子傳〉，據〔明〕周履靖在該文之後補充說明：
　　　　「余性嗜咏而從吳門羅陽劉先生門下士，……先生（指劉鳳）惕然嘆曰：『志
　　　　念俱善，何其淹蹇？嗟哉嗟哉！』欲爲余作傳，乃索表侄李日華所著〈梅墟
　　　　別錄〉參考。余愧謝曰：『山林狂客得附文藻之末，何幸如之。』」詳見同上
　　　　註，頁949上～下。
〔註36〕 詳見同上註，頁924下～943下。
〔註37〕 詳見〔明〕劉鳳：〈螺冠子傳〉及〈貧士傳〉二文，詳見同上註，頁947下～
　　　　949上、989下。
〔註38〕 詳見〔明〕包檉芳：〈梅顚道人小傳〉，《梅塢貽瓊》，卷五，收於〔明〕周履
　　　　靖編：《夷門廣牘》，頁988下～989上。

文所記〔明〕周履靖負氣任俠一事，更爲後來方志徵引備載〔註39〕。其他如〔明〕屠隆（1542～1605）的〈梅花菴記〉、〔明〕嚴紹峰（生卒年不詳）的〈梅墟書屋記〉、〔明〕王寅（生卒年不詳）的〈梅墟記〉〔註40〕及〔明〕茅坤（1512～1601）的〈閒雲館賦〉〔註41〕等文，主要則是環繞於其園林別業——梅墟展開論述，由周圍環境談及詩文書畫技藝、生活雅趣，藉此彰顯其人格風骨之冲然脫俗、謙和寧靜。

　　另外，《梅墟先生別錄》下卷，還收有九則贊語，乃是〔明〕茅坤、〔明〕張之象、〔明〕皇甫汸、〔明〕彭輅、〔明〕文嘉、〔明〕陳繼儒、〔明〕項元汴、〔明〕王文祿及〔明〕吳孺子等九人所作，疑似畫像上的題識，據〔明〕李日華〈梅墟先生別錄〉的一段記載：

> 唐山人嘗爲先生圖小像，袍冠野服，鐵瓢鹿茵，及所荷萬歲藤杖、葉笠、蒲簑之類，纖悉可數，灑然山澤中，高品也。山人又爲家君子小像，則鸞翔鵠立，藹如毅如。今山人不知所之，此二卷眞可珍也，有欲求先生以言貌者，則予與山人共之矣。〔註42〕

唐山人係指何人目前已不可考，只知道他曾替〔明〕周履靖圖繪一幅小像，然而，筆者遍尋畫蹟未果，無法詳知畫中人物樣貌，並且確認九則贊語是否即是該畫作上的題識，僅能據曾親自目睹畫作的〔明〕李日華所描述來推想：畫中人身著袍冠野服並掛有一鐵瓢，手持藤杖，戴笠披簑，呈現出灑然脫俗的氣氛，畫作背景則沒有交代，參照上述的九則贊語，頗與〔明〕李日華的形容相雷同，如〔明〕茅坤的贊語：

> 剪荷爲衣，茹草爲食。孤鶴閒雲，隻瓢雙屐。蔚然文苑，癯然山澤。風骨脩脩，梅癲標格。〔註43〕

或如「海螺爲冠，薜蘿爲裳」、「足躡芒屩，手持蠡瓢」、「衣鶉兮貌古，足跣

〔註39〕例如《〔萬曆〕嘉興府志・隱逸・周履靖》，其中一段：「負氣任俠，能賑人急、濟人疾，……郡父老數十萬爭爲尸祝。」便是化約自〔明〕劉鳳的〈貧士傳〉一文，詳見〔明〕劉應鈳修，〔明〕沈堯中等纂：《〔萬曆〕嘉興府志》，《中國方志叢書》（台北：成文出版社，1983年），第五〇五號，頁1355～1356。下引此書皆同此一版本，不另出詳註。

〔註40〕三文俱見於《梅塢貽瓊》，卷五，收於〔明〕周履靖編：《夷門廣牘》，頁990上～991下。

〔註41〕詳見同上註，頁993上～994上。

〔註42〕詳見〔明〕李日華：〈梅墟先生別錄有序〉，《梅墟別錄》，上卷，收於〔明〕周履靖編：《夷門廣牘》，頁923上～下。

〔註43〕詳見同上註，頁949下。

兮髮鬖」等〔註44〕，皆足與〔明〕李日華的描述相呼應，的確易使人將畫作
與贊語互作聯想，但誠如前文所言，在畫作尚未發現前，仍不宜遽斷是否。

　　其他，包括〔明〕陳繼儒的《白石樵真稿》〔註45〕、〔清〕朱彝尊的
《靜志居詩話》〔註46〕與〔清〕沈季友的《檇李詩繫》〔註47〕……等等，亦
錄有〔明〕周履靖相關的簡單小傳。

三、地方志

　　由於〔明〕周履靖的生平傳記在正史中「缺席」，是以現今相關研究往往
需要仰賴親友朋輩或者自撰等私人性質的傳記輔助，此外，地方志亦是一條
極佳的追索途徑，內容有時雖然略嫌繁瑣片斷，但仍不乏有許多罕見的資料
記載。

　　在筆者目前所能搜尋到的，按其修纂時間為序，分別有〔明〕《〔萬曆〕嘉
興府志》〔註48〕、《〔萬曆〕秀水縣志》〔註49〕、《〔崇禎〕嘉興縣志》〔註50〕、
〔清〕《〔康熙〕嘉興府志》〔註51〕、《〔乾隆〕浙江通志》〔註52〕、《〔光
緒〕嘉興府志》〔註53〕等，另外，趙景深與張增元合編的《方志著錄元明清

〔註44〕分別為〔明〕文嘉、〔明〕項元汴與〔明〕吳孺子的贊語，詳見同上註，頁
　　　　950上～下。
〔註45〕詳見〔明〕陳繼儒著，〔民國〕阿英校點：《白石樵真稿》（上海：上海雜誌
　　　　公司，1935年）。
〔註46〕詳見〔清〕朱彝尊：《靜志居詩話》，收於周駿富輯：《明代傳記叢刊》（台北：
　　　　明文書局，1991年），第十冊，卷十八，頁665～666。下引此書皆同此一版
　　　　本，不另出詳註。
〔註47〕詳見〔清〕沈季友：《檇李詩繫》，收於《景印文淵閣四庫全書》（台北：台灣
　　　　商務印書館，1983年），第一四七五冊，頁363下～364上。下引此書皆同此
　　　　一版本，不另出詳註。
〔註48〕詳見〔明〕劉應鈳修，〔明〕沈堯中等纂：《〔萬曆〕嘉興府志》，《中國方志
　　　　叢書》第五〇五號。
〔註49〕詳見〔明〕李培等修，〔明〕黃洪憲等纂：《〔萬曆〕秀水縣志》，《中國方志叢
　　　　刊》（台北：成文出版社，1970年），第五十七號。下引此書皆同此一版本。
〔註50〕詳見〔明〕羅炌修，〔明〕黃承昊纂：《〔崇禎〕嘉興縣志》，《日本藏中國罕
　　　　見地方志叢刊》（北京：書目文獻社，1991年）。下引此書皆同此一版本。
〔註51〕詳見〔清〕袁國梓修：《〔康熙〕嘉興府志》，《稀見中國地方志匯刊》（北京：
　　　　中國書店，1992年），第十五冊。下引此書皆同此一版本。
〔註52〕詳見〔清〕沈翼機等撰：《〔乾隆〕浙江通志》，《中國省志彙編之二》（台北：
　　　　京華書局，1967年）。下引此書皆同此一版本。
〔註53〕詳見〔清〕許瑤光等修，〔清〕吳仰賢等纂：《〔光緒〕嘉興府志》，《中國方志
　　　　叢書》（台北：成文出版社，1970年），第五十三號。下引此書皆同此一版本。

曲家傳略》一書〔註54〕，也提供了許多筆者所未見之地方志資料，這些文獻材料對於〔明〕周履靖生平相關訊息的理解極具價值。下面，筆者將以表格方式呈現這些資料：〔註55〕

表一：方志中的周履靖資料

方　志	卷次	卷　目	頁　　數	備　註
《〔萬曆〕嘉興府志》	21	隱逸	1355～1356	周履靖生平、作品
《〔萬曆〕秀水縣志》	7	藝文／典籍	376～377	周履靖作品
	7	藝文／典籍	377～378	桑貞白作品
	7	藝文／遺文	408～409、423～424、429～430、441～442、470～472	周履靖作品
	7	藝文／遺文	409、446～447	桑貞白作品
《〔崇禎〕嘉興縣志》	14	詞翰	609	周履靖生平
	14	閨秀	613	桑貞白字號及作品
《〔康熙〕浙江通志》	37			周履靖生平
《〔康熙〕嘉興府志》	17	隱逸	712 下	周履靖生平
《〔康熙〕嘉興縣志》	7			周履靖生平
	9			周履靖作品
《〔康熙〕秀水縣志》	6			周履靖生平
《〔乾隆〕浙江通志》	179	文苑	2991 上	周履靖生平
《〔嘉慶〕嘉興府志》	72			周履靖作品
《〔光緒〕浙江通志》	179			周履靖生平
《〔光緒〕嘉興府志》	53	隱逸	1468 下	周履靖生平
	79	烈女／才媛	2426 下	桑貞白生平
《〔光緒〕嘉興縣志》	26			周履靖生平
	34			周履靖作品

〔註54〕 詳見趙景深、張增元合編：《方志著錄元明清曲家傳略》（北京：中華書局，1987 年），「周履靖」，頁 113～114。下引此書皆同此一版本。

〔註55〕 表格中，部分地方志的資料未列載卷目與頁數者，乃筆者參閱自《方志著錄元明清曲家傳略》，書中僅列方志名稱、卷次及內容，而這些方志筆者遍尋仍未能得見，故筆者亦未詳資料來源，特此說明。

除了上述與〔明〕周履靖有直接相關的地方志記錄外，其他包括如《〔弘志〕嘉興府志》〔註56〕、《嘉興府圖記》〔註57〕、《嘉慶重修一統志》〔註58〕等，雖然並未記有與〔明〕周履靖相關事物，但對於嘉興一帶地域風俗、文化沿革的考察，仍有相當助益。

　　從方志的內容來看，其中所涉及的除了〔明〕周履靖生平、交遊、詩文作品外，部分方志也記有其妻〔明〕桑貞白的相關訊息，對比於其他傳記資料，地方志對於〔明〕周履靖相關資料的記載顯然較豐富。筆者認為，這或許也與〔明〕周履靖在棲隱梅墟前，曾熱心鄉里事務並受郡中父老感佩所致有關，因此，雖然《明史》雖未曾記載其人其事，卻能在地方志中被人添筆記錄。其中，還有兩個現象值得留意：其一，在目前可查見的的地方志中，對於〔明〕周履靖生平的歸類大致有三種，分別為「隱逸」、「詞翰」與「文苑」，這應當與修纂者的歸類角度有關，同時也提醒了我們對於〔明〕周履靖的研究，不必然要限於隱逸文化的角度；其二，方志所記載的內容，主要集中在〔明〕周履靖及〔明〕桑貞白的生平、志趣與著作，對於梅墟書屋／閒雲館、周氏家族等有關資料則付之闕如。

四、日　記

　　〔明〕李日華所作《味水軒日記》，共八卷，主要記錄的是他個人從萬曆三十七～四十四年（1609～1616）間的生活見聞，內容頗雜，大抵是以書畫交流的記錄為夥，但日記中也記載有一部分他與表叔〔明〕周履靖的互動關係，如卷三「八月十九日」一條，便寫到扶家君率兒子前往參加表叔壽宴一事。

　　若細究上述四類資料，關於〔明〕周履靖生平傳記的論述其實存有大量重疊，主要著墨處往往在於「周履靖少羸，棄經生業，好讀書，金石古篆、詩文書畫俱精，編茅引流，雜植梅竹，日與文友吟詠往來、贈述酬和，編著刊刻書籍百餘種。」尤其後來清代幾部方志對於〔明〕周履靖生平的記載，幾乎都是延續前人資料〔註59〕。同樣的論述一再為人翻用，雖然可以強化某

〔註56〕詳見〔明〕柳琰纂修：《〔弘志〕嘉興府志》，收於《四庫全書存目叢書》（台南：莊嚴文化事業，1996年），史部地理類，第一七九冊。

〔註57〕詳見〔明〕趙文華：《嘉興府圖記》，《中國方志叢書》（台北：成文出版社，1983年），第五○六號。下引此書皆同此一版本。

〔註58〕詳見〔清〕穆彰阿等修：《嘉慶重修一統志》（北京：中華書局，1986年），第十七冊，「嘉興府」。

〔註59〕例如《〔乾隆〕浙江通志》中對於〔明〕周履靖的記載，即引用自《〔崇禎〕

些重要印象，但相對來說，未被記載的部分，則恐有湮沒之虞，因此，筆者相信，這樣的描繪必然還不足以眞正詮釋〔明〕周履靖生命經驗，包括他與妻子〔明〕桑貞白的詩文唱和、與鄉里間的密切互動、環繞於梅墟的園林活動……等等，都還有待進一步釐清，如何在晚明文藝活動頻繁的社會中捕捉到〔明〕周履靖的身影？如何在零散而有限的資料中有系統地架構出〔明〕周履靖的相關論述？這都是筆者後文所必須思索的；其中，除了等待新文獻材料的發現外，也須從相關編著的作品、相應之文化脈絡旁敲側擊，才能更詳實地勾勒出他的生命歷程。

第三節　編著作品考述

　　〔明〕周履靖雖不以藏書名聞當代，但所收藏編著之量亦堪稱富厚，友人〔明〕包檉芳曾稱其：「性好藏書，每每留意古跡，館名閒雲，其所朝夕居也，左列諸品丹經及諸子史，右列鼎彝古墨及晉梁隱君子畫像。」〔註 60〕閒雲館乃梅墟園林內最主要的建築，是園主藏書、讀書之處，除了自己的詩文、唱詠之作外，其中還收有大量石室秘本、晉唐妙墨、鼎彝諸譜，甚至草木禽魚、天星地術、異域方言等，無不涉入，頗有索隱之癖，加上諸位博雅文士郵寄相贈，日積月累下，緗帙更是置滿几閣，頗具規模。〔註 61〕

　　依筆者所能查見的資料中，刊刻於萬曆三十六年（1608）的傳奇《錦箋記》，是周履靖的戲曲作品，就筆者所察知者，台北國家圖書館藏有毛氏汲古閣刊清代修補本，後來臺灣開明書局〔註 62〕以及天一書局〔註 63〕也都陸續刊載發行，然此二本皆未說明所據是否即是清代修補本。另外，《新鐫古今大雅南宮詞紀》收有兩首散曲〔註 64〕，《橋李詩繫》〔註 65〕、《靜志居詩話》〔註 66〕

　　　　嘉興縣志》。

〔註 60〕詳見〔明〕包檉芳：〈梅顚道人小傳〉，《梅墟貽瓊》，卷五，收於〔明〕周履靖編：《夷門廣牘》，頁 988 下。

〔註 61〕詳見〔明〕周履靖〈夷門廣牘敘〉：「間從博雅諸公遊，多發枕秘，好事者雅相慕，亦時時不遠千里郵致焉，繇是日積月累，几閣間緗帙恒滿，每晨露宵膏，披襟解帶，未嘗不逌然自適也。」收於氏編：《夷門廣牘》，頁 1 下。

〔註 62〕詳見〔明〕周履靖：《錦箋記》（台北：臺灣開明書局，1970 年）。

〔註 63〕詳見〔明〕周履靖：《錦箋記》，《中國戲劇研究資料》（台北：天一書局，1983 年），第一輯，第七十三冊。

〔註 64〕詳見〔明〕陳所聞輯：《新鐫古今大雅南宮詞紀六卷》，收於《續修四庫全書》（上海：上海古籍出版社，1995 年），集部，第一七四一冊，卷三之〈帶雨鳴柯〉及卷五之〈詠風〉，頁 737 下～738 上、783 上。

以及《〔萬曆〕秀水縣志》收有〔明〕周履靖與〔明〕桑貞白部分詩歌作品。其他，目前所能見關於〔明〕周履靖所編著的作品，俱存於萬曆二十五年（1597）金陵荊山書林首刻的《夷門廣牘》中〔註67〕，經筆者察考、搜尋並整理了台灣公藏圖書館《夷門廣牘》善本及其他海內外善本古籍圖書書目後，掌握有十餘筆著錄本，除了《四庫全書存目》所據之「通行本」不知何由外〔註68〕，其餘一概標註為萬曆年間刊行之本。無論如何，這些不同著錄的《夷門廣牘》善本中，皆存有程度不一的收書差異，孰優孰劣尚難論斷〔註69〕。不過，限於實際狀況的考量，筆者目前所能親見作品者僅有三筆，分別為：國家圖書館藏〔明〕萬曆金陵荊山書林刊本、國家圖書館藏萬曆金陵荊山書林刊配補影鈔本，及北京書目文獻出版社據上海涵芬樓輯《景印元明善本叢書十種》之一完整影印出版，其中，經筆者實際比對發現，國家圖書館藏刊配補影鈔本與北京書目文獻出版社所刊印之《夷門廣牘》實為同一版本，其他散存各地的《夷門廣牘》，包括北京圖書館、北京大學圖書館、南京大學圖書館、浙江大學圖書館等地，部分典藏處已有善本圖書著錄刊行，提供今日研究者可以進一步地比對、參照《夷門廣牘》善本與收書情況，當然，也期待尚未刊行之典藏處能夠多多益善，使得〔明〕周履靖作品能夠及早面世，補充更多相關研究上的空白，至於更細部的內容檢索工作，則需待來日有機會親赴查證。

　　總此來看，目前對於〔明〕周履靖其人其事的認識，終究還是得從《夷門廣牘》著手，但無論是地方志、詩話、藏書書目、〈螺冠子自敘〉或《梅顛稿選》等相關文獻記錄，其實都已昭顯了：〔明〕周履靖尚有許多作品等待後人進一步的發現。這點，大致是可以肯定的。〔註70〕

〔註65〕詳見〔清〕沈季友：《檇李詩繫》，收於《景印文淵閣四庫全書》第一四七五冊，頁 363 下～364 上。

〔註66〕詳見〔清〕朱彝尊：《靜志居詩話》，卷十八，頁 665～666。

〔註67〕詳見杜信孚、杜同書合編：《全明分省分縣刻書考》（揚州：線裝書局，2001年），第二冊〈江蘇省書林卷〉，頁 14。

〔註68〕據《四庫全書總目・凡例》的說法：「每一書名之下，欽遵諭旨，各注某家藏本，以不沒所自。其坊刻之書，不可專題一家者，則注曰通行本。」

〔註69〕關於《夷門廣牘》諸版本的收書差異及相關問題，筆者後文有專門討論，此處暫擱不論。

〔註70〕〔明〕錢應金在〈梅顛稿選序〉曾說道：「先生著述滿千卷，悉已行世。」而今天所知尚不足此，顯然部份作品若非尚未公開，便是已經散佚不存了。該文詳見〔明〕陳繼儒編：《梅顛稿選》，頁 337 上。

　　以下，筆者茲就所察知的作品性質，分爲「自著的詩文作品」、「編輯的作品」、「石刻、法帖與繪畫」三部份，每一部分又根據所能察知的程度分作「已查見作品」與「未查見作品」兩個細項，並以表格方式個別列出，藉以呈顯目前對於〔明〕周履靖編著作品的掌握情形。其中，前者乃是指筆者所察知並能睹見之作品，後者則是筆者根據各種文獻材料的記錄得知，〔明〕周履靖曾經編著之作品，然目前尚未得見該作品。

（一）自著的詩文戲曲作品

	著　　作　　名　　稱
已查見者	畫評繪海、五柳賡歌、群仙凸語（周履靖和韻詩）、閒雲稿、野人清嘯、燎松吟、尋芳咏、千片雪、鴛湖倡和稿、山家語、泛泖吟、螺冠子自敘、毛公壇倡和詩、鶴月瑤笙、錦箋記、宋明名公和陶詩（周履靖的和陶詩部分）、青蓮觴咏、香山酒頌、唐宋元明酒詞、狂夫酒語
未查見者	賦海補遺、江左周郎詩苑、周子百銘、螺冠子咏物詩、大篆正宗、小篆正宗、漢隸正宗、章草正宗、螺冠子、茶歌、酒紀、山謠、逸唱、谷聲、庸調、蛩吟秋砌、□音、俚語、追風集、稚音、閒雲館詩餘、玄賞編、缶歌、釜鳴、酒樂府、古今歌紀、九歌、群英赤幟、古今宮閨詩、十二家古詩十九首、六家胡笳十八拍、四十八家秋興、五十家白燕詩、樵山釣水歌、秦淮群娛詩、晉宋明十三家歸去來辭

（二）編輯的作品

	著　　作　　名　　稱
已查見者	文章緣起、釋名、詩品、文錄、談藝錄、騷壇祕語、詩源撮要、籟紀、嘯旨、廣易千文、異域志、溪蠻叢笑、格古要論、海外三珠、綠綺新聲、赤鳳髓、群物奇制、墨經、胎息經、天隱子、煉形內旨、玉函秘旨、金笥玄玄、逍遙子導引訣、脩真演義、既濟眞經、唐宋衛生歌、怪痾單、書法通釋、干祿字書、學古篇、雲林石譜、山家清供、茹草編、水品全秩、茶品要錄、茶寮記、湯品、易牙遺意、續易牙遺意、酒經、士大夫食時五觀、綠綺新聲、玉局鉤玄、投壺儀節、馬戲圖譜、五木經、詩牌譜、丸經、姆陣篇、黃帝授三子玄女經、黃帝宅經、葬經、探春歷記、握奇經解、宋明和陶詩、益齡單、降凸仙語、繪林題識、梅塢貽瓊、梅墟先生別錄、祿嗣奇談、靈笈寶章、相法十六篇、四字經、土牛經、天文占驗、占驗錄、黃石公望空四字數、質龜論、禽經、獸經、相鶴經、魚經、蠶書、蠶經、促織經、種樹書、附農桑撮要、王氏蘭譜、蘭譜奧法、梅品、菊譜、耒耜經、理生玉鏡稻品、芋經、逸民傳、香案牘、列仙傳、神仙傳、續神仙傳、集仙傳、貧士傳
未查見者	唐宋元明千家宮詞、十六名姬詩、梅巓博戲、周郎續戲、稚子雜戲、壺天勝情集、雅笑編、芳筵勝賞、二姬倡和三百篇

（三）石刻、法帖與繪畫

	著　　作　　名　　稱
已查見者	天形道貌、淇園肖影、羅浮幻質、九畹遺容、春谷嚶翔
未查見者	閒雲館法帖、蘭亭脩契圖、大士三十二相、十八羅漢像、方壺勝會圖、東土二十八祖像、十八學士像、玄元十二子像、十二眞像、九歌圖、白描晉賢像、唐宋元明白描人物、二十四氣圖、八段錦、五禽戲圖、錢舜舉翎毛二十四幅、松竹梅蘭四幅、觀音、達摩、彌勒、觀佛接引准提、圭峰、梓童、魁星、莊子、張仙、梅癲螺冠子像、倣黃庭千文、倣鐘鼎篆千文、倣漢隸千文、倣章草千文、倣聖教序千文、倣十七帖千文、倣褚河南千文、倣李北海千文、倣懷素千文、倣鍾鼎篆廣易千文、二廣千文、楷書廣易千文、二廣千文

　　上述關於〔明〕周履靖作品的考察，主要是依據〈螺冠子自敘〉、《〔萬曆〕秀水縣志》以及筆者所掌握的十餘種《夷門廣牘》著錄版本爲主，其他如方志、傳記、明人相關資料索引或今人研究成果也多有參考，而各個文獻所記載之作品亦多有重疊，故不再一一贅錄說明各書所據來源。〔註71〕

　　綜合上列三表來看，無論是〔明〕周履靖所創作的詩文、編輯的作品或是石刻、法帖、繪畫等，如今可察見之作品，泰半與《夷門廣牘》的刊刻發行有關〔註72〕。據筆者所知，〔明〕周履靖生平較重大的刊刻僅《夷門廣牘》與傳奇作品《錦箋記》，其餘作品俱未見刊刻記錄，其中緣由，一方面或許這些作品多是自著自娛之用，因此並未進行大量付梓刊行，另一方面，這些文獻材料往往置於善本圖書室內，調閱不易，致使作品鮮爲人知，如《螺冠子詠物詩》二十六卷、《茶歌》一卷及《酒詠》一卷，目前依然庋藏於北京圖書館善本書室，尚未刊行問世。筆者相信，必然還有甚多的文獻作品仍封存於各地藏書處，等待後人繼續發現公佈。另外，其妻〔明〕桑貞白的著作，據《〔萬曆〕秀水縣志》與《〔崇禎〕嘉興縣志》的記載，共有《香奩集》二

〔註71〕以上所列載的文獻資料，乃就筆者目前所知見者分門歸類而成，當然，其中很可能還有疏漏未見者，這部分還須待日後文獻資料的發現才能繼續補充，尚祈見諒。

〔註72〕細究上面三表中「已查見之作品」可發現，盡可見於《夷門廣牘》中，故推測〔明〕周履靖的作品之所以能夠保存至今，很可能與該套叢書的流傳有密切關係，有些書甚至被引用，如《羅浮幻質》、《春谷嚶翔》與《九畹遺容》就被《三才圖會》完全徵引。詳見〔明〕王圻、王思義編：《三才圖會》，收入《續修四庫全書》（上海：上海古籍出版社，2002 年），子部，類書類，第一二三三冊。

卷以及《二姬倡和稿》二卷〔註73〕，而大陸學者李聖華在其《晚明詩歌研究》
一書中，又補充了《和陸氏詩》一卷〔註74〕，其中的二姬應當是指〔明〕桑
貞白與《和陸氏詩》中的對象：〔明〕陸聖姬（生卒年不詳），這三本書僅《香
奩集》爲〔明〕周履靖收於《夷門廣牘》內〔註75〕，而《二姬倡和稿》與《和
陸氏詩》二書，目前筆者仍遍尋未果。〔註76〕

　　此外，如果〔明〕周履靖生前是位痴心於庋藏書畫的收藏家，那麼，當
他去世後，這些豐富的收藏品（尤其是《夷門廣牘》以外的作品）又是何去
何從呢？筆者嘗遍尋方志、往來文友作品或明人相關索引資料，然皆無所獲，
試圖追索其家族資料、族譜是否記載，竟也闕如，尤其姪子〔明〕李日華的
日記或其他相關作品中，都未見有足資說明的訊息，至爲可惜。

　　由於相關訊息的稀薄，使得我們對於〔明〕周履靖的研究，除了期待能
有更新文獻材料的發現外，仍舊得回歸到《夷門廣牘》上。然而，這套叢書
流傳至清代中期，部分作品已經散佚的相當嚴重了。筆者幾經檢索蒐查相關
典藏訊息後發現，海內外至少十餘處藏存有《夷門廣牘》善本〔註77〕，除了
彼此迥異的收書情況尚待進一步釐清，許多出版社也都陸續著手翻印刊行，
如：一、1966年嚴一萍選輯之《百部叢書集成》，特將《夷門廣牘》編錄其中，
並由藝文印書館刊刻發行；然不詳所據原始版本爲何，並又額外參酌各多種

〔註73〕　該訊息分別見於《〔萬曆〕秀水縣志》，「藝文卷」之七，頁377～378；《〔崇
　　　　　禎〕嘉興縣志》，卷十四，「辭翰」，頁613下。
〔註74〕　詳見李聖華：《晚明詩歌研究》（北京：人民文學出版社，2002年），附錄二：
　　　　　「晚明女詩人生平、著錄簡表」，頁401。
〔註75〕　《夷門廣牘》後來將《香奩集》改作《香奩詩草》。
〔註76〕　〔明〕鄭琰在〈梅墟先生別錄〉中，倒有一段關於《二姬倡和稿》的說明，
　　　　　云：「二姬倡和三百篇中，多征夫嫠婦、綠窗紅女之釋，聖人採焉，以其本乎
　　　　　性情也。女子能詩屬文，自江芊曹大家而降，寥寥無聞，間有善咏如琰如濤，
　　　　　如近代朱淑貞，非不膾炙人口。然非以寫怨，即以宣瑤，其奚取於淑人君子。
　　　　　逸之有婦，善咏，而陸氏女文孌亦善咏，二姬倡和成帙，諷諷乎周南之遺音
　　　　　也。」詳見〔明〕鄭琰：〈梅墟先生別錄〉，《梅墟別錄》，下卷，收於〔明〕
　　　　　周履靖編：《夷門廣牘》，頁943上～下。
〔註77〕　單以《中國叢書綜錄》的資料爲例，就已發現：北京圖書館、首都師範大學
　　　　　圖書館、北京大學圖書館、復旦大學圖書館、吉林大學圖書館與南京大學圖
　　　　　書館皆有典藏。詳見上海圖書館編：《中國叢書綜錄》（上海：上海圖書館，
　　　　　1986年），第一冊，頁958～959。其他如上海涵芬樓、浙江大學圖書館、國
　　　　　家圖書館、美國國會圖書館……等地也都藏有善本《夷門廣牘》。相關討論，
　　　　　後文將有專節分析。

善本目錄，採取「博收」原則，將原來依據書目所缺少之書一一補入，共得一百一十三種書籍。尤有甚者，更針對《夷門廣牘》部分殘逸或刪削之作重新增補，例如《神仙傳》、《續神仙傳》、《集仙傳》三部作品，〔明〕周履靖主要是錄自《說郛》，僅錄原書中的人名里籍而盡削事蹟，藝文印書館則據道藏傳記原文一一補入。二、1990 年北京書目文獻社則據上海涵芬樓藏《夷門廣牘》完整影印，共收有書籍一百零六種，這無疑是爲今人提供了研究〔明〕周履靖及《夷門廣牘》的最佳素材〔註 78〕。其他尚如：一九八四年台北新文豐出版社的《叢書選集》，選錄了《群仙乩語》、《千片雪》、《青蓮觴咏》、《香山酒頌》、《梅塢貽瓊》、《赤鳳髓》……等書，1985 年北京中華書局的《叢書集成初編》也選編了數十種〔明〕周履靖編著之作，而上海古籍出版社所編《續修四庫全書》、《山川風情圖書》、明文書局的《明人傳記叢刊》、世界書局的《明人學畫論著》以及天津古籍出版社的《中國歷代畫譜》……等書，也都收錄有不少的〔明〕周履靖作品。

另外，台南莊嚴文化事業有限公司所編《四庫全書存目叢書》也廣集大陸各地善本藏書並編印刊行，包括有〔明〕周履靖的幾種重要編著作品，如：《異域志》、《梅墟先生別錄》、《繪林題識》、《梅塢貽瓊》、《貧士傳》、《五木經》、《天隱子》……等，所據以翻印者皆來自上海涵芬樓典藏之《夷門廣牘》。其中值得注意的是，集部別集類第一百八十七冊所收錄之《梅顛稿選》，此書依據北京大學圖書館藏明刻本影印，成書之時已不可確考，內容則是〔明〕陳繼儒由〔明〕周履靖所有作品中，依照文體類別分體選錄而成，前後共二十卷，包括有：

表二：《梅顛稿選》卷次與文體類別對照表

卷　次	文　體　類　別	卷　次	文　體　類　別
卷一	賦	卷二	歌行
卷三～卷五	樂府、拍	卷六	四言古詩、五言古詩、七言古詩

〔註78〕必須說明的，由於筆者現在所掌握的《夷門廣牘》，其書目差異各不相同，目前尚難判斷何者較接近叢書原貌，爲了使本論文文獻材料參引有據，因此，擬以北京書目文獻社據上海涵芬樓藏《夷門廣牘》景印者爲底本，並適時參酌其他各版本之文獻材料輔助，倘若日後能發現有更適切之版本，當會另行補述。

卷七～卷十一	五言律詩、五言排律詩、七言律詩	卷十二～卷十四	五言絕句、六言絕句、七言絕句
卷十五	茹草百詠	卷十六	茹草百詠、詩餘
卷十七	詩餘	卷十八	序
卷十九	自序、傳、贊	卷二十	雜文

其中收錄的諸多作品均能見於《夷門廣牘》當中，但仍有一部分則是目前尚未得見的作品，例如卷五的《胡笳十八拍》〔註79〕，原書遍尋未果，極可能已經亡佚，慶幸因〔明〕陳繼儒的編選收錄，使它不致於完全湮沒。又如卷十九〈曆朝酒歌序〉、〈千家宮詞序〉、〈十六名姬詩序〉、〈宮閨詩選序〉、〈五禽戲圖序〉等序文〔註80〕，雖然目前亦尚未能見到原書內容，但透過諸此序文的記載，至少可以提供我們關於這些詩文集的基本認識。其他，《夷門廣牘》所未見之詩文作品也都或多或少地散置各卷中。唯一較可惜的是，因為編者採取「按體分卷」方式排次，打散了作品原來出處且又未加註明，除了少部份是可以由詩文題名推測作品來源之外，多數仍是難以確知的。

　　無論如何，〔明〕周履靖編著的作品一再為人重新刻印刊行，除了使這些一度遭到「冷落」的書籍得以重新為人認識外，對於當代社會、民俗、圖書文獻、輯佚等多方面問題的補充、開展，益能彰顯其價值之不凡。

第四節　小　結

　　以上，乃筆者針對〔明〕周履靖生平傳記及其作品所作的整理考述，從原先明人傳記史料中的零星記載，逐步檢索搜尋相關資料，漸漸地架構起他的生命版圖。過程中，益發感受到這位山人身上所透顯出的豐富文化意涵，包括出版、聲譽、傳播、社交、雅俗等都是重要命題。然而，長期受到忽略，導致其部份作品可能已經遺佚，這必然是相關研究者最感遺憾的。不過，誠如曹淑娟探討祁彪佳及其寓山園林文化時的體會：

> 各種著作有其寫作背景，既個別與其生平經歷相對應，同時它們也
> 互相聯結、彼此交織，作為祁氏生命回應其人生際遇的隨機展露，

〔註79〕詳見〔明〕周履靖著，〔明〕陳繼儒編：《梅顛稿選》，收於《四庫全書存目叢書》，集部，第一八七冊，卷五，頁375上～378上。
〔註80〕詳見同上註，頁480上～485下。

每一個個別影像也都是背後那未全然揭露的龐大身影的一個側影。
〔註81〕

〔明〕周履靖何嘗不是如此？許多相關材料尚待發現與解讀，然而，每種著作或傳記資料就如同是他生命版圖中的一塊拼圖，各自佔有其特殊性，而筆者嘗試在有限的材料中組構它們彼此間的關係，盡力恢復那失落已久的文化圖像。

最後，究竟〔明〕周履靖編著了多少作品？編著作品流遞何處？《夷門廣牘》並沒有告訴我們答案，但不妨再從〈夷門廣牘序敘〉的一段話來思考：

> 伊吾一編，以自適志，令寠腹中如飽半菽，則願且止，如其不朽，則吾豈敢。〔註82〕

又，〈跋五柳詩四言五十韻〉云：

> 遍閱全帙，利祿毛輕。再詠再歌，高懷頃增。情契膠漆，遂爾和賡。竊其糟粕，撫成鄙吟。狂人孟浪，遺嗤賓朋。匪敢垂世，少暢余心。〔註83〕

文中戲稱纂輯作品不過是能飽其寠腹或娛樂自我的孟浪之語，似乎不曾期待能夠流傳後世，並且屢次表明「隱姓名」、「逃世名」，但他是否真能徹底看破塵網？抑或只是虛應故事呢？對此，在〈和效陶潛體詩十六首〉其十一出現了截然不同的反思：「當年追勝賞，後世垂芳休。余多詩酒癖，將來並存不？古今英傑士，俱埋土一丘。」〔註84〕此處，或許成就名山之業以垂名後世的想法，他不是沒有過，然而，古聖先賢的教訓也已提醒了我們，人與物質不免俱將凋零於寒煙衰草間、終究難以把握，那麼，編著過多少書籍或者作品最後流遞何處的問題，似乎也不是這麼重要了，毋如鎖定在這些作品與〔明〕周履靖之間所彰顯的意義，深入挖掘可能的書寫視界。

因此，本論文的研究重點，便是針對〔明〕周履靖及其著作進行案探討，

〔註81〕詳見曹淑娟：《流變中的書寫——祁彪佳與寓山園林論述》（台北：里仁書局，2006 年），頁 49。下引此書皆同此一版本，不另出詳註。

〔註82〕詳見〔明〕周履靖：〈夷門廣牘敘〉，收於氏編：《夷門廣牘》，頁 5 下。

〔註83〕詳見〔明〕周履靖：〈跋五柳詩四言五十韻〉，《五柳廣歌》，卷四，收於氏編：《夷門廣牘》，頁 1074 上。

〔註84〕詳見〔明〕周履靖：〈和效陶潛體詩十六首〉其十一，《香山酒頌》，上卷，收於氏編：《夷門廣牘》，頁 1376 上。

研究過程中，不免也會遇到訊息單薄、零散的文獻材料，這往往造成解讀上的莫大困難，諸如〔明〕周履靖的家族背景、《夷門廣牘》是否重新刊刻過……等問題，對其園林經驗、叢書出版情形等都帶有重要意義，對此，筆者盡可能地就所知作出合理的推測，若是過於模糊難斷、模稜兩可的問題，則姑且存疑不論。期待能從這樣「質」的研究，逐步揭示明代相關的文學、文化議題，包括如晚明山人群體圖像、叢書編纂的文化意義、文人結社交遊情形、明代物質與尊生議題……等等。

第二章　叢書在文學史〔註1〕上的定位

第一節　叢書與叢輯

　　叢書，顧名思義，即「叢輯之書」，是一種特別強調總聚諸書合爲一編的圖書體制。關於其創始源流，或有源於石經之說〔註2〕、或有源於類書之說〔註3〕、或有源於上古文獻之說〔註4〕、或有源於佛教典籍之說〔註5〕、……等等，甚至也有將《儒學警悟》或《百川學海》認定爲中國第一部叢書者，諸家說法可謂莫衷一是，察其緣由，大概是與各家對叢書所依據之認定標準有寬鬆之別有關，因此，近人劉尚恒嘗提出如下之論：

〔註1〕該標題所指「文學史」，乃是就廣義性文學而言，意指一切的中文研究面向。
〔註2〕如羅振玉〈適園叢書序〉：「叢書尚矣，勒石之世已有叢書，鏤木之始，最先刻者，亦叢書也。」收於張鈞衡編：《適園叢書》（揚州：江蘇廣陵古籍刻印社，1986 年），頁 1。
〔註3〕如謝國楨〈叢書刊刻源流考〉：「余則恆以爲叢書之名，蓋由類書演變而成者也。類書中有宋曾慥《類說》一書，其書流傳甚罕，余曾見明抄本，彙輯古今著述約數十種，然皆刪節不全，此已肇叢書之端。」收於氏著：《明清筆記談叢》（上海：上海書店出版社，2004 年），頁 148。
〔註4〕如汪辟疆〈叢書之源流類別及其編索引法〉：「叢書之制，在周漢已開。樂正四術；詩存三經；書有六體之殊；翼有十翼之作，叢書之源，遠肇於此。」收於氏著：《目錄學研究》（台北：文史哲出版社，1973 年），頁 95。下引此書皆同此一版本，不另出詳註。
〔註5〕如盧中岳〈我國叢書刊刻始於佛藏辨〉：「以圖書形式而論，佛藏收入種種佛教著述，具有個別的書目（子書名），如《開寶藏》現存的《阿惟越致遮經》、《佛本行集經》……特別是僧人的著作，內容更爲豐富。這些內容，毫無疑義符合叢書的旨意。」《文獻》第十四輯（1982 年 12 月），頁 11。

我以為叢書的概念有二，從廣義上講，就是匯集兩種以上專書別題
一書名而成另一新的著作；從狹義上來講，其所匯集的兩種以上專
書，不但要首尾完整，而且內容上必須超過兩個部類以上，這樣才既
包含總聚的意思，又包含細碎叢脞的意思。這樣的狹義的概念才是叢
書的本義。可是人們往往不區分廣義和狹義概念，而常以廣義概念代
替狹義概念，所以後來把叢書又叫做匯刻書、叢刻、叢刊。〔註6〕

我們綜觀目前學界對於叢書的解釋中，包括如施廷鏞的〈叢書概述〉、汪辟疆
的〈叢書之源流類別及其編索引法〉、戚志芬的《中國的類書、政書與叢書》
或是劉兆祐的〈論叢書〉等諸文，無論是從字義訓詁或者形制歸納，他們大
抵都是抱持「匯集兩種以上專書別題一書名而成另一新的著作」作為論述本
質，也就是說，以「叢輯」作為叢書的核心認定準則。

　　基本上，這樣的理解並不能算錯誤，只是，依據劉氏之說，我們若企圖
以廣義方式作為中國數以千計的叢書界定可能不夠完整，很容易與諸如「類
書」、「總集」、「合集」、「雜編」之屬相混雜而難辨，因此，我們必須再以「第
二設限」進行區辨；於是，他又以「所匯集的兩種以上專書，不但要首尾完
整，而且內容上必須超過兩個部類以上」作為另一認定準則，這可說是頗具
創新的一種解釋方式，同時也能有效地與其他叢刻、叢刊或匯刻書作區別，
然而，弔詭的是，要求叢書的體制是必須「超過兩個部類以上」，顯然並不將
叢書歸隸四部之中而另外獨立一類，只不過，我們循著中國圖書的發展脈絡
可知，任一圖書體制的發展通常都應是先有其「實」（實際文獻）後再提列其
「名」（目錄之名），而目前所知最早將「叢書」另立一部者，可能要從〔明〕
祁承火業的《澹生堂書目》開始說起〔註7〕，但在此之前，中國叢書的發展現
象其實已經燦如繁星，於是，這將使《說郛》、《儒學警悟》，甚至更早的《劉
向所序六十七篇》、《揚雄所序三十八篇》……等等文獻的界定顯得尷尬。另

〔註6〕 詳見劉尚恒：〈中國古籍叢書概說〉，《文獻》第七輯（1981 年），頁 144。後
　　　　來集結為《中國古籍叢書概說》（上海：上海古籍出版社，1989 年）。下引此
　　　　書皆同此一版本，不另出詳註。

〔註7〕 祁氏在〈庚申整書例略〉云：「叢書立目不見於古，而冗編之著疊出於今，既
　　　　非旁搜博採，以成一家之言，復非別類分門，以為考覽之助。合經史而兼有
　　　　之，採古今而並集焉，如後世所刻《百川學海》、《漢魏叢書》、《古今佚史》、
　　　　《百名家書》、《禪海》、《秘笈》之類，斷非類家所可併收，故益以叢書者四。」
　　　　收於《續修四庫全書》（上海：上海古籍出版社，1995 年），第九一九冊，頁
　　　　555 下。

外，韓仲民的〈叢書一瞥〉曰：

> 叢書則是將不同的書直接匯集在一起，並不打亂原書本身的編次，
> 內容則兼收並蓄，各書之間先後也并無一定次序，……〔註8〕

以「不打亂原書本身的編次」作爲叢書的另一認定準則，其實也有討論空間，
例如〔明〕沈節甫的《紀錄彙編》、〔明〕毛晉的《津逮秘書》等幾種普遍認
定爲典型的叢書內容，都不乏有程度不一的刪改割裂情況，而《四庫全書》
作爲中國首度的官方主持編纂叢書，其內容更因爲某些政治性活其他因素而
任意刪削書籍內容。

　　事實上，如果堅持摭取諸此規範以爲依準，那麼在我們所認知的叢書中，
恐怕至少有半數以上的「叢書」將是不符規定的。對此，筆者並非是圖書目
錄學的專門研究者，無法在叢書的界定問題上提出積極性的回應，可是，在
論文撰寫過程中，因爲對於古代叢書以及相關文獻資料的管窺閱讀，的確感
受到數千年來中國叢書的體例，無論是面對編訂方式、主題規劃、選排依據、
收書標準……等等的技術層面，所遇到的複雜程度遠遠超出我們所能完全掌
握者，或者當我們試圖以某甲集合內的叢書作爲探計樣本，進行叢書判定原
則的歸納後，卻發現無法完全適用於某乙集合內的叢書，於是造成今日所謂
「叢書的界定」經常出現顧此失彼的情況。面對這一難題，筆者較同意劉寧
慧採取「分期的觀察方式」以及「發展性的概念描述」，這也較能夠確實反映
出圖書發展的軌跡。因爲我們相信，任何書籍體制的發生都不是一朝一夕所
可能者，各自必然都有一段發展的「歷程」，劉氏從古代文獻中的彙編傳統、
唐宋彙編型態的轉型以及印刷術爲中國文獻所帶來的衝擊等幾個面向進行觀
察，點出我們理解叢書的幾種較合理的基本態度：

> 「叢書」概念的認知必須先明瞭它發展過程的複雜性，採取分期的
> 方式，遞進地觀察它的變化，也就是不執著一種固定的體制說明，
> 不粘滯於片面形式的認知，而在體裁的大原則下辨明不同階段的發
> 展。在此所謂的「大原則」，以印刷普及後帶來的圖書製作環境爲主，
> 即基本上是「書」的彙輯，並以集合的形式常態流通。經過這個原
> 則的篩選，「叢書」屬性有了清明的發展脈絡，沒有絕對是與不是的
> 問題，只有階段、形式的問題。〔註9〕

〔註8〕詳見韓仲民：《古籍叢書概論》（瀋陽：瀋陽書社，1991年），頁2。
〔註9〕詳見劉寧慧：《叢書淵源與體制形成之研究》（台北：國立臺灣師範大學國文

換言之，雖然以較寬泛的「大原則」——「書」的彙輯、集合的形式常態——作爲認定與否，但其中仍存有「典型」性的差別。

就此「大原則」而言，叢書給人最顯著的特徵即在其彙輯諸「書」，故其文獻特質也是最受矚目的。以明代爲例，諸如〔明〕王文錄《百陵學山》，收有書籍一百種，上至〔周〕端木賜《詩傳孔氏傳》、〔漢〕申培《詩說》，下及〔宋〕洪邁《隨筆兆》或明人著作；〔明〕陳繼儒《寶顏堂秘笈》，全套叢書上至漢代、下及明代作品皆有收錄，共得書籍二百二十餘種，並分爲六集：「正集」、「續集」、「廣集」、「普集」、「彙集」、「秘集」；〔明〕樊維城所輯《鹽邑志林》，屬於「郡邑類」叢書，也是此類型叢書之創始〔註10〕，專以收錄歷代海鹽人作品爲主，上至魏晉，下及明朝當代，共輯得四十一種書籍，其他或如〔明〕高鳴鳳的《今獻彙言》、〔明〕胡維新的《兩京遺編》、〔明〕汪士賢的《山居雜志》……等等；從書籍藏存的價值而言，由於叢書所具備之強大輯錄功能，在校錄輯刊、收存罕見或不易得之書、彙編圖書文獻、方便後人求書閱讀……等方面，都具有積極性意義。但有時也未必要專限於此，因爲多數的叢書書目編整，大抵都有其一定的分類法則，我們可以通過不同叢書對於各個「類別」的定義，配合書目的安置情況，考察一時一代之學術風氣，例如明代以後的叢書中，譜錄性質書籍的收錄有趨強現象，包括《墨經》、《相鶴經》、《魚經》、《筍譜》……等等，在當時幾部著名叢書中時相可見，有學者便針對此一現象，指出這是在中國文化史的脈絡中，延續《爾雅》以下名物訓詁的寫物傳統，將物納入日常生活中，並表述爲有體系的文字說明〔註11〕；或者透過叢書內個別書籍相較其他時代、其他書目的歸隸方式與側重的分類原理，考察中國學術風氣的演變，例如：明代受到科舉制度的影響，市面上產生許多專爲科考士子設計之制舉用書（如《七經大全》、《四書五經大全》等），某些叢書書目便會特意設置「制舉類」以歸納該類圖書，然

研究所博士論文，2003 年），頁 323～324。劉氏一書是目前所見針對叢書問題討論的最新專著，內容論述詳核有據，極具有參考價值。下引此書皆同此一版本，不另出詳註。

〔註10〕〔清〕葉德輝曾云：「薈萃鄉邦郡邑之書都爲叢刻，自明人《梓吳》一書始，樊維城《鹽邑志林》繼之，……」但今天我們尚未發現《梓吳》一書之貌，故仍暫以《鹽》書作爲郡邑類叢書之始。葉氏之語，引見氏著：《書林清話》（台北：世界書局，1983 年），卷九，「刻鄉先哲之書」條，頁 252。

〔註11〕詳見毛文芳：《晚明閒賞美學》（台北：臺灣學生書局，2000 年），第二篇〈晚明美學之風格意涵與範疇定位：「閒賞」〉，頁 29～88。

而到了清代，四庫館臣卻決定取消該一圖書類別，純粹從書籍的學術性質進行歸類，因此，同樣的四書五經，由於明清兩代學術發展風氣的差異，往往導致文獻產生有不同的理解意義；甚至可以從某些叢書書目類別的質變中，找到中國傳統目錄類別的隱性門類。〔註12〕

　　無論如何，「文獻叢輯」一般都認為是叢書在文學史上重要的學術性意義，也是學術界普遍採認的討論面向，《夷門廣牘》自然亦承襲有這樣的特質：

　　◎五德之運既開，凡七之籌斯衍，而時日有向背，丘陵有牝牡，
　　從來遠矣，下至弓□應占於虺夢，物色兆啓乎龍顏，決若發覆，
　　冥同司契，術雖纖細，寔開吉凶順逆之途，又可廢乎？輯雜占
　　牘。

　　◎孔子曰：「小子何莫學夫詩，多識於鳥獸草木名。」故風翔雨舞，
　　並載於周經；杜若江蘺，見咨於楚客。至於譚偉異，則禽稱胎化；
　　辨名實，則草號蹲鴟。莎雞振，知物候之頻移；蘭菊芳，增雄圖
　　之悅慨。自非伯翳，孰悉厥名。輯禽獸草木牘。〔註13〕

茲以此二則引文為例，〔明〕周履靖輯得數餘種書籍後，紛紛依照不同書籍旨趣、特性，按類歸隸，每類並且詳細解釋其定義，於是，循著收書種類、流傳版本、卷次部類、排序方式、牘目主題等圖書文獻問題進行分析，的確有助於某些「糾謬補缺」工作的釐清。

　　然而，叢書本身的內在價值，諸如其中所積蘊之編者纂輯意識、學養背景、特定評價……等等，同樣是無法忽略的，我們可以嘗試由叢書「內容的理解」切入，並配合不同叢書的比較關係以建構出某種文學知識的系譜，甚至從文化層面進行細部的分析解釋，使得看似漫無端緒的「叢輯臚列」，置於相應之社會文化語境下，經過有層次、有系統的詮釋之後，得以有效地突顯其中內含的潛在性價值觀或意識形態。對此，下文將從學界的研究主軸談起。

〔註12〕周彥文曾透過詮釋性學科的角度，針對書目的運用以及文獻之間互動關係進
　　　　行示範性的舉例說明，其提出之諸多探討方式頗適於運用在叢書的文獻研究
　　　　面向上。詳見氏著：〈書目的運用與文獻生態〉，《書目季刊》第三十五卷第四
　　　　期（2002 年 3 月），頁 1～11。

〔註13〕詳見〔明〕周履靖：〈夷門廣牘敘〉，收於氏編：《夷門廣牘》（北京：書目文獻
　　　　出版社，1990 年），頁 3 下～4 上。下引此書皆同此一版本，不另出詳註。

第二節　學界的研究主軸

　　從中國圖書編纂史的角度觀察，當文獻發展到一定程度以後，便會產生整理文獻資產的動力，以方便文獻、文化的相關保存與利用。漢魏、唐宋階段性的文化成就，促成魏晉類書及宋元叢書的出現，便是顯證〔註 14〕。到了明清時期，隨著印刷技術的進步、文化傳播的普及，不僅在數量上急速增加，就連類型亦堪稱豐富完整、名實具備，而學術上對它的助益，則是要從編目工作開始。

　　其中，最早進行叢書目錄整編工作者，大概是日人一色時棟在清康熙三十八年（1699 年）所編錄之《二酉洞》，全書依經、史、子、集、雜分為五類，收錄編者平時讀書筆記或親眼所見之叢書三十餘種，由於數量尚屬薄弱，且收錄的內容也有錯誤，故在當時並未能引起迴響〔註 15〕；約莫一百年後，〔清〕顧修所編《彙刻書目初編》（1800 年）開始，叢書編目工作才陸續受到重視，並且蔚為風潮，包括有賡續顧氏之作者，如佚名之《彙刻書目續編》、《增補彙刻書目》，其他如沈乾一編《叢書書目彙編》、孫殿起編《叢書書目拾遺》、楊家駱編《叢書大辭典》、施廷鏞編《叢書子目書名索引》……等等，其中，最是集大成者，則要屬上海圖書館於 1959 年至 1962 年普查中國大陸境內各個圖書館的叢書收藏，所編成之《中國叢書綜錄》一書，收有叢書二七九七部（子目 38,891 種），並於《總目》末附錄〈全國主要圖書館收藏情況表〉，提供讀者方便查閱，為中國叢書的編目工作立下重要里程〔註 16〕，可說是目前所見典藏資料記錄最為詳實豐碩、實用性最佳者，固然其中難免有版本不全、子目遺漏、未收錄台灣、海外及近世編刊之叢書等問題，但經後來者的陸續編補，如陽海清編撰之《中國叢書綜錄補正》、《中國叢書廣錄》、莊

〔註14〕詳見吳哲夫：〈四庫全書館臣處理叢書方法之研究〉，《故宮學術季刊》第十七卷第二期（1999 年 12 月），頁 19。

〔註15〕關於《二酉洞》的編排體例與收錄內容，詳見鮑國強：〈所見最早的叢書目錄《二酉洞》〉，《文獻》，1986 年第二期，頁 284～286。

〔註16〕對此，或可從學界研究來看：在有關叢書目錄的研究當中，專門討論《中國叢書綜錄》者約佔半數以上，顯見它的完成確實具有重要意義，諸如謝沛霖：〈《中國叢書綜錄》的成就〉，《上海社會科學》，1983 年第五期，頁 95～96；沈治宏：〈《中國叢書綜錄》史部著錄圖書失誤的原因〉，《津圖學刊》，1991年第一期，頁 126～133；李銳清：〈《中國叢書綜錄》訂補——（彙編宋元明部分）〉，《國立中央圖書館館刊》第二十七卷第一期（1994 年 6 月），頁 181～204。

芳榮編撰之《叢書總目續編》、王寶先編撰之《臺灣各圖書館現存叢書子目索引》，以及藝文印書館編印之《百部叢書集成書目索引》、《叢書集成續編目錄索引》、《叢書集成三編目錄索引》等，叢書目錄的整編工作可謂日臻完善，提供相關研究者極大的便利性。〔註17〕

截至今日，所知的中國叢書至少已有五千餘種，據莊芳榮〈叢書之編刊及近二十五年來編刊情形之總結──叢書總目續編代序〉一文說道：

> 據統計，我國歷代統計之著錄而確曾成書者至少有 253,435 種。而今存者僅約十萬種左右，其中收容於六千餘部叢書中者約達八萬五千多種，賴單行散刻流傳者，僅約一萬五千，在八萬五千種中仍有單行本者為數亦約一萬五千，故而，十萬種左右今存中國古籍，惟賴叢書之輯刊而能不墜者多達約七萬種。〔註18〕

由此可見，無論在產量、文獻保存價值乃至所延伸之文化、社會、經濟史等，叢書在中國古籍文獻上無不具有重要地位，可謂是文獻資料之淵藪，治文史學者，莫不用及「叢書」者〔註19〕，相關討論理應熱烈，然而，根據三篇關於學界的叢書研究考察，分別為：侯美珍編〈「四庫學」研究論著目錄〉〔註20〕、〈「四庫學」相關書目續編〉〔註21〕，以及劉寧慧編〈中國古籍叢書研究論著目錄〉〔註22〕，三文大抵涵蓋了 1900～2000 年的相關研究成果，循此可知，大抵要從民國，尤其是四○年代以後，才陸續有關於叢書定義、分類、考證、內容剖析等初步研究出現，不過，約莫百年的時間僅得一千餘項，較之其他古典文學〔註23〕，研究份量仍顯薄弱。

〔註17〕 關於叢書目錄，主要參閱劉兆祐：《中國目錄學》（台北：五南出版社，1998年），頁 361～368、韓仲民：《中國書籍編纂史稿》（北京：中國書籍出版社，1988 年），以及劉寧慧：〈叢書目錄的發展〉，《嶺東商專學報》第五期（1993年 10 月），頁 293～318。劉寧慧一文末並附有「叢書目錄總表」，頗值得參考。

〔註18〕 詳見莊芳榮：《叢書總目續編》（台北：德浩書局，1974 年），頁 3。

〔註19〕 詳見劉兆祐：〈論叢書〉，《應用語文學報》第一期（1999 年 6 月），頁 1。

〔註20〕 詳見侯美珍：〈「四庫學」研究論著目錄〉，收於林慶彰邊：《乾嘉學術研究論著目錄 1900～1993》（台北：中研院中國文哲研究所籌備處，1995 年），頁 35～117。

〔註21〕 詳見侯美珍：〈「四庫學」相關書目續編〉，《書目季刊》第三十三卷第二期（1999年 9 月），頁 77～129。

〔註22〕 詳見劉寧慧：《叢書淵源與體制形成之研究》，頁 328～355。

〔註23〕 可以參考黃文吉、孫秀玲編：〈1998 年古典文學研究論著目錄（上）〉，《古典文學研究》創刊號（1999 年 6 月），頁 185～215、〈1998 年古典文學研究論著

　　就研究的內容而言，目前僅見有劉尙恆的《古籍叢書概說》、李春光的《古籍叢書述論》〔註 24〕、戚志芬的《中國的類書、政書與叢書》〔註 25〕、劉寧慧的《叢書淵源與體制形成之研究》等，是專門針對叢書之源流、觀念、價值等面向作完整分析，其餘或僅是「驚鴻一瞥」地簡單交代叢書之觀念、性質，或針對個別叢書之編者生平、叢書體例、收書內容等進行分析，或就叢書目錄之整編進行初步的檢討、校補，這些研究者投注之心力，對於後來人進行相關問題的探討絕對有直接裨益，然而，相較於數千部的古籍叢書，這樣的研究成果實在無法令人滿意，許多零星論點似乎還可以有更深入的開發，例如在專書專論上，多數仍集中於某些熱門叢書，諸如《說郛》、《古逸叢書》、《學津討源》、《知不足齋叢書》等，事實上，許多冷僻、罕見討論之著作，若能夠配合編者成長背景、思想意識等不同因素結合理解，即使希罕亦可以有寬闊的觀察視野。此外，更有過度集中於《四庫全書》之虞；不可否認地，《四庫全書》是中國收錄最爲豐富的一套叢書，乃是集藝苑之大成，加上它是唯一官方欽核編訂者，受到某些意識形態的影響，修纂過程極爲複雜，故近代頗有專門研究其書者，或有關《四庫》修纂經過、或有關《四庫》焚毀情形、或有關著錄圖書版本、或考證《四庫提要》之謬誤……等等，形成一股「四庫學」的研究風潮，無論是專書、論文或文獻整理等，成果燦然〔註 26〕，甚至有許多圖書史、出版史、編輯史之專著，其內容雖也闢有專章專節介紹「叢書」，但查核其內容，若非過於簡略，便又不脫《四庫全書》的討論，如姚福申的《中國編輯史》以及李白堅的《中國出版史》即是如此，對於叢書的認識稍嫌窄隘〔註 27〕。只是，四庫館臣在編纂之初，本就沒有帶入太強烈的「叢書」意識，僅視之爲某一文類，並未自覺以「叢書」

目錄（下）〉，《古典文學研究》第二期（1999 年 12 月），頁 225〜246，以及王國良、譚惠文編：〈1999 年古典文學研究論著目錄〉，《古典文學研究》第三期（2000 年 6 月），頁 151〜197。

〔註 24〕詳見李春光：《古籍叢書述論》（瀋陽：遼瀋書社，1991 年）。

〔註 25〕詳見戚志芬：《中國的類書、政書與叢書》（台北：臺灣商務印書館，1994 年）。

〔註 26〕關於「四庫學」的形成經過，可以參閱昌彼得：〈「四庫學」的展望〉，《書目季刊》第三十二卷第一期（1998 年 6 月），頁 1〜4；以及〈影印四庫全書的意義〉，收於《文淵閣四庫全書》（台北：台灣商務印書館，1986 年），第一冊，頁 1。

〔註 27〕詳見姚福申：《中國編輯史》（浙江：復旦大學出版社，1990 年）以及李白堅：《中國出版史》（廣西：廣西教育出版社，1999 年）。

的方式或形式來呈現這樣的編輯效果〔註28〕，再者，《四庫全書》的學院色彩太過明顯，較之私人編纂者有顯著分別，具有相當程度的學術、政治、思想意義，足以獨立觀察，或許如此，致使少有人從「叢書」的角度探索其編纂體制的意義、對前代叢書的關聯、對後代叢書的影響……等等，因此，「四庫學」的蓬勃發展，實非意味叢書研究受到重視。〔註29〕

就研究的方法而言，目前較為常見的有二：一是以版本、考證、輯佚、辨偽等文獻學方法為夥，這是可以理解的，因為叢書向來是以文獻收錄的「龐雜叢脞」著稱，資料的分析整理往往都是研究的第一步，例如昌彼得所撰《說郛考》〔註30〕，全書共分「源流考」與「書目考」兩編，上編環繞在《說郛》之編者——陶宗儀生平家世、叢書體例、重編始末、版本評價等成書相關問題析論探討，下編則針對叢書內的七百餘種書籍一一進行校勘，追溯其源流以及更動、移易等問題，例如《夷門廣牘》中的《神仙傳》、《列仙傳》等書便是採錄自此，方法嚴謹，資料詳實，立下足堪為後人示範之研究；其他如劉兆祐的〈論「叢書」〉、陳東輝的〈《古逸叢書》考略〉〔註31〕、鄧長風的〈《函海》叢書的版本及其編者李調元〉〔註32〕……等，皆採此研究路徑。其次，近年來，包含《四庫全書》在內的叢書研究，則逐漸有朝向文學批評角度討論的趨向，未必叢書就註定要是雜錄「叢」湊，諸如「要收錄哪些書？」「收錄主題為何？」「該怎麼分類？」……等等，仍舊有著一定的選輯標準〔註33〕，而這「選輯標準」往往也意味是叢書內所隱含之批評意識，例如吳哲夫的〈四庫全書子部小說家類圖書著錄之評議〉

〔註28〕 這點，從四庫館臣不肯在四部之外另立叢部，並將叢書一律歸隸於雜家下第三級類目之末——雜編，顯見館臣對叢書具有相當程度的藐視心態，焉肯又以「叢書」立場輯錄《四庫》呢？

〔註29〕 關於四庫學與叢書研究的檢討，詳見劉寧慧：《叢書淵源與體制形成之研究》，頁18～23。

〔註30〕 詳見昌彼得：《說郛考》（台北：文史哲出版社，1979年）。

〔註31〕 詳見陳東輝：〈《古逸叢書》考略〉，《史學史研究》第一期（1997年），頁61～66。

〔註32〕 詳見鄧長風：〈《函海》叢書的版本及其編者李調元〉，《國立中央圖書館館刊》第二十七卷第一期（1994年6月），頁163～180。

〔註33〕 例如〔明〕趙標所輯《三代遺書》，書前〈序〉云：「取前所契六種之書，稍加訂改，因名之曰《三代遺書》，付大名守塗君為之鋟梓，蓋書俱三代所遺者，而梓之今日，則三代之存，及余志也。」詳見氏輯：《三代遺書》，收於嚴一萍選輯：《百部叢書集成》（台北：藝文印書館，1966年），之十二，第一函，第一冊，頁1左。

〔註 34〕，鑿清四庫館臣當初如何甄選、部次該類圖書，並針對這樣的隸類規劃給予公允評議，藉此照鑑宋元以下學術代變、民間通俗小說的發展情況，其他如劉美玲的〈《四庫全書總目》著錄有關女性著作的探討〉〔註35〕、郭洪紀的〈從《武經七書》看儒家對傳統兵學的整合〉〔註36〕……等，皆屬之。

此外，在碩博士論文的研究成果方面，我們不妨可以從潘美月一篇名曰〈近年來台灣碩博士生研究叢書的成果〉〔註37〕的文章作爲觀察基點。

該文主要是針對台灣碩博士生研究叢書的成果進行評述與介紹。將叢書的研究分成五部份：一爲「綜合性研究」，如劉寧慧《叢書淵源與體制形成之研究》（台北：台灣師範大學國文研究所博士論文，2001 年）即是代表，文中強調叢書的形成與發展深刻地牽動到宋代以後整體古籍的變化，因此，有必要針對其發展整體、影響進行全面梳理；一爲「地方叢書的研究」，如林照君《郡邑叢書之研究》（台北：臺灣大學中文研究所碩士論文，2000 年），文中主要針對專收一地之鄉先哲著述或掌故的郡邑類型叢書，進行其編纂動機、古籍彙刻情形、文獻校刊與輯佚、特色與價值的考察分析；一爲「專門性叢書的研究」，此以趙惠芬《二十四史版本研究》（台北：中國文化大學中文研究所博士論文，2001 年）爲例，該論文採取文獻考證法與比較研究法作爲論述主軸，就二十四史各史史料、前人筆記、日記、書信、各家藏書志、出版史……等等，對文獻和實務逐一搜羅考訂，進而歸納整理、綜合分析，藉以解決諸史書版本傳承、翻科疏漏、義例的爭議等問題；一爲「單一叢書之研究」，潘文以蔡斐雯《鮑廷博知不足齋叢書之研究》（台北：臺灣大學圖書館學研究所碩士論文，1994 年）、連一峰《黎庶昌、楊守敬古逸叢書研究》（台北：中國文化大學中文研究所碩士論文，1997 年）及吳柏青《張元濟及其輯印四部叢刊之研究》（台北：東吳大學大學中文研究所碩士論文，1998 年）爲例，三部論文除了研究材料的不同之外，整體研究架構大抵皆立基於厚實的文獻考證工夫，由叢書的編纂動機、過程、特色、價值、流傳等進行分析討

〔註34〕 詳見郭哲夫：〈四庫全書子部小說家類圖書著錄之評議〉，《故宮學術季刊》第十三卷第一期（1995 年 9 月），頁 1～26。

〔註35〕 詳見劉美玲：〈《四庫全書總目》著錄有關女性著作的探討〉，《書目季刊》第三十七卷第二期（2003 年 9 月），頁 13～30。

〔註36〕 詳見郭洪紀：〈從《武經七書》看儒家對傳統兵學的整合〉，《齊齊哈爾師範學院學報》，1994 年第四期，頁 42～48。

〔註37〕 詳見潘美月：〈近年來台灣碩博士生研究叢書的成果〉，發表於「海峽兩岸古典文獻學學術研討會」（浙江：2002 年 6 月 22～23 日）。

論；最後，還有一種是以藏書家、文獻學家作爲研究主題，其中涉及有叢書之研究，如陳惠美《徐乾學及其藏書刻書》（台中：東海大學中文研究所碩士論文，1990 年）與黃慶雄《阮元輯書刻書考》（台中：東海大學中文研究所碩士論文，1995 年）二文，前者以清初著名藏書家徐乾學爲研究對象，論文中除了意在表彰徐氏藏書之功外，也針對了清代學術與叢書刊刻的影響進行討論，而後者則以〔清〕阮元的文獻整理工作爲主題，根據其所編刊之圖書，考察其編輯刊刻之緣起及經過，並評斷其優劣、價值與影響，藉以探討〔清〕阮元在圖書文獻學上的貢獻。

透過這五種主題、八部專著爲觀察樣本，發現到：多數的叢書研究往往不脫版本、目錄、出版、輯佚、考據、辨僞……等圖書文獻的論述視域，在叢書研究的成績上也較爲可觀。然則，中國叢書的出現及其所代表的意義，是否眞的可以由此「一如往昔」的「外圍性質」研究框架完全涵蓋呢？固然糾謬補缺的圖書文獻研究方式免除許多技術性層面所可能導致的錯誤，但是否眞能探得叢書內在價值便頗有商榷餘地了。必須說明的，這樣的提問並非意在否定圖書文獻學的觀照方式，反而希望能夠進一步釐清本論文背後問題意識的可行性：叢書既是爲人所編纂，所內蘊的意涵自然會與編者的思考邏輯、價值認知相符合，而人處社會之中，必然也與其所處時代環境的文化趨勢具有密切關連，那麼，將叢書的研究納入社會文化脈絡之中，並在「日常生活」的研究層面進行剖析，以此理解某些較隱蔽的文化心理及其他相關意義，應當也會是合理可行的討論取徑，尤其，如周積明《文化視野下的《四庫全書》》與楊晉龍〈「四庫學」研究的反思〉相繼提出由「文化品性」來考察《四庫全書》意義的呼籲後〔註 38〕，這種討論取徑也就益發顯得迫切了。〔註 39〕

總之，過去關於叢書的研究，顯然並未隨著日益精進的叢書目錄編整而獲得學界的深耕，一方面在研究內容上，因受限於理解的視野，主要討論仍多偏屬於概述、簡說性質，或者過於集中在《四庫全書》身上，對其他「叢

〔註 38〕 詳見周積明：《文化視野下的《四庫全書》》（北京：中國青年出版社，2001年），頁 21；楊晉龍：〈「四庫學」研究的反思〉，《中國文哲研究集刊》第四期（1994 年 3 月），頁 389～390。

〔註 39〕 依筆者管見所知，目前以叢書進行文化研究之碩博士論文，僅林嘉綺：《晚明文人之觀物理念及其實踐──以陳繼儒《寶顏堂秘笈》爲主要觀察範疇》（台北：淡江大學中文研究所碩士論文，1995 年 6 月）。

書」內在價值的討論相對薄弱；另一方面，在研究方法上，主要是以文獻的考證、校輯、歸納以及文學批評的角度開展議題，前者可說是任何文史研究無可避免的基本工夫，因此，該類研究方法亦最夥，後者則多是環繞於「叢書」與「編者」之間，進行學術思想與源流的辨證。這些研究觀點與方式並非有誤，甚至有一定的貢獻，只是在多年的研究累積之下，所能預期的成果已難有新的突破，更何況，如果僅僅將叢書視作文獻徵引之門徑，或者「辨章學術，考鏡源流」之媒介，恐怕也難以真正窮究叢書的本質。

第三節　從文獻材料到文化史料

延續上文，問題的關鍵大抵還是在於吾人面對叢書內諸多書籍的態度如何，版本目錄學家多視之為文獻材料，用以作為校勘古籍或者探掘古書原貌之途，進而藉由不同叢書內給予各文獻類型的定位，追索它們在學術思想變遷中所透顯出的意義；但從另一方面來說，我們將叢書由「輯刻」的概念轉向「創作」，編者憑藉個人所觀所想主導其編纂，某種程度上，叢書內的知識系統其實就是編者自身文化心態、社會經驗、情感意志、時代思潮……等因素的投射〔註 40〕，再者，從文學傳播的角度而言，書籍刊行的最終目標是要「被閱讀」，並且擁有一定的消費市場，這意味了各類叢書的出現，恐怕並非只是編者「一廂情願」地操持催生所致，其中所映現的文化、情志也可能正是某些人、某些群體的閱讀需要和渴求，因此，若將之視為是某種特定的文化史料或也是可行的研究取徑。

事實上，利用《四庫》雜家類目下諸種書類作為新史料，並以此觸及相關文化的研究角度，並非沒有先例可循，以明代為例，包括〔明〕屠隆《考槃餘事》、〔明〕陳繼儒《巖棲幽事》、〔明〕文震亨《長物志》、高濂《遵生八箋》……等等「生活設計寶典」，皆有相關研究，如英國學者 Craig Clunas 所撰《Superfluous Things: Material Culture and Social Status in Early Modern China》一書〔註 41〕，已能由《長物志》洞悉其中所透析之晚明物質文化與生

〔註40〕 這種「以輯為作」或「以述為作」的觀念，在周積明：《文化視野下的《四庫全書總目》》（北京：中國青年出版社，2001 年），以及曹淑娟：〈體道與審美的綜合經驗——《醉古堂劍掃》〉，《國文天地》第九卷第九期（1994 年 2 月），頁 23～30。二文皆有相關討論。下引此二論著皆同此處版本，不另出詳註。

〔註41〕 詳見（英）Craig Clunas（柯律格）：《Superfluous Things: Material Culture and Social Status in Early Modern China》（First publish 1991 by Polity Press in

活的關聯，尤其是四、五兩章關於「古物」與「奢侈品」在明代文人生活所扮演的角色，具有極精彩的討論，提供相關研究重要的架構與問題意識，此外，毛文芳於 2000 年 8 月 1 日至 2001 年 7 月 31 日所執行之國科會研究計畫：〈晚明的生活美學：以文震亨《長物志》之物體系爲論述中心〉（計畫編號：NSC89-2411-H-194-037），亦是採行此一研究路徑，計劃成果內完成之〈風雅生活指南：文震亨《長物志》探論〉〔註42〕、〈長物：物體系與物的神話〉〔註43〕二文，主要是在每一個「物」的單元下，經由「功能論述」、「氣氛論述」、「評價論述」三個層次組成的物體系，透過符號之助，創造一個被重新創造、且不斷滲進文化因素的理想生活型範，而氏著〈時與物——晚明「雜品」書中的旅遊書寫〉一文〔註44〕，則另從晚明其他「雜品」書籍內特殊的書寫蘊涵，分爲「旅遊時間」與「遊具體系」兩條脈絡，梳理其中體現之旅遊生活。其它尚如 Su Heng-an（蘇恒安）的《Culinary Arts in Late Ming China: Refinement, secularization and Nourishment: A Study on Cao Lian's Discourse on Food and Drink》一書〔註45〕，從〔明〕高濂〈飲饌服食箋〉內容的設計探察晚明人在物質文化與享樂風氣中的飲食矛盾思想，尤其是第五章，特別針對其中的「野菜」一類討論其時代意義，認爲將野菜納入食譜未必是救荒或食齋所致，在〔明〕高濂書中所呈現的也可以是一種糾正時下奢侈之風的精緻化調理過程；曹淑娟拈擬出「體道」與「審美」兩重價值，藉以

Association with Basil Blackwell, Oxford OX4 1JF, UK）。徐泓教授更曾在臺大歷史研究所的課堂上，引領學生共同研讀此書。

〔註42〕詳見毛文芳：〈風雅生活指南：文震亨《長物志》探論〉，《中國古典文學研究》第六期（2001 年 12 月），頁 139～172。

〔註43〕詳見毛文芳：〈長物：物體系與物的神話〉，收於氏著：《物・性別・觀看——明末清初文化書寫新探》（臺北：臺灣學生書局，2001 年），頁 55～146。下引此書皆同此一版本，不另出詳註。

〔註44〕詳見毛文芳：〈時與物——晚明「雜品」書中的旅遊書寫〉，收於《旅行與文藝國際會議論文集》（台北：書林出版社，2001 年 12 月），頁 291～375。另外，亦可參閱巫仁恕：〈晚明的旅遊活動與消費文化——以江南爲討論中心〉，《中央研究院近代史研究集刊》第四十一期（2003 年 9 月），頁 87～141。巫文將明人旅遊活動由遊道、遊具等的旅遊品味，延伸探討晚明旅遊文學的雅俗之道。

〔註45〕詳見（美）Su Heng-an（蘇恒安）：《Culinary Arts in Late Ming China: Refinement, Secu-Larization and Nourishment: A Study on Gao Lian's Discourse on Food and Drink》（Taipei: SMC Publishing Inc, 2004. 247 pp）（案：筆者譯爲《提煉、世俗化與營養：晚明高濂〈飲饌服食箋〉中的烹調藝術研究》）。

觀察晚明清言小品中的生活閒賞〔註46〕；王鴻泰則是透過《古董十三說》、
《瓶史》、《蕉窗九錄》、《筠軒清秘錄》……等雜品書籍在不同社會階層的流
傳、辯證，藉以觀察社會生活文化的演進，由此理解文人文化如何在具體社
會情境中形成。〔註47〕

　　上述前賢的研究成果，大致上是將這些雜品雜說視爲是「生活實錄」，透
過編者對諸如古玩、字畫、飲食、服飾、遊戲……等等不同類項的安排，驗
證爲他們的實際生活情景或是理想的居家生活模式，例如〔明〕衛泳所編《枕
中秘》一書，共分二十五種單元，涉及有書畫、音樂、飲食、遊賞、閱讀、
儒蟬……等諸多面向，據〔明〕馮夢龍跋語云：

> 衛氏自文□公來，遺書不下數萬卷，翼明世其家學，手校而編纂之
> 以課其諸郎君。亦時之出，付剞劂公諸同好。……乃翼明少郎永叔
> 所纂，皆逸士之雅譚、文人之清課，俗腸不能作，亦未許俗眼看
> 也。〔註48〕

又如〔清〕李漁所撰著之《閒情偶寄》，據其〈與龔芝麓大宗伯〉云：

> 生平痼疾，住在煙霞竹石間。廟堂智慮，百無一能；泉石經綸，則
> 綽有餘裕。惜乎不得自展，而人又不能用之。他年賚志以沒，禪造
> 物虛生此人，亦古今一大恨事。故不得已而爲著《閒情偶寄》一書，
> 托之空言，稍舒蓄積。〔註49〕

職是可見，明代中期以後，這一類專講「閒適消遣」之用的書籍，隱然成爲
一種生活文化的知識內容，教導文人們如何經營理想生活範式，並進而帶動
起「山人墨客相互標榜」、締造閒雅生活的流行時尚，若〔明〕屠隆、〔明〕
衛泳、〔清〕李漁之流，皆是以此知名。〔註50〕

〔註46〕 詳見曹淑娟：〈從清言看晚明士人主體自由之追尋與呈顯〉，收於《文學與美
　　　　學》（台北：文史哲出版社，1991 年），頁 253～278，以及〈體道與審美的綜
　　　　合經驗——《醉古堂劍掃》〉一文。
〔註47〕 詳見王鴻泰：〈閒情雅致——明清間文人的生活經營與品賞文化〉，《故宮學術
　　　　季刊》，卷二十二，第一期（2004 年 9 月），頁 69～97；以及氏著：〈雅俗的
　　　　辨證——明代賞玩文化的流行與士商關係的交錯〉，《新史學》第十七卷第四
　　　　期（2006 年 12 月），頁 73～143。下引此二文皆同此二版本，不另出詳註。
〔註48〕 詳見〔明〕衛泳編：《枕中秘》，收於《四庫全書存目叢書》（台南：莊嚴文化
　　　　事業有限公司，1997 年）子部，第一五二冊，頁 699 下～700 上。
〔註49〕 詳見〔清〕李漁：《笠翁文集》，卷一，收於《李漁全集》（浙江：浙江古籍出
　　　　版社，1999 年），頁 162。
〔註50〕 毛文芳指出：文人編纂的「雜品」著作，品物書寫的架構是由日用類書的輯

　　此一探索路徑在中文學界已行之有年，並且擁有許多豐碩的研究成果，可是，以「叢書」作爲觀察角度的研究卻不多見，專論者僅見有林嘉綺《晚明文人之觀物理念及其實踐——以陳繼儒《寶顏堂秘笈》爲主要觀察範疇》以及楊德威〈全方位的生活叢書——試論《寶顏堂秘笈》之編纂與出版〉等，林氏認爲《寶》書在晚明受到文人喜愛並流傳甚廣，是故，或可將其中的觀物理念視爲是晚明文人普遍化之關懷物事態度〔註 51〕，楊氏亦指出，其中包羅萬象的書籍彷彿是可以解決日常生活一切問題的知識內容，屬於全方位的生活百科叢書〔註 52〕。二文大抵都已初步思考到「叢書」與「日常生活」的某種可能關聯，唯呈現的是什麼樣的生活？又具有什麼意義？尚未及探究。何以如此？筆者認爲，主要原因可能與叢書本身的「叢輯」性質有關，不似其他《四庫》雜家類書籍雖然也是綴合群言、撮採眾說以成一編，但是內容多已經編者作不同程度的排列增刪以服膺其旨意，因此，所編就之書自有極大程度可與當代的文化脈絡相合同，而叢書則不然，根據《四庫全書總目》對其定義的說明：

> 古無以數人之書合爲一編，而別題以總名者。……左圭百川學海出，始兼集諸家雜記，至明而卷帙益繁，明史藝文志無類可歸，附之類書，究非其宜，當入之雜家，於義爲允。今雖離析其書，各著於錄，而附存其目，以不沒蒐輯之功者，悉別爲一門，謂之雜編。其一人之書，合爲總帙，而不可名以一類者，既無所附麗，亦列之此門。〔註 53〕

叢書固然亦彙集諸書以成一編，有時並會依照主題分爲不同類項，如〔明〕秦淮寓客所輯《綠窗女史》，全書即採按事分類編排法，或略就內容作小部分更動，但原則上並不打散書籍體系，保留了大部分原書樣貌，那麼，要將叢

　　錄模式，加上品評文字而成，在庶民日用類書的分類系統下，增添文采與風雅，「雜品」書爲讀者提供審美生活之日用參考，甚至可以說就是一種廣義的文人閱賞類書。詳見氏著：《物‧性別‧觀看——明末清初文化書寫新探》，頁 17。

〔註 51〕詳見林嘉綺：《晚明文人之觀物理念及其實踐——以陳繼儒《寶顏堂秘笈》爲主要觀察範疇》（淡水：淡江大學中文所碩士論文，1995 年），頁 33。

〔註 52〕詳見楊德威：〈全方位的生活叢書——試論《寶顏堂秘笈》之編纂與出版〉，《中正大學中國文學研究所研究生論文集刊》第七期（2005 年 5 月），頁 196 ～197。

〔註 53〕詳見〔清〕永瑢、紀昀等撰：《四庫全書總目提要》（台北：臺灣商務印書館，1983 年），第三冊，卷一二三，子部，雜家類妻，雜編之屬，頁 670 下。

書認定爲某種生活內涵的全盤映照，就值得商榷了，以《夷門廣牘》爲例，其中收錄有〔元〕周致中纂輯之《異域志》，分爲上、下二卷，收有兩百餘種國度的風俗民情，據書前〔明〕周履靖所撰〈異域志小序〉云：

> 異域志者，得之雲間陳眉公，惜多魯魚，輒篝燈□政（正），壽之殺青，以爲遊觀廣覽之助。〔註54〕

因此，吾人易於將它扣合在明代旺盛旅遊風氣下的當然產物〔註55〕，可是，若查核書中所記載的內容，除了如「東印度國」、「爪哇國」、「暹羅國」、「日本國」……等反映眞實世界之外，亦不乏有「懸渡國」、「婆羅遮國」、「羽民國」、「交頸國」、「狗國」……等等奇形怪狀的想像地域，這些恐怕已難能實踐「以爲遊觀廣覽之助」的閱讀期待，又或者是《夷》書中所收錄之《溪蠻叢笑》，乃〔宋〕朱輔記述南宋時沅江流域各民族生活習慣、土產風物、文物古蹟、科學技術等信息材料，所載多是朱氏親身經歷的生活紀錄，內容大抵屬實，可謂是一部小型的歷史民族誌，四百餘年後，是否還足以說明中國五溪地區各民族文化的眞實情況，不禁讓人疑慮，換言之，叢書內容未必足以呼應現實生活、據實操作。那麼，叢書是否眞能充分地說明、甚至成爲理解特定文化的史料？如果答案是肯定的，則叢書又應當如何突破上述藩籬呢？

對此，筆者在思索的過程中，受到王正華〈生活、知識與文化商品：晚明福建版「日用類書」與其書畫門〉一文的啓引極大，王氏由其中的「諸夷門」反省日用類書與日常生活關聯時，認爲晚明福建版日用類書的內容除了消極地複製眞實外，當時社會文化的脈絡也不可忽視，「諸夷門」所介紹的域外異境雖然無法如實反映現實，卻可能是提供一種想像的空間與憑依，作爲晚明社會好奇風潮的體現〔註56〕；回視叢書亦然，如果我們只一味地鎖定在文本細節的純粹描述、分析，不厭其煩地在瑣碎事物上打轉，未說明其意義前，便企圖將之歸結爲所謂的「文化研究」，當然是會窒礙難行，反之，若叢書不僅僅只是考證或文獻保存的資料庫，同時也是我們進行文化分析的工

〔註54〕詳見〔明〕周履靖：〈異域志小序〉，收於氏編：《夷門廣牘》，頁 122 上。

〔註55〕關於明代旅遊風氣與文化的相關討論，可以參閱（加）Timothy Brook 著，方駿等譯：《縱樂的困惑——明代的商業與文化》（北京：「生活、讀書、知識」三聯書店，2004 年），頁 191～214；以及巫仁恕：〈晚明的旅遊活動與消費文化——以江南爲討論中心〉一文。

〔註56〕詳見王正華：〈生活、知識與文化商品：晚明福建版「日用類書」與其書畫門〉，《中央研究院近代史研究所集刊》第四十一期（2003 年 9 月），頁 4～8。

具，某種程度上，叢書內的諸多文獻自可超越原來文學史的理解，賦予新的意義，那麼，所將預見的研究視點必然也大為增加，在看似零碎片斷的文獻史料中，發現新的文化圖像，從不同的理解側面，重新詮釋我們習以為常、不假思索的知識體系。〔註57〕

第四節　文化脈絡底下的《夷門廣牘》

著名的文化批評學家〔英〕雷蒙・威廉斯曾表示：

> 文化一般有三種定義，首先是「理想的」文化定義，根據這個定義，就某些絕對或普遍價值而言，文化是人類完善的一種狀態或過程。……其次是「文獻式」文化定義，根據這個定義，文化是知性和想像作品的整體，這些作品以不同的方式詳細地記錄了人類的思想和經驗……最後是文化的「社會」定義，根據這個定義，文化是對一種特殊生活方式的描述，這種描述不僅表現藝術和學問中的某些價值和意義，而且也，表現制度和日常行為中的某些意義和價值。……在我看來，任何充分的文化理論必須包括這些定義所指向的三個事實領域，相反，排除彼此指涉的任何一種特殊的文化定義，都是不完備的。〔註58〕

綜合這三種定義內核可知，（英）威廉斯在文中極強調「文化」是一種整體性的經驗、過程，我們若僅一味地把人的理想發展視為文化的一切，或者單單只從書寫和繪制的記載便想窺得文化的價值，都是不可取的態度，因為，文化不僅僅是要闡發某些偉大的思想和藝術作品，而是闡明某種特殊的生活方式的意義和價值，理解某一文化中「共同的重要因素」〔註59〕，換言之，無

〔註57〕 這可說是上世紀八〇年代史學界致力推動的「新文化史」的研究進路，用來與傳統的智識史、社會史學門作分別，強調的是研究心態、設想或感受而非研究觀念或思想系統。行為和語言不再是描述的中心，而是成為探尋心態的切入點。使文化的意義被延伸的更遠，與以往的意義相較，包含更多行為，甚至可以稱之為「日常生活的文化」。相關的介紹，詳見陳建守：〈文化史的由來、實踐及意義——介紹兩本討論文化的著作〉，《思與言》第四十四卷第二期（2006年6月），頁243～267，特別見頁252～253。

〔註58〕 詳見（英）雷蒙・威廉斯：〈文化分析〉，收於羅鋼、劉象愚編：《文化研究讀本》（北京：中國社會科學出版社，2000年），頁125。下引此書皆同此一版本，不另出詳註。

〔註59〕 詳見羅鋼、劉象愚：〈前言：文化研究的歷史、理論和方法〉，收於氏編：《文化研究讀本》，頁7。

論思想或藝術作品的文本分析應當和它們背後所依附之社會機制、歷史脈絡和權力結構等結合分析，才能眞正進入「文化」的研究範圍，此誠如學者格林布萊特（Stephen Greenblatt）對於文化的解釋：「一個完整的文化分析最終需要突破文本邊界的限制，建立起文本的價值觀、風俗、實踐等諸文化要素之間的聯繫。然而這聯繫並不能代替對文本的細讀，文化分析需要借鑑對文學文本進行的細緻的形式分析，因爲這些文本所有的文化特質不僅是由於涉及到了自己之外的世界，而是因爲它們自己成功地融入到了社會價值觀和語境之中。」〔註60〕

根據〔明〕周履靖所撰〈螺冠子自敘〉可知，其生平編著之作品極爲豐富，包括詩文集《賦海補遺》、《江左周郎詩苑》、《周子百銘》、《螺冠子咏物詩》、《閒雲稿》、《野人清嘯》、《唐宋元明千家宮詞》、《十六名姬詩》、《茹草編》，或者書畫石刻如《錢舜舉翎毛二十四幅》、《天形道貌》……等等〔註61〕，部分作品並輯入其所編叢書《夷門廣牘》，然而，經筆者察考的結果，如今尚可察見者，除了傳奇《錦箋記》以及〔明〕陳繼儒所編《梅顚稿選》之外，大概都集中在《夷門廣牘》了，加上叢書由構想、編制乃至完全成型，幾乎耗盡〔明〕周履靖大半生命時光，某種程度上，《夷門廣牘》可說是編者個人生命經驗中的重要成果。

該叢書所輯得之書共約一百一十餘種，其中的內容從詩文書畫、譜錄、醫藥、飲食、占卜乃至花木植栽、文物賞鑑、導引修煉等，涉及範圍極爲駁雜，一方面我們當然可以如前所述地循著文獻資料式的研究途徑，一一辨其文獻生態。然而，任何文學文本的出現都不會是孤立的意義，其背後始終都有一明確的對應者，因此所扣合之時代精神、主體意識、文學風氣……等等可說是層層相關的，因此，我們也必須嘗試回歸至文學文本的原始語境，透過被研究對象當下的文化時空脈絡進行理解，才能更眞確地發現其中所寄附之深度蘊涵，以期能在「知人論世」的論述之外獲得更爲周全的詮釋。於是，針對《夷門廣牘》，或許我們可以初步提出如下的討論方向：〔明〕周履靖纂輯這套叢書時，究竟有著如何的心理質素呢？《夷門廣牘》的編成是否爲特定歷史文化潮流下的「必然現象」呢？據〔明〕周履靖〈夷門廣牘敘〉的牘

〔註60〕 詳見 Frank Centricchia、Thomas McLaughlin 編，張京媛等譯：《文學批評術語》
　　　　（香港：牛津大學出版社，1994 年），頁 310。
〔註61〕 關於〔明〕周履靖生平編著之作品，後文有專節論述。

目說明中，已隱約感受到該叢書的內容是以「生活」作爲主要訴求，而當我們檢閱明代中晚期相關文史資料時，赫然發現：這種訴求的內涵並非個案，相反地，實則熱烈地體現爲不少文人雅士的某種生活型範，尤有甚者，包括如《長物志》、《清秘藏》、《枕中秘》……等類似題材更是相繼出版，居此風潮中，《夷門廣牘》的出現恐怕也不令人意外，我們不妨可以將它視爲是雜揉了大眾傳播機制、社會流行文化以及文人文化所應運而生的必然結果，因此，配合相關文獻的記載，分析《夷門廣牘》內部的知識型態，將有助於我們理解其中所架構之生活體系，以及與此相應的文化脈絡。

另外，《夷門廣牘》的編輯乃至週邊相關文學活動的進行，大抵是環繞在〔明〕周履靖的梅墟園林當中所開展的，其中，除了梅竹植栽、景象結構與居室建設等有著園主的巧心規劃之外，就人文主義地理學的角度而言，「空間」對應著「人文」，梅墟既可以是主人觀照自我生命的精神場域，同時，藉由形式不一的文學活動的舉行，引領了一批賓朋文友相繼前來探訪，使得私人園亭本所具備的私密性無可避免地逐漸公開化，原來〔明〕周履靖最是自豪的世外桃源，「繁花冉冉迷芳塢，輕靄霏霏護斷崖」，終將走向公共領域一途，而伴隨著公／私空間所產生的相關辯證，諸如隱／顯、山林／城市、靜謐／喧囂、雅／俗……等，都是可以進一步探討的議題。此外，對這批前來參訪園林的遊人而言，透過題識、唱和、書信……等不同的書寫型態，加入了梅墟園林經驗的對話，形成一頗具文學社群性質的小眾團體，如〔明〕平野〈寄懷梅墟高士〉：「憶別鴛湖客，經秋復涉冬。遙知幾夜月，吟對一孤松。江漠流詩派，龍蛇走筆鋒。」〔註62〕〔明〕周後峰〈過山人村居漫興〉：「清風滿榻圍修竹，白日臨窗玩碧流。倚仗獨吟時對鶴，留樽長醉月當樓。閒雲館下梅花發，勝日還期一晤遊。」〔註63〕彼此密切交織的互動下，衍生出文藝傳播、聲譽建構、社群網絡……等有趣的文化現象。

進入明代文人文化的堂奧後，可以發現到，糾葛纏繞於文人身上的議題是多面而複雜的，如果我們僅止停留在文本表面的分析層次，有時不免也會陷入他們過度美化的文字迷障而作出謬誤解讀，而傳統的分析策略或學術取徑，包括學術史、社會經濟史、文學史、思想史等，固然足以解決某些課題

〔註62〕詳見〔明〕平野：〈寄懷梅墟高士〉，《梅塢貽瓊》，卷二，收於〔明〕周履靖編：《夷門廣牘》，頁 969 下。
〔註63〕詳見同上註，頁 976 下～977 上。

的技術性問題，提供後來相關研究者不少的方便法門，只是，若一味地循此討論路徑，有時也會流於過度片面的剖析，缺乏整體性理解，筆者認為，唯有透過「文人生活史」的研究層面，並由實際生活經驗與文本原始語境進行考慮，才能真切地觸碰到「文人文化」之要。本論文撰寫的一個核心動機，便是希望能奠基在文學文本的研究基礎上，嘗試思考其中可能的文化視域，進而發現某些尚未透顯的「空白」。

第三章　研究背景、方法取徑與撰寫次第

第一節　研究背景

　　本論文的研究乃是擇取晚明時空背景下的一個個案作為討論對象，但其中所可能涉及的面向，包括相關文史觀念、文藝思潮、社會風氣、文人文化、社群集團……等等，卻是豐富而多元的。對此，幸賴學界諸多研究成果作為認知背景，為筆者在研究過程中提供了許多先驗的理解知識以及豐富的觀察視角，才能較為有效地解決本論文課題〔註1〕。以下，茲分數點進行歷來研究的回顧：

一、明代文藝風氣與思潮

　　西方學者克利弗德‧紀爾茲（Clifford Geertz）曾指出：

> 任何東西當然都能扮演一個有助於社會運行的角色，繪畫與雕塑亦不例外，……但藝術與集體生活的核心關聯，不在於這樣一種工具性的層面，而在於一個符號學的層面。……他們只是體現了一種經驗的方式，把一種特定的心靈樣式帶進外物的世界，使他人得以觀看。〔註2〕

〔註1〕因為本論文的三編核心章次中，筆者都將各自再進行相關議題文獻的評述，可能會略與本節稍有重疊，然前者重在學界研究成果如何與各個議題相扣合，並以此激發問題意識，此處則著重在諸此研究成果內容的介紹與簡述。撰寫內容各有重點，並不全然相同，特此說明。

〔註2〕詳見克利弗德‧紀爾茲（Clifford Geertz）著，楊德睿譯：《地方知識——詮釋

換句話說，任何一種文學作品的本質或者創作行為的內涵，其實都是依存於特定時空脈絡與社會生活範疇當中而顯其文化意義的〔註3〕，因此，任一文本的建構往往關涉有三端：文本撰作的形式、文本創作的社會背景與思潮以及文本創作者的心理結構。本論文的研究對象是——〔明〕周履靖及其所編《夷門廣牘》，與之擁有交涉互映關係的，自然是明代中晚期以後的歷史背景與社會風氣。

作為中國傳統社會的最後一個階段，明代中後期乃至清初可說是一個重要的歷史轉折點，學界早已指出，這段期間，無論在政治、經濟、學術、階級、價值追求或是文化等層面，都發生有程度不一的結構性改變，如余英時〈中國商人的精神〉指出，因為商品經濟的關係，改變了原有社會制度與經濟秩序，對於社會風氣產生了莫大影響力，進而提出所謂的「新四民論」以解釋明代士商階層變動不一的現象〔註4〕；徐泓〈明代社會風氣的變遷——以江浙地區為例〉由明代人們的消費行為觀察社會風氣的改變，為明清消費史的研究提供極佳的論述架構〔註5〕；劉志琴《晚明史論——重新認識末世衰變》是其論文結集之著，其中並涉及了商人資本與晚明社會關係、晚明城市風尚、陸王心學與人文思想啟蒙……等面向，提供認識明末種種有聲有色的社會景象〔註6〕；另外，中研院中國文哲研究所於 2000 年起所舉辦之「世變中的文學世界」主題計畫中，以「世變」為核心，熊秉真〈歷史之幻與文字之真—

人類學論文集》（台北：麥田出版社，2002 年），頁 138、142。

〔註3〕誠如（美）伊麗莎白・弗洛恩德（Elizabeth Freund）云：「沒有任何藝術作品和解釋者能夠脫離歷史、社會或任何其他表意系統而存在。」詳見氏著，陳燕谷譯：《讀者反應理論批評》（台北：駱駝出版社，1994 年），頁 67。此外，從發生學的角度來說，人類的一切行為（包括文學創作）是對一種境遇作出一種有意義的反應，並由此趨向於在行動主體和行動對象，即周圍世界建立一種平衡的嘗試。詳可參閱（美）呂西安・戈爾德曼著，吳岳添譯：《論小說的社會學》（北京中國社會科學出版社，1988 年），頁 230～234。

〔註4〕詳見余英時：〈中國商人的精神〉，收於氏著：《中國近世宗教倫理與商人精神》（台北：聯經出版社，2004 年），頁 95～166。另外，亦可參閱：〈明清變遷時期社會與文化的轉變〉，收於《中國歷史轉型時期的知識份子》（台北：聯經出版社，1992 年），頁 35～42。

〔註5〕詳見徐泓：〈明代社會風氣的變遷——以江、浙地區為例〉，收於《第二屆國際漢學會議論文集——明清近代史組》（台北：中研院歷史語言研究所，1989 年），頁 144～159。

〔註6〕詳見劉志琴：《晚明史論——重新認識末世衰變》（江西：江西高校出版社，2004 年）。

一折照晚清與晚明〉以歷史照鑑的角度思考明清社會現象〔註7〕，而胡曉眞主持之「世變中的通俗與雅道——再思晚明與晚清的文化與社會」系列座談會中，梁其姿、嚴迪昌及吳宏一由各自的閱讀經驗中詮釋了明清社會的雅俗之道〔註8〕；其他諸如謝國楨《明清之際黨社運動考》〔註9〕、牛建強《明代中後期社會變遷研究》〔註10〕、（加）Timothy Brook《縱樂的困惑——明代的商業與文化》〔註11〕、萬明《晚明社會變遷——問題與研究》〔註12〕、王鴻泰《流動與互動——由明清間城市生活的特性探測公眾場域的開展》〔註13〕、陳學文〈明代中葉民情風尚習俗及一些社會意識的變化〉〔註14〕……等等，或從區域空間、或從商業文化、或從城市生活、或從民情風俗等面向考察明清社會的有機發展，多屬於宏觀性質的內在理解。

　　再者，伴隨著天崩地解的時代秩序與急劇轉變的社會風尚，不僅是體現於社會意識的變遷，在〔明〕李贄為代表的啓蒙思潮引領，加上〔明〕袁宏道、〔明〕譚元春、〔明〕鍾惺、〔明〕馮夢龍、〔明〕湯顯祖等人的呼應下，順勢引燃一場文藝思潮的顛覆與革新，例如馬信美《晚明文學新探》即是以晚明文學的社會背景作為論述基點，由晚明的「理欲之辯」、「情理之分」、「是非之心」的思想探察其中的文藝內涵，進而討論晚明文學在文學史上的意義〔註15〕；龔鵬程《晚明思潮》不從傳統所謂「晚明便代表了一個由禮教道學權威及傳統所構成的社會，逐漸轉變為著重個體生命、情慾和現實生活是借取向的時代」進行論述，轉而擴大理解晚明的視域，由過去較容易忽視

〔註7〕　詳見熊秉眞：〈歷史之幻與文字之眞——折照晚清與晚明〉，《中國文哲研究通訊》第九卷第四期（1999年12月），頁57～62。
〔註8〕　詳見蔣宜芳紀錄：〈世變中的通俗與雅道——再思晚明與晚清的文化與社會〉，《中國文哲研究通訊》第十卷第三期（2000年6月），頁3～29。
〔註9〕　詳見謝國楨：《明清之際黨社運動考》（台北：臺灣商務印書館，1978年）。
〔註10〕　詳見牛建強：《明代中後期社會變遷研究》（台北：文津出版社，1997年）。
〔註11〕　詳見（加）Timothy Brook（卜正民）著，方駿等譯：《縱樂的困惑——明代的商業與文化》（北京：「生活、讀書、知識」三聯書店，2004年）。
〔註12〕　詳見萬明編：《晚明社會變遷——問題與研究》（北京：商務印書館，2005年）。
〔註13〕　詳見王鴻泰：《流動與互動——由明清間城市生活的特性探測公眾場域的開展》（台北：國立臺灣大學歷史所博士論文，1998年11月）。
〔註14〕　詳見陳學文：〈明代中葉民情風尚習俗及一些社會意識的變化〉，收於《山根幸夫教授退休記念明代史論叢》（京都：汲古書院，1990年），下冊，頁1207～1231。
〔註15〕　詳見馬信美：《晚明文學新探》（台北：萬卷樓圖書出版社，1994年）。

的〔明〕羅近溪、〔明〕焦竑、經學與道教關係，甚至反省「克己復禮」的儒家風範在晚明思潮的延續〔註16〕；曹淑娟《晚明性靈小品研究》以當代性靈小品的創作作爲觀察角度，探察其中相應的時代意義、基本精神以及創作者如何呈顯其應物斯感的心靈經驗〔註17〕；黃卓越《明中後期文學思想研究》、《明永樂至嘉靖初詩文觀研究》以「文學觀念史」的概念導出文化境域的研究視角，進一步地檢討明代「文必秦漢」的復古運動、吳中派文學的傳統與新變，並且點出晚明文學思想進程中的一些內在矛盾〔註18〕；又或者是羅筠筠《靈與趣的意境──晚明小品文美學研究》從美學角度解析晚明小品文的創作與審美風尚〔註19〕、吳承學《晚明小品研究》則規劃不同主題以呈現晚明小品文題材〔註20〕、左東嶺《明代心學與詩學》則是從陽明心學的角度思考它與詩歌的發展關係〔註21〕；其他尚包括陳萬益《晚明性靈文學思想研究》〔註22〕、廖可斌《復古派與明代文學思潮》〔註23〕、周昌龍〈從皇明十六家小品看小品文在晚明的思想內容及其時代意識〉〔註24〕、林宜蓉〈晚明「尊藝」觀之探究〉〔註25〕……等等，在在提供本文撰寫過程諸多認知的基礎。

二、版本目錄與圖書文獻學

本論文既以叢書作爲研究起點，面對動輒數十、百卷的書籍規模，首要解決的基礎任務自然是版本目錄與圖書文獻的梳理工夫，然而，筆者因爲過

〔註16〕詳見龔鵬程：《晚明思潮》（台北：臺灣學生書局，2001年）。

〔註17〕詳見曹淑娟：《晚明性靈小品研究》（台北：文津出版社，1988年）。

〔註18〕詳見黃卓越：《明永樂至嘉靖初詩文觀研究》（北京：北京師範大學出版社，2001年）、《明中後期文學思想研究》（北京：北京大學出版社，2005年）。

〔註19〕詳見羅筠筠：《靈與趣的意境──晚明小品文美學研究》（北京：社會科學文獻出版社，2001年）。

〔註20〕詳見吳承學：《晚明小品研究》（南京：江蘇古籍出版社，1998年）。

〔註21〕詳見左東嶺：《明代心學與詩學》（北京：學苑出版社，2002年）。

〔註22〕詳見陳萬益：《晚明性靈文學思想研究》（台北：國立臺灣大學中國文學研究所博士論文，1977年6月）。

〔註23〕詳見廖可斌：《復古派與明代文學思潮》（台北：文津出版社，1994年）。

〔註24〕詳見周昌龍：〈從皇明十六家小品看小品文在晚明的思想內容及其時代意識〉，收於《文學研究的新進路──傳播與接受》（台北：洪葉文化事業有限公司，2004年），頁385～410。

〔註25〕詳見林宜蓉：〈晚明「尊藝」觀之探究〉，《古典文學》（台北：學生書局，2000年），第十五輯，頁139～178。

去缺乏相關研究的訓練，致使在處理過程中屢感左支右絀、難以順利進行。對此，十分感佩幾位版本文獻學專家所撰之宏文，得以使筆者發現自己論述上的盲點，並啓發了多種有意義的觀察方式。其中，昌彼得與潘美月合著之《中國目錄學》，以及胡楚生《中國目錄學》，兩部專著所關注之重點大體相同，差別僅在側重多寡，內容除了針對「目錄學」的意義、功用、淵源、體制等進行考察之外，同時也從中國目錄的發展源流一一細辨，深入淺出，頗值得參考〔註26〕；吳哲夫主要是以《四庫全書》作爲研究底本，從纂修過程、編輯缺失、文獻定正與批判、政治意識、文化特色、文獻資產的保存方法……等等，提出許多頗有深度的研究成果，諸如《四庫全書纂修之研究》、〈四庫全書缺失考略〉、〈四庫全書補正工作之回顧與前瞻〉、〈談紙書文獻資產的保存——以四庫全書爲例〉等〔註27〕；馮浩菲《中國古籍整理體式研究》、曹之《中國古籍版本學》、黃永年《古籍版本學》以及劉兆祐《認識古籍版刻與藏書家》，在古籍善本涵義、古籍版刻樣式、書冊制度、明清刊本特色……等，提供了筆者諸多精確的判斷原則〔註28〕；其他諸如趙飛鵬《圖書文獻學考論》〔註29〕、李致忠等著《中國典籍史》〔註30〕、葉樹聲與余敏祥合著《明清江南私人刻書史略》〔註31〕、司馬朝軍《《四庫全書總目》研究》〔註32〕……等，也都能在不同層面上給了筆者莫大幫助。

〔註26〕 詳見昌彼得、潘美月：《中國目錄學》（台北：文史哲出版社，1991 年）；胡楚生：《中國目錄學》（台北：文史哲出版社，1995 年）。

〔註27〕 詳見吳哲夫：《四庫全書纂修之研究》（台北：故宮博物院，1990 年）；〈四庫全書缺失考略〉，《故宮學術季刊》第六卷第二期（1988 年 12 月），頁 1～15；〈四庫全書所表現的傳統文化特色考探〉，《故宮學術季刊》第十二卷第二期（1994 年 12 月），頁 1～20；〈四庫全書補正工作之回顧與前瞻〉，《故宮學術季刊》第十六卷第一期（1998 年 9 月），頁 1～17；〈談紙書文獻資產的保存——以四庫全書爲例〉，《淡江中文學報》第十四期（2006 年 6 月），頁 219～234 等文。

〔註28〕 詳見馮浩菲：《中國古籍整理體式研究》（北京：圖書館出版社，1997 年）；曹之：《中國古籍版本學》（台北：洪葉文化事業有限公司，1994 年）、黃永年：《古籍版本學》（南京：江蘇教育出版社，2005 年）以及劉兆祐《認識古籍版刻與藏書家》（台北：台灣書店，1997 年）。

〔註29〕 詳見趙飛鵬：《圖書文獻學考論》（台北：里仁書局，2005 年）。

〔註30〕 詳見李致忠等著：《中國典籍史》（上海：上海人民出版社，2004 年）。

〔註31〕 詳見葉樹聲、余敏祥合著：《明清江南私人刻書史略》（合肥：安徽大學出版社，2002 年）。

〔註32〕 詳見司馬朝軍：《《四庫全書總目》研究》（北京：社會科學文獻出版社，2004 年）。

三、文人生活文化

　　文學作品所涉及的議題核心不外乎是「文人」，同時也是文學史研究領域中最爲大宗的討論層面，不過，近幾年來，可以發現：探討的途徑已漸由傳統「知人論世」的先驗性文學闡釋活動轉爲實證性文化本體論述，企圖透過更豐富的文化觸角以及客觀的文獻材料以理解文人種種「安身立命」、「表現自我」的問題，可說是一套環繞於文人文化爲衷旨的研究〔註 33〕。對本論文助益較大者，除了前述余英時《中國近世宗教倫理與商人精神》、《中國歷史轉型時期的知識份子》之外，陳萬益《晚明小品與明季文人生活》主張晚明小品是明朝末年江南文人文化的產物，並透過豐富文獻史料以及數個案例以探討文人生活形態，了解文人與社會變動的關係，可說是一部文人文化研究的典範著作〔註 34〕；周志文《晚明學術與知識份子論叢》同樣也是以晚明知識份子爲討論核心，探討數餘個具爭議性話題，或有論明儒「主動」與「主靜」派之爭、或有論「仕進」與「講學」之異、或有論個人與整個社會或與歷史傳統的爭辯……等等〔註 35〕；羅宗強《明代後期士人心態研究》以「群體心態」作爲切入的角度，從朝政變化、風俗變遷、思潮演變、自我安適……等不同層面，進行明代後期士人心態的探討，其中，心態分析的優勢乃是對於人類深層心理反應與現實行爲的解讀，穿透某些經過修飾包裝的外相，以感同身受的方式呈現出他們真正的行爲動機〔註 36〕；陳寶良〈明代文人辨析〉、《中國的社與會》也是探討文人文化極爲重要的學術參考著作，前者旨在梳理「文人」概念的形成與變遷，並且分析文人群體的壯大、文人的特質等，從多種角度透顯文人文化中多采多姿的特質，而後者則與何宗美《明末清初文人結社研究》一樣，主要是致力於文人結社的討論，除了依不同社團活動性質分類型說明外，同時也針對幾個重要社團進行細部的分析外，可以藉此觀察文人的社會性行爲以及群體意識〔註 37〕；張德建《明代山人文學研

〔註33〕關於「知人論世」的古典範式、限制與現代轉型意義，主要參閱郭英德：《建構與反思——中國古典文學研究思辨錄》（西安：陝西人民教育出版社，2006年），第四張，頁 123～161。

〔註34〕詳見陳萬益：《晚明小品與明季文人生活》（台北：大安出版社，1997年）。

〔註35〕詳見周志文：《晚明學術與知識份子論叢》（台北：大安出版社，1999年）。

〔註36〕詳見羅宗強：《明代後期士人心態研究》（天津：南開大學出版社，2006年）。

〔註37〕詳見陳寶良：〈明代文人辨析〉，《漢學研究》第十九卷第一期（2001年6月），頁 187～218；《中國的社與會》（台北：南天書局，1998年）；何宗美：《明末清初文人結社研究》（天津：南開大學出版社，2003年）。

究》則屬於文人文化的個別性研究，以「山人」作爲觀察對象，從群體的形成、發展、文化經營活動、交遊與集團生活……等等，思考他們對明代文化所帶來的意義〔註38〕；其他諸如周明初《晚明士人心態及文學個案》〔註39〕、徐林：《明代中晚期江南士人社會交往研究》〔註40〕、（日）井上充幸〈明末の文人李日華の趣味生活──「味水軒日記」を中心に〉〔註41〕、（日）岸本美緒〈明清時代の身分感覺〉〔註42〕、龔鵬程〈中國傳統社會中的文人階層〉〔註43〕、王鴻泰〈閒情雅致──明清間文人的生活經營與品賞文化〉〔註44〕、李孝悌〈士大夫的逸樂──王士禎在揚州（1660～1665）〉〔註45〕……等等，各自針對文人文化的不同命題進行豐富而多元的探索。

　　此外，近三十年來，西方史學界在文化人類學以及齊莫爾（Georg Simmel）、班雅明（Walter Benjamin）、狄塞托（Michel de Certeau）等幾位優秀社會學家的提倡之下，出現一種新的史學流派──「日常生活史」，主要便是將一般日常生活的繁雜瑣碎之事──無論是建築、飲食、器皿、交通、旅行、服飾、休閒、游藝……等等，一一搬上學術研究範疇，作爲一種問題意識來探討〔註46〕。有論者指出，這種研究取徑主要是把重點放在例行的、重

〔註38〕詳見張德建：《明代山人文學研究》。另外，再略舉幾筆山人相關研究論著，如林宜蓉：《晚明文藝社會「山人崇拜」研究》（國立台灣師範大學國文研究所碩士論文，1995 年 6 月）；林皎宏：〈晚明徽州商人的文化活動──以徽商族裔潘之桓爲中心〉；（日）金文京：〈晚明山人之活動及其來源〉，《中國典籍與文化》（1997 年第一期），頁 37～42；（日）鈴木正：〈明代山人考〉，收入清水博士追悼紀念明代史論叢編輯委員會編：《清水博士追悼紀念明代史論叢》，頁 357～388；阿英：〈明末的反山人文學〉，收於氏著：《夜航集》（上海：中國文聯出版社，1935 年），頁 103～106。

〔註39〕詳見周明初：《晚明士人心態及文學個案》（北京：東方出版社，1997 年）。

〔註40〕詳見徐林：《明代中晚期江南士人社會交往研究》（上海：上海古籍出版社，2006 年）。

〔註41〕詳見（日）井上充幸：〈明末の文人李日華の趣味生活──「味水軒日記」を中心に〉，《東洋史研究》第五十九卷第一號（2000 年 6 月），頁 1～28。

〔註42〕詳見（日）岸本美緒：〈明清時代の身分感覺〉，收於氏著：《明清時代史の基本問題》（東京：汲古書院，1997 年）。

〔註43〕詳見龔鵬程：〈中國傳統社會中的文人階層〉，收於《淡江人文社會學刊五十週年校慶特刊》，（2000 年 10 月），頁 271～307。

〔註44〕詳見王鴻泰：〈閒情雅致──明清間文人的生活經營與品賞文化〉。另外，尚有〈迷路的詩──明代士人的習詩情緣與人生選擇〉亦可參閱。

〔註45〕詳見李孝悌：〈士大夫的逸樂──王士禎在揚州（1660～1665）〉，《中央研究院歷史語言研究所集刊》第七十六本第一分（2005 年 3 月），頁 81～115。

〔註46〕關於幾部西方生活史的研究專著，如《私生活史》（A History of Life）、《日常

複的生活方式上，研究過程中看似一種「撿拾某種殘骸碎片以拼湊所謂的
『生活』，其實也是因爲不滿足於傳統史學的「社會結構」式呈現，造成許
多「大歷史」底下的「小人物」消失於歷史敘述，因此，它們最大的野心是
企圖回答長久以來社會史研究所懸而未決的根本問題，即如何理解個體經驗
與總體結構之間的問題，它們不是要突顯某些個人英雄色彩，而是要表達某
個時代的集體心靈，因此，從事這些研究最大的報酬應該是在新的視點之下
看見不同的歷史圖像，嘗試對主流敘述有所補充或修正〔註47〕。然而，「日常
生活史」的研究是否眞能如研究者所期待的突破傳統敘述框架，建立新的分
析工具目前尚有待觀察，但對於國內學界的確掀起一股不小的研究風潮，尤
其是歷史學與人類學的研究，經常藉此重新檢討某些習以爲常的文化現象，視
文化的每一部份都是有機組成，並從中理解其內在邏輯。例如陳寶良《明代
社會生活史》〔註48〕、陳江《明代中後期的江南社會與社會生活》〔註49〕、
王凱旋與李洪權合著之《明清生活掠影》〔註50〕，以及吳智和的一系列的生
活史論文，如〈明代蘇州社區鄉土生活史舉隅——以文人集團爲例〉、〈明人
習靜休閒生活〉、〈明人山水休閒生活〉〔註51〕……等等，這種討論方法頗類
似田野調查的實證記錄，主要是強調全面描述以提供某種生活印象的呈現，
而較少著墨於理論架構、文化意涵的分析；另外，如（美）John Kieschnick
《The Impact of Buddhism on Chinese Material Culture》〔註52〕、賴惠敏〈乾隆

生活史——重構歷史經驗及其生活樣式》（The History of Everyday Life:
Reconstructing Historical Experiences and Ways of Life）等的介紹，可以參閱蒲
慕州：〈西方近年來的生活史研究〉，《新史學》第三卷第四期（1992 年 12 月），
頁 139～153。

〔註47〕 詳見連玲玲：〈典範抑或危機？「日常生活」在中國近代史研究的應用及其問
題〉，《新史學》第十七卷第四期（2006 年 12 月），頁 255～281。

〔註48〕 詳見陳寶良：《明代社會生活史》（北京：中國科學院出版社，2004 年）。

〔註49〕 詳見陳江：《明代中後期的江南社會與社會生活》（上海：上海社會科學院出
版社，2006 年）。

〔註50〕 詳見王凱旋李洪權：《明清生活掠影》（瀋陽：瀋陽出版社，2002 年）。

〔註51〕 詳見吳智和：〈明代蘇州社區鄉土生活史舉隅——以文人集團爲例〉，《方志學
與社區鄉土史學術研討會論文及》（台北：東吳大學歷史系，1998 年），頁 23
～47；〈明人習靜休閒生活〉，《華岡文科學報》第二十五期（2002 年 3 月），
頁 145～193；〈明人山水休閒生活〉，《漢學研究》第二十卷第一期（2002 年 6
月），頁 101～129。

〔註52〕 詳見（美）John Kieschnick（柯家豪）：《The Impact of Buddhism on Chinese
Material Culture》（Princeton: Princeton University Press, 2003, 343pp）。

朝內務府的皮貨買賣與京城時尚〉〔註53〕、林麗月〈衣裳與風教——晚明的服飾風尚與「服妖」議論〉〔註54〕、巫仁恕〈明代士大夫與轎子文化〉、〈晚明的旅遊活動與消費文化——以江南爲討論中心〉、〈晚明文士的消費文化——以家俱爲個案的考察〉〔註55〕……等文，則是擇取生活中某一面向作爲問題核心，並試圖將它聯繫整體社會文化脈絡以觀察某些較隱微的意識型態。由此看來，如果我們能將「日常生活史」的研究方法挪借至文學史層面探討，對於許多既定的「文學現象」或所謂的「文人文化」，相信還是可以有很多的解釋空間。

四、園林活動與書寫

　　環境與景觀的問題，近幾年來也逐漸爲人重視，社會學家關注當今科技充斥、日新月異的社會空間底下，人們如何因應、適應種種的環境挑戰，建築設計學家則著重在空間景觀的規劃與設計；其中，唯有中國園林藝術的研究，在學術界自成一特殊的討論群組，主要原因實因其交織的意涵，不僅有造園原理、風景造設、空間布設等物質層面的意義，同時也寄扦有人人宇宙觀、主體精神意識、社會交往活動、審美價值、人文情操……等等文化關懷的旨趣，提供了吾人豐富的論述視野，例如楊鴻勛《江南園林論——中國古典造園藝術研究》〔註56〕、陳從周《園林清議》〔註57〕、漢寶德《物象與心境——中國的園林》〔註58〕等著作，較著重在園林景象結構與空間設計的討論，包括亭臺樓閣的外型、山水花木諸景搭配、遊園動線……等等，從中展現出中國園林的外型美感特質；其次，如王毅《中國園林文化史》

〔註53〕　詳見賴惠敏：〈乾隆朝內務府的皮貨買賣與京城時尚〉，《故宮學術季刊》第二十一卷第一期（2003年春季號），頁101～134。

〔註54〕　詳見林麗月：〈衣裳與風教——晚明的服飾風尚與「服妖」議論〉，《新史學》第十卷第三期（1999年9月），頁111～157。

〔註55〕　以上諸文詳見巫仁恕：〈明代士大夫與轎子文化〉，《中央研究院近代史研究集刊》第三十八期（2002年12月），頁1～69；〈晚明的旅遊活動與消費文化——以江南爲討論中心〉，《中央研究院近代史研究集刊》第四十一期（2003年9月），頁87～141；〈晚明文士的消費文化——以家俱爲個案的考察〉，《浙江學刊》，2005年第六期，頁91～100。

〔註56〕　詳見楊鴻勛：《江南園林論——中國古典造園藝術研究》（台北：南天書局，1994年）。

〔註57〕　詳見陳從周：《園林清議》（南京：江蘇文藝出版社，2005年）。

〔註58〕　詳見漢寶德：《物象與心境——中國的園林》（台北：幼獅文化事業公司，1990年）。

〔註 59〕、孟亞男《中國園林史》〔註 60〕、周維權《中國古典園林史》〔註 61〕
等書，則以縱向的發展歷程爲骨架，宏觀地闡述中國園林的發展脈絡與結構
變化，尤其是王毅一書更從中國封建社會型態的特點、寫意手法、古典美學
的「中和」原則、「天人之際」宇宙觀等角度探討中國園林；復如曹林娣《靜
讀園林》與《中國園林藝術論》〔註 62〕主要是從文學美感的途徑解析中國園
林的藝術內核；又如曹淑絹《流變中的書寫——祁彪佳與寓山園林論述》、
〈小有、吾有與烏有——明人園記中的有無論述〉、〈園舟與舟園——汪汝謙
湖訪身分的轉換與侷限〉〔註 63〕、侯迺慧〈明代園林舟景的文化意涵與治療
意義〉、〈園林圖文的超越性特質對幻化悲傷的療養——以明人文集的呈現爲
主〉〔註 64〕或者是王鑓容《傳播、聲譽、性別——以袁枚《隨園詩話》爲中
心的文化研究》〔註 65〕等，則是從園林的題詠書寫與人文活動進行詮釋，針
對個別園林的不同象徵分疏中國古典園林所涵具的豐富巧思與經驗；另外，
黃長美《中國庭園與文人思想》切入點則頗爲特殊，從中國庭園的意象手
法、素材處理，配合中國山水畫的佈局方式、傳統儒道的環境觀，探討中國
庭園的哲學與藝術思想〔註 66〕。諸文論述過程所開展的思維辯證，都極有助
於筆者反省〔明〕周履靖與梅墟園林的關係。

五、美學與文化研究理論

關於中國傳統美學的認知基礎，筆者主要是奠基於李澤厚的論述框架

〔註 59〕 詳見王毅：《中國園林文化史》（上海：上海人民出版社，2004 年）。
〔註 60〕 詳見孟亞男：《中國園林史》（台北：文津出版社，1993 年）。
〔註 61〕 詳見周維權：《中國古典園林史》（台北：明文書局，1991 年）。
〔註 62〕 詳見曹林娣：《靜讀園林》（北京：北京大學出版社，2005 年）；《中國園林藝
　　　　術論》（太原：山西教育出版社，2001 年）。
〔註 63〕 詳見曹淑絹：《流變中的書寫——祁彪佳與寓山園林論述》；〈小有、吾有與烏
　　　　有——明人園記中的有無論述〉，《臺大中文學報》第二十期（2004 年 6 月），
　　　　頁 195～238；〈園舟與舟園——汪汝謙湖訪身分的轉換與侷限〉，《清華學報》
　　　　第三十六卷第一期（2006 年 6 月），頁 197～235。
〔註 64〕 詳見侯迺慧：〈明代園林舟景的文化意涵與治療意義〉，《人文集刊》第二期
　　　　（2004 年 4 月），頁 1～39；〈園林圖文的超越性特質對幻化悲傷的療養——
　　　　以明人文集的呈現爲主〉，《政大中文學報》第四期（2005 年 12 月），頁 123
　　　　～154。
〔註 65〕 詳見王鑓容：《傳播、聲譽、性別——以袁枚《隨園詩話》爲中心的文化研究》
　　　　（南投：國立暨南國際大學中文所碩士論文，2003 年 6 月）。
〔註 66〕 詳見黃長美：《中國庭園與文人思想》（台北：明文書局，1988 年）。

〔註 67〕，進而在柯慶明的《中國文學的美感》、《文學美綜論》〔註 68〕，以及毛文芳《晚明閒賞美學》、《物・性別・觀看——明末清初文化書寫新探》〔註 69〕、羅中峰《中國傳統文人審美生活方式之研究》〔註 70〕等著作上獲取相關學術研究領域的啟引。柯氏指出，所謂的「文學」，是必須從整體文學活動所同時反映的心靈活動來加以體認與瞭解，它是一個「以心感心」的複雜歷程，就此而言，文學也可以說是一種藝術，即強調了文學活動所具的美感經驗特質，並以確認生命意識的呈現為其內容，以生命意識之昇華為其目的；而筆者本論文便是秉持這樣的論點，盡力地在〔明〕周履靖的詩文作品中找到一種可以適當地感其心、察其意的詮解領域。毛氏、羅氏則可以說是一套「文化生活美學」的多面向展演，以毛氏二書為例，該研究的最大意義就在於：他突破一般美學經常由藝術美切入的局限，試圖要在最平凡、最邊緣零碎、最不易為人察覺的食衣住行……等日常生活微物中發現其文化價值與美感經營，如：生活中的長物如何營造出古典情懷與文化裝飾？園林如何透過文字突破物質性的時空限制，並提供園主與讀者拆穿園林的游戲與樂趣？畫像如何成為一種有意義的「符號」，作為自我生命的一種詮釋？……等等。凡此，皆有助於本論文展述過程的思考。

此外，為了使「文化研究」的課題能夠更臻完整，論文在文本的基礎上，亦不避運用諸多文化研究理論以強化該研究的意義，包括神話學、文化消費、人際交往心理學、人文主義地理學、新史學……等。

第二節　方法取徑與撰寫次第

一、方法取徑

本論文乃是一宗環繞在〔明〕周履靖及其《夷門廣牘》為中心的個案研究，全文凡分五編，除了第一編〈導論〉以及第五編〈結論與展望〉之外，

〔註67〕 詳見李澤厚：《美的歷程》（台北：三民書局，1996 年）；《華夏美學》（台北：三民書局，1996 年）；《美學四講》（台北：三民書局，1996 年）等書。

〔註68〕 詳見柯慶明：《中國文學的美感》（台北：麥田出版社，2006 年）；《文學美綜論》（台北：長安出版社，1983 年）。

〔註69〕 詳見毛文芳：《晚明閒賞美學》（台北：學生書局，2000 年）；《物・性別・觀看——明末清初的文化書寫》（台北：學生書局，2001 年）。

〔註70〕 詳見羅中峰：《中國傳統文人審美生活方式之研究》（台北：洪葉文化事業有限公司，2001 年）。

核心的討論章次有三編，各編之間並有著一定的論述層次，說明如下：

第二編的〈《夷門廣牘》的編纂、版本與文獻價值〉屬基礎的分類整理與探討，故主要採取的是古籍文獻與版本目錄的討論方式：由於〔明〕周履靖生平資料極度缺乏，今人很難再從其他文獻史料中勾勒全套叢書編纂的前後因緣，因此，筆者透過細密的文獻爬梳功夫，由序跋、書目、內容等面向一一核對，藉此推估其可能的成書過程，進而依據清人藏書書目、海內外各大重要圖書館藏目錄以考察出現今《夷門廣牘》的版本收錄情形，並針對不同版本間的版式、行款、卷數、部類歸隸……等等進行比較，指明各個版本間的差異性，最後，將《夷門廣牘》置入明代圖書的發展脈絡底下，透過相同文類的比較及其與選本作品的關係，觀察《夷門廣牘》可能的文獻價值。

第三編的〈《夷門廣牘》中的文人生活體系〉則是將叢書的研究脫逸文獻討論的框架，轉而視其爲某種文化史料的群集，透過「物質」、「遵生」與「審美」三種論述的角度，細膩地分析〔明〕周履靖如何透過不同書籍的內容以架構出一套文人理想中的生活模式，而這也是生活史學家經常強調的「有效的策略」。然而，必須說明的，在論述過程中，可能涉及有多種特殊領域的知識，包括風水、方位、導引、吐息、棋牌……等等，對此，筆者將著重在這些言論內容所呈顯的生活關懷，而不再一一詳述其源流與發展過程。此外，爲了更能夠清楚地看出《夷門廣牘》所安排的各種活動在生活中的位序爲何，筆者並打破〔明〕周履靖當初規劃的十餘種牘目型態，重新按其旨趣，分作「起居」、「尊生」與「游藝」三個主題歸納，如「起居」部分包括「宅」「園」意義的轉換、風水擇吉的觀念以及居家物件的擺設，「遵生」部分包括心神調攝活動以及飲膳烹調的規劃，「游藝」部份包括博弈、投壺、雜戲等玩娛活動、詩文書畫以及音樂、戲曲等雅趣活動。

第四編的〈周履靖的園居經驗與書寫活動〉則是延續了第三編關於文人理想生活的架構，探尋這種文人理想的生活模式一旦回歸至〔明〕周履靖的實際生活經驗時，又會呈現出如何的面貌。因此，本編以〔明〕周履靖園居經驗爲核心，除了從現存相關詩文中鈎稽梅墟園林的大體建制外，並且察探其中所展開的種種人文活動，包括園林空間的詮釋、園居經驗的書寫與對話……等等，筆者在進行文本解讀的同時，亦嘗試穿插多種園林史觀念以及文藝美學理論，希冀可以藉此讀出更多隱微的意旨與現象。

職是，從基礎文獻的分析掌握、到文本內涵的詮釋、再到實際經驗的驗證，整體討論過程可謂是一步步地導入《夷門廣牘》的核旨與編輯旨趣，同時，這樣的討論方式或許也更能精確地切中相關文化討論。

二、撰寫次第

循著上述方法取徑的說明，茲將本論文架構與撰寫次第列述如下：

（一）第一編：導　論

本編屬論文前的引語，共分三章：〈周履靖的傳記與作品考述〉、〈叢書在文學史上的定位〉及〈研究背景、方法取徑與撰寫次第〉。主要是先考察〔明〕周履靖生平傳記與編著作品，進而由叢書的叢輯特質與文化脈絡推敲尚可能開拓的研究視野，最後分點回顧與本論文相關之研究成果，以確立研究取徑的可行性、迫切性及撰寫次第。

（二）第二編：《夷門廣牘》的編纂、版本與文獻價值

本編共分三章，包括〈《夷門廣牘》的編纂動機與成書過程〉、〈《夷門廣牘》的版本收錄與分類〉及〈《夷門廣牘》的價值詮釋〉。前二章乃是針對《夷門廣牘》全書進行基礎性、外圍技術性的文獻版本問題進行考察，第三章則是深入思索《夷門廣牘》在文獻上可能的價值與意義。

（三）第三編：《夷門廣牘》中的文人生活體系

本編的討論主要是奠定於「叢書文獻作為文化史料」的基礎上，視《夷門廣牘》為一套文人生活體系的架構。全編共拈擬出叢書的三種編纂主題，分別為：〈起居：生活環境的佈設〉、〈遵生：保真守元與飲膳烹調〉以及〈游藝：娛樂助興的風雅活動〉，筆者試圖透過這三種角度，探討〔明〕周履靖如何藉由叢書以為生活理想的一種實踐依憑。

（四）第四編：周履靖的園居經驗與書寫活動

本編旨在觀察〔明〕周履靖的園居經驗與相關的人文活動，進而探討明人闢園或遊園活動中複雜的表述意涵，共分兩章，分別為：〈梅墟的經營與自我觀照〉與〈園居經驗的書寫與對話〉。綜合此二章的討論，其重點有三：首先，梅墟園林內基本規劃與建造為何？其次，如何透過園林空間的解釋以體察園主的主觀心境與情志？最後，則透過親自造訪或文字的臥遊所聯繫成的小眾團體，觀察梅墟園林的「文藝」與「社會」關係。

（五）第五編：結論與展望

總提本論文各編研究重點與研究成果，並思索可以繼續開拓的研究面向。

第貳編　《夷門廣牘》的編纂、版本與文獻價值

第貳編　《夷門廣牘》的編纂、版本與文獻價值

引　言

　　圖書文獻的發展主要來自人類精神文明的進步，而文獻的書面傳播、影響則有賴於文獻記載的媒介與技術，依其物質載體形式，大體可以有甲骨、金石、結繩、竹簡、布帛等不同方式，不過，礙於條件限制，書寫既不方便，材料的取得也常是一大困難，直至「紙」的應用與印刷技術的發明後，才徹底地改變了中國圖書的傳遞結構，發揮更大的影響範圍。其中，前者屬於傳播媒介的改良，大約在東漢開始應用，直到唐宋，無論是造紙原料或造紙技術，都已漸達精熟地步〔註1〕，甚至更發展出可重複利用的「還魂紙」（即今日所稱的「再生紙」）〔註2〕，因此，在材料取得方便、製作技術進步、紙張價格低廉的情形下，其運用的範圍自然也就愈加普及；後者則屬於傳播技術的改變，據〔宋〕朱翌《猗覺寮雜記》所載：

〔註1〕 據潘吉星研究，大量用紙本作畫，是從宋元開始的，供使用的多是皮料紙。巨幅的潔白平滑而又受墨受彩的紙本畫面的出現，爲美術家和書法家提供了廉價而又質量高的新型書畫材料，它在某些方面比縑帛更能發揮出藝術效果。詳見氏著：《中國造紙技術史稿》（北京：文物出版社，1979年），頁100。

〔註2〕 據〔明〕宋應星記載：「其廢紙洗去朱墨污穢，浸爛入槽再造，全省從前浸煮之力，依然成紙，耗亦不多。江南竹賤之國不以爲然，北方即寸條遍角在地，隨手拾起再造，名曰還魂紙。」詳見氏著：《天工開物》，卷十，「殺青·造竹紙」。

雕印文字，唐以前無之，唐末益州始有墨板。〔註3〕

約在唐末，雕版印刷技術便逐漸發展起來，其最大的意義乃是「文本的複製」，因過去抄本時代，一部《論語》或《孟子》，可能得耗上三、五天時間才能謄錄完成，然而在雕版印刷的刊刻下，一天之內便能複印上百本，並且傳銷他處，著實擴大了書籍的影響範圍，尤其是南宋後活字印刷技術的發明，使得圖書印製又更爲靈活，隨排隨印，省卻板模雕鏤的工程，大大提升書籍的出版效率及出版種類。〔註4〕

延續至明代中晚期，承繼了宋元以來所建立的刻印基礎，加上在圖書管理上採取較爲寬鬆態度，並無嚴格管理機構，促使明代書籍出版達到全面性普及水平，尤其是社會生產力提升、文化消費風氣旺盛，造成當時書坊林立、閱讀人口增加、刊印數量龐大，影響所及，使得當時「藏書風氣大開，學界流行廣博龐雜之學風，稗官野史不必只是爲了補闕正史而存在，尚可以充作文人於月夕花辰、山顛水湄閒適玩賞的對象」〔註5〕，改變傳統書籍所附載的知識意義，它們不僅僅是爲了探學問、闡人文或裨世道而存在，還可以是山水花月間的閒賞對象、古董珍秘的收藏，更可以是市場流通的商品。據〔明〕湯顯祖〈豔異編序〉所載：

> 吾嘗浮沉於八股道中，無一生趣，月之夕、花之辰，啣觴賦詩之餘，登山臨水之際，稗官野史，時一展玩，諸凡神仙妖怪、國士名姝、風流得意、慷慨深情，語千轉萬變，靡不錯陳於前，亦足以送居諸而破岑寂。〔註6〕

又〔明〕馮夢龍〈枕中秘跋語〉云：

> 余因語翼明曰：舞劍可以悟書，磨杵可以悟學，局戲可以悟河圖，善讀書者，曆日帳簿俱能佐腹笥之用。宜任永叔讀盡天下奇書，成

〔註3〕 詳見〔宋〕朱翌：《猗覺寮雜記》，收於《文淵閣四庫全書》（台北：台灣商務印書館，1983年），卷下，頁449上。

〔註4〕 錢存訓曾指出中國印刷術的發明，對於書籍製作的影響約有四方面，分別爲：「產量增加」、「成本降低」、「形式統一」與「流傳廣遠」。詳見氏著：〈印刷術在中國傳統文化中的功能〉，《漢學研究》第八卷第二期（1990年12月），頁239～249。

〔註5〕 詳見毛師文芳：《晚明閒賞美學》（台北：學生書局，2000年4月），頁89～90。該書第三編第一章透過《四庫全書》的著錄以考察晚明博雜學風，立論詳實精到，給予筆者甚多啓發。

〔註6〕 詳見〔明〕湯顯祖：《湯顯祖集》（上海：上海人民出版社，1973年），卷五十，「補遺」，頁1503。

一博物君子，勿但以八股拘束，作俗秀才出身也。〔註7〕

這裡可以從兩方面來看明代人對於書籍的態度：首先，他們重視自我生命的本眞，不願意拘束於八股儒教的桎梏系統下，試圖尋求一種可以表達個性、展現生機的生活美感，體認到日常生活中的萬事萬物，大凡賞花、飲酒、品茗、登山、玩石、舞劍、聽戲……等，皆可裨人心神，資爲精神寄託，因此，書籍自然也可以是他們審美閒賞的對象〔註8〕；再者，強調「讀盡天下奇書，成一博物君子」，一位博學廣通之士，當不避斥叢談瑣碎之語，任何稗官野史、神仙妖怪、國士名姝、曆日帳簿等纖微膚末、博雜奇異之書，自有其助益之處，正所謂：「夫以鳥獸草木之名而傳詩者，寧無一二益哉？」（王世貞〈宛委餘編序〉）因此，各類圖書紛紛出籠，諸如叢書、類書、譜錄、小說、戲曲、詩文集……等等，題材廣泛、雜然紛呈，體現了一種博雜的時代氛圍。

萬曆二十五年（丁酉，1597 年）孟夏，嘉興秀水鄉的藏書家〔明〕周履靖，在前述社會條件與文化背景的基礎上，於金陵三山街一帶設立書坊，並在同年開版刻書，即其自編自著的叢書，曰《夷門廣牘》。

整套叢書一共列立了牘目十餘種，以此分類收納書籍百餘種，它的誕生，除了昭示明代圖書市場的另一選擇外，〔明〕周履靖有意識的編輯概念，更是提供我們理解當時文化、審美觀的另一個側面，而這些觀察面向都必須訴諸文本的細讀。因此，筆者在這一編當中，擬從文獻分析的脈絡展開，以《夷門廣牘》配合晚明叢書觀念作爲論述主軸，試圖釐清這套叢書的成書過程、編纂動機、現存版本、內容架構與編纂意義等問題。

〔註7〕詳見〔明〕衛泳：《枕中秘》，收於《四庫全書存目叢書》（台南：莊嚴文化事業有限公司），子部雜家類，第一五二冊，頁 700 上。

〔註8〕這種審美意識可能與陽明心學的提倡也有關係，強調在日常行住坐臥間也能圓滿性命，如〔明〕呂坤所言：「推之耕耘簸揚之夫，炊爨烹調之婦，莫不有神化性命之理，都能達到神化性命之極。……理會得，橫豎推行，撲頭蓋面，腳踏身坐的，都是神化性命。」詳見〔明〕黃宗羲：《明儒學案》（台北：世界書局，1992 年），頁 578。另外，龔鵬程表示，這是一種人文美的思考滲入，對自然美與藝術美之探討卓然有成的表現，並且逐漸發展出生命美學、文化美學之外，另一個「生活美學」的角度，並希望能把日常家居生活經營成爲一種有美感、有品味的生活。詳見氏著：《年報：1997 龔鵬程年度學思報告》（嘉義：南華管理學院，1998 年），頁 15。

第一章 《夷門廣牘》的編纂動機與成書過程

第一節 前 言

　　〔明〕周履靖一生所編著之書，無論份量或種類皆頗爲可觀，據筆者在導論中的考察，其前後編著至少个卜白棟，然而，隨著歲月的遷易，這些著作或者在歷史的涓滴晨流中亡佚不存，或者依舊藏匿於浩瀚書海中，未及問世，今日所能見者，除了戲曲《錦箋記》以及《梅顛稿選》所收零星殘存的詩文詞曲外，最主要仍是來自於《夷門廣牘》的收錄。就圖書出版史而言，它與〔明〕沈節甫《紀錄彙編》、〔明〕吳永《續百川學海》、〔明〕馮可賓《廣百川學海》、〔明〕胡文煥《格致叢書》、〔明〕毛晉《津逮秘書》等一樣，皆屬於明代具代表性的叢書之一；就編者本身而言，它既爲〔明〕周履靖個人圖書事業的一大標誌，同時也有著一位明末地方文士的生活記錄，換言之，如果文學作品是記錄書寫者的載體，那麼《夷門廣牘》的完成，正可視爲〔明〕周履靖·生活動的最好註解。

　　叢書的編纂因緣，乃起因於〔明〕周履靖自身對於各類奇文異籍的喜愛，並亟力尋訪收藏，不惜費貲千金也務須羅致。於是，隨著自身努力求訪購置以及博雅文士的餽贈，几閣儲書日益豐厚，他進而據其藏書汰選菁華，陸續著手各類作品的整合編冊並刊行，開啓了一場圖書工程扉頁，其中無論是作品材料的選擇、編輯、設計，概以〔明〕周履靖作爲核心主導，並間雜有名流雅士操觚題冕或朋儔文友批選校輯，如《梅塢貽瓊》是由〔明〕汪子

建編校、《香奩詩草》由〔明〕茅坤批選、《異域志》則是〔明〕周履靖與〔明〕陳繼儒一同校正。此後，圖書事業的開拓日益揚顯，配合傳播力量所招攬的迴響，引領了一批慕名者前來探訪梅墟園林，他們或吟詠、或唱和、或題壁，觥籌交錯間，留下了〈贊〉、〈記〉、〈序〉、〈跋〉、〈賦〉、〈歌〉、〈傳〉、〈贈〉……等豐富作品，並爲〔明〕周履靖輯入叢書內，無形中，等於是參與了叢書的建設工程，使得文本呈現一片「眾聲喧嘩」的特徵。依筆者計算，現今存載可見者便達百餘篇，顯見〔明〕周履靖與當時文士雅儒往來之繁密。經由這些持續的編纂過程，逐漸凝聚成可觀的規模，並且分牘立目，將眾多的書籍作有系統的歸納，萬曆二十五年，〔明〕周履靖進行最後一度的整合修葺、集結成套，並於同年出版刊行。

據此可知，《夷門廣牘》由初始乃至醞釀成形，其實經過了藏書、累積、刪選，終至訂定成套，可謂是一長遠的擘劃工程，而這一圖書工程的發展則是一種擴散式的歷程，從最初〔明〕周履靖自身好奇尚僻的庋藏異書，到編訂整合，再到文士雅儒的序跋題冕與友朋的參與校輯，接著又賓客遊人紛紛探訪，留下大量相關詩文記錄，詮釋著〔明〕周履靖的圖書工程，參與文本的成員一次次的擴大，彼此交織震盪起多面的內涵，也豐富了《夷門廣牘》的文本意義。如此一來，叢書內收錄了什麼作品？形制作了如何安排？文字進行哪些對話？既有〔明〕周履靖的編創意識，也必然隱含了賓客的理解。

以下，筆者將順承上文關於成書因緣的簡述，再以《夷門廣牘》作爲主要文獻，由叢書的「編纂動機」與「成書過程」兩線著手，分別觀察〔明〕周履靖編纂意圖及其圖書活動之進程。

第二節　編纂動機

一、古籍湮沒之虞

細究歷代鴻儒，大凡爲求宣揚己說、立論一方，無一不是博覽群書、通讀諸籍者，對他們而言，書籍既是充實自我的媒介，也是傳播學說的工具，因此，史籍有名的文人，往往也都是擁書萬卷的藏書家，例如《莊子》：「惠施多方，其書五車。」〔註1〕或《墨子》：「子墨子南游使衛，關中載書甚

〔註 1〕詳見〔清〕郭慶藩：《莊子集釋》，收於《續修四庫全書》（上海：上海古籍出版社，1995 年），第九五八冊，卷十下〈天下〉，頁 113 下。

多。」〔註2〕然而,若從另一個角度來看,叢書匯聚眾書而成一編,編纂者若欲纂輯有特色、有意義之作,通常也須具備足量的藏書,如〔明〕閔景賢所輯《快書》五十種,就是整理暇日所藏秘書,挑選可讀性強、輕鬆消遣的書籍〔註3〕,或〔明〕茅一相在〔明〕沈津所編《欣賞編》的基礎上續輯的《重訂欣賞編》,比起沈氏之作足足多了四十餘種書籍,收集了唐、宋、元、明以來,各種文房、博戲、養生、導引、生活品賞等,這些叢輯圖書的完成皆是立於豐厚的藏書基礎上,所謂「擁書百城,學問自成」,唯有如此,才能從中汰蕪存菁、挑選出豐富的主題內容,另外再造一煌煌巨著。

〔明〕周履靖亦然,在其自撰的〈夷門廣牘敘〉便談道:

> 僕誅茅多暇,性有索隱之癖……間從博雅諸公遊,多發枕秘,好事
> 者雅相慕,亦時時不遠千里郵致焉。緣是日積月累,几閣緗帙恒滿。
> 每晨露宵膏,披襟解帶,未嘗不迴然自適也。因嘆年已及衰,懶慢
> 日甚,不以時刊定之,俾公同嗜,徒庋帳中飽蠹魚腹耳?〔註4〕

隨著四方友朋雅贈與自己的努力購藏,閒雲館閣也逐漸形成一庠可觀文庫,然而,一本好書若不能刊行問世、被人知曉,就如同一齣動人的戲劇缺乏觀眾欣賞;明代不乏許多保守的藏書家,總是帶著「獨得珍本的衿耀」或「猶恐失之」的心理,屢屢訂下「書不借人,書不出閣」、「借書不孝」、「鬻書者,非我子孫」等家法,可是,仍舊有許多開明豁達的藏書家,體認到私藏圖書、壟斷知識,或可逞一時收藏祕寶之樂,然而若遇鼠囓蟲蝕或水火兵燹之災而敗毀,圖書得不到適當利用,日蝕月消,反而恐有古本湮沒之虞〔註5〕,是故,這些藏書家是願意提供人們進入藏室閱覽抄錄、借出〔註6〕,或編訂典藏書目

〔註2〕 詳見李漁叔註譯:《墨子今註今譯》(台北:臺灣商務印書館,1974年),〈貴義〉,頁346。

〔註3〕 李春光認為該書所以名曰「快書」,乃:「是因為輯者讀之快口、快目、快耳、快體、快心。」詳見氏著:《古籍叢書述論》(瀋陽:遼寧書社,1991年),頁70。

〔註4〕 詳見〔明〕周履靖:〈夷門廣牘敘〉,收於氏編:《夷門廣牘》(北京:書目文獻社,1990年),頁1上~下。下引此書皆同此一版本,不另出詳註。

〔註5〕 〔明〕曹溶就表示:「故(書)入常人手,猶有傳觀之旺,一入藏書家,無不緘錦為衣,游壇作室,扃鑰以為常。……使單行本寄篋笥為命,稍不致慎,形蹤永絕,祇以空名卦(掛)目錄中。自非與古人深仇重怨,不應若爾。」詳見氏著:《流通古書約》,收於嚴一萍選輯《百部叢書集成》(台北:藝文印書館,1966年)之二十九,《知不足齋叢書》,第三十九冊,頁1右。

〔註6〕 〔明〕徐渤云:「書亦何可不借人也?賢哲著述以俟知者,其人以借書來,是

以示他人，甚至形成一個藏書家群體。誠然，面對滿架卷帙，〔明〕周履靖思之：「因嘆年已及衰，懶慢日甚，不以時刊定之，俾公同嗜，徒庋帳中飽蠹魚腹耳？」目前筆者所掌握資料，雖未詳〔明〕周履靖是否開放藏書室供人借閱，但以「俾公同嗜」的心態編書，某種程度上，其實就是一種公開藏書的方式，尤其察考《夷門廣牘》所刊錄的書籍，多是罕見的奇文異冊或海內外孤本，更顯其不藏私、不獨享的心態；就消極心態言，編書是爲了避免書籍遭受蠹魚蟻蟲的咬嚙破壞，就積極心態言，則是體會到藏書著述的服務精神，正如〔明〕胡應麟所言：

> 夫書好而弗力，猶亡好也；夫書聚而弗讀，猶亡聚也；夫書好而
> 聚，聚而必散，勢也。〔註7〕

散佚若是書籍註定的命運，惟有讀者投注心力地窮究閱讀，將書籍的知識化爲己用，才是延續其存在的唯一法門，再者，若能大量刊行，散存於諸文士之手，更可降低古籍亡佚的風險，反之，藏而不讀不傳，封鎖資訊，將無異亡歿。基於此，〔明〕周履靖言「俾公同嗜」，欲藉《夷門廣牘》的刊行以傳佈所藏珍本秘笈，嘉惠同嗜之人，因而整理平日所收藏的書籍、圖本和自己的作品百餘卷，於萬曆二十五年付之剞劂。

二、立言以求不朽

　　仔細推敲，《夷門廣牘》的編成，除了見證〔明〕周履靖豐富的著述與造福他人的藏書經驗外，似乎也摻雜了某種時間有限性的體認。

　　藏書事業的完成與維繫通常都得落實在時間的座標上，藏書家一方面在有限的時間裡，企圖要搜求最豐富完備的圖書，然而，書籍的收藏必然不會有窮盡之時，另一方面，各種自然、人爲災害的發生，在在都考驗了藏書家如何維持管理他的藏書事業；無論何者，均透顯出藏書事業的不易把握，往往只能聽任造物者安排〔註8〕。當〔明〕周履靖慨歎著歲月的匆促流逝、書籍

與書相知也，與書相知者，則亦與吾相知也。何可不借來？」詳見氏著：《徐氏筆精》，收於《雜著秘笈叢刊》（台北：台灣學生書局，1971 年），第九冊，卷七，「借書」條，頁 630。

〔註7〕 詳見〔明〕胡應麟：《少室山房筆叢》（台北：世界書局，1980 年），〈經籍會通〉，卷四，頁 56。

〔註8〕 關於明代的藏書樓，除了浙江省范氏天一閣外，其餘都已不存，或毀於火，或溺於水，或散於兵。詳見繆咏禾：《明代出版史稿》（南京：江蘇人民出版社，2000 年），頁 370。但事實上，四百餘年來，天一閣內藏書屢屢遭到外力

徒飽蠹魚腹時，早已說明了他對書籍聚散靡常的體會：這些費盡心力所購得的奇書異典，如果只是一味地庋藏書室，隨著歲月的遞嬗推移，終不免湮沒於荒煙蔓草間。可是，叢書的編刊，除了使書籍能嘉惠他人、免受亡佚之憾，是否作為主體的「我」也能獲得恆久的保障呢？思及此，〔明〕周履靖進而理解「立言」的意義：

> 人生恒不滿百，而中間榮瘁華落，幻若朝雲……其立德立功以垂不朽者，歷世代百千萬人不一覯也，功與德渺矣，又不及此身留心觚翰，以隨立言之後，而獨逡巡忼愷，鬻金厚困，以貽所不知何人，辛與草木何異乎？〔註9〕

人生在世不過數十年，其中榮華青春如同朝雲夕暮般短暫，貪享口腹感官之欲者，終究無異於草木，〔明〕周履靖所思考的是，要如何才能使自己突破時間限制，傳之久遠？如果僅僅玩日愒歲、得過且過，整日鑽營名利，百年後仍舊難外於自然宇宙的規則，在生滅遷化的過程中逐漸消逝。追求生命的不朽，一直是中國傳統文化中一個重要課題，《左傳・襄公二十四年》中有段記載說道：

> 穆叔如晉，范宣子逆之問焉，曰：「古人有言曰：『死而不朽，何謂也？』」穆叔未對，宣子曰：「昔我之祖，自虞以上為陶唐氏，在夏為御龍氏，在商為豕韋氏，在周為唐杜氏，晉主夏盟為范氏，其是之謂乎？」穆叔曰：「以豹所聞，此之謂世祿，非不朽也。魯有先大夫曰臧文仲，既沒，其言立其是之謂乎？豹聞之，大上有立德，其次有立功，其次有立言，雖久不廢，此之謂不朽。……」〔註10〕

據穆叔的觀點，階級上的承襲只是一種位祿的表徵，並非「不朽」，真正的不朽乃生發於「德」、「功」、「言」三端，要能達到死而不朽，依其價值，先是立德，其次立功，最後才是立言。

　　不過，「立德」與「立功」畢竟在百萬人中不過一也，尤其，所謂「德」

侵奪，仍然散異不少。另外，陳登原曾指出，歷來古籍聚散的原因，大抵有四：一、受厄於獨夫之專斷而成其聚散；二、受厄於人事之不臧而成其聚散；三、受厄於兵匪之擾亂而成其聚散；四、受厄於藏□者之鮮克有終而成其聚散。詳見氏著：《古今典籍聚散考》，收於嚴靈峰編：《書目類編》（台北：成文出版社，1978年），第九十六冊，頁16。下引嚴氏所編叢書皆同此一版本，僅標明叢書名稱與冊數，不另出詳註。

〔註9〕　詳見〔明〕周履靖：〈夷門廣牘敍〉，收於氏編：《夷門廣牘》，頁4下～5上。
〔註10〕　詳見楊伯峻編：《春秋左傳注》（高雄：復文書局，1991年），頁1087～1088。

與「功」的決定權通常也不是「我」所能把握，即使窮盡一生尙未必能夠達致；唯有追求「立言」以建名山不朽事業是可以由當下的「我」完成，而〔明〕周履靖也選擇了這樣的路徑，試圖在榮瘁華落的有限生命中，創建一項永不凋謝的文化工程，正如〔明〕張獻翼所言：

> 古人所以愛博洽之士、重山澤之客者，爲其能封己以謝俗、明古以
> 證今也。然有書□癖如橋李周逸之，其人慕賢以自勵、希古以慷慨，
> 志不輟著述之業，口不□雅頌之音，嘗曰：「《太玄》覆瓿於前，《論
> 衡》獲寶於後，吾欲指陳堅白、揚搉古今，申孤憤於一朝，流芳聲
> 於異代。」〔註11〕

愛書成癖的〔明〕周履靖，每每以希古慕賢自我勉勵，勤於著述以求能申孤憤、流芳聲於後代，而《夷門廣牘》的完成，恰好代表了他對這層生命體會的一個階段性完成，問題是：若純就明代圖書發展而言，《夷門廣牘》不過是當代千百本叢書的其中一本，該如何認定《夷門廣牘》的編就，能使〔明〕周履靖乃至梅墟別業中的各種人文活動流芳後代呢？「立言」的邏輯乃是要立一家言，「立一家言」則意味了創作一種代表「我」並異於「他人」的書寫，換言之，他必須解決的是如何證明《夷門廣牘》能夠代表「我」，體現其殊異性？

　　任何文學書寫的活動，通常都帶有書寫者的某種目的性，其中或爲商業營利、或爲干謁求名、或爲政治思想控制……等等，而以文藝寄託生命更是中國文學作品中屢見不鮮的書寫模式，尤其，「文學藝術記存了創作者生命主體應對其存在場域的痕跡，時空意識可說是潛藏在所有藝文體類與題材背後的共同脈絡」〔註12〕，因此，藉由文學書寫使自我主體得到傳衍大抵是可行的途徑，只是這種以文學藝術記存生命主體的關鍵，乃取決於「主體意識」之有無，因爲「唯有在『意識』層面所引發的作爲，其作爲『自我』呈現的方式，才會經語言表述的『思想建構』，或經刻意作爲的『藝術經營』直接相關」〔註13〕，以叢書爲例，它所記存的「自我主體性」往往展現在其編輯的

〔註11〕 詳見〔明〕張獻翼：〈夷門廣牘序〉，收於〔明〕周履靖編：《夷門廣牘》，頁9上。
〔註12〕 詳見曹淑娟：〈彪佳與寓山──一個主體性空間的建構〉，收於李豐楙、劉苑如編：《空間、地域與文化──中國文化空間的書寫與闡釋》（南港：中研院中國文哲研究所，2002年），下冊，頁374。下引此文皆同此一版本，不另出詳註。
〔註13〕 詳見王瑷玲：〈明清文學與思想中之主體意識與社會文學篇導言〉，收於氏編：

理念與策略上，如果僅只是一味地拼湊雜錄，將難免淪為一部人工合成的「雜」著〔註14〕。回頭檢視《夷門廣牘》，舉凡作品收錄的選擇、叢書形制的規劃、牘目的分類與命名、讌集吟詠的唱和詩集、文士博儒所贈的序跋歌賦等，無不閃爍著〔明〕周履靖的心思與想法，並在萬曆二十五年作了最全面的修葺整合，因此，《夷門廣牘》所架構的文本世界，可說是〔明〕周履靖在現實世界中「自我主體性」的映現，叢書的纂輯彷彿是他生命的隱喻，藉文字鋪展具體的文化經驗，構織出一段鮮明的梅墟記憶〔註15〕，於是，伴隨著時光的流動，嘉興秀水旁的梅墟別業與閒雲館，或許將隱沒於煙塵蔓草中，並在歷史的記憶波流中逐次被遺忘，人事的遷滅幻變更是無從把握，然而，透過《夷門廣牘》所存載的一事一物，卻可以在書籍的傳遞過程中，使讀者持續領會這位梅墟主人的圖書事業及其文化活動，而這或許也是〔明〕周履靖能夠立言不朽的最大保障。

二、隱逸出塵之思

關於這套叢書的編輯動機，還可以由書名理解。〔明〕周履靖以「夷門」命其義，四庫館臣釋義為：「夷門者，自喻隱居之意也。」〔註16〕其中旨趣大抵足援引自《史記・魏公子列傳》裡的一段典故：

> 魏有隱士曰侯嬴，年七十，家貧，為大梁夷門監者。公子聞之，往請，欲厚遺之。不肯受，曰：「臣脩身絜行數十年，終不以監門困故而受公子財。」公子於是乃置酒大會賓客。坐定，公子從車騎，虛

《明清文學與思想中之主體意識與社會文學篇》（南港：中央研究院文哲所，2004年），上冊，頁4。

〔註14〕以〔明〕胡文煥的《格致叢書》為例，這套叢書一開始便無設定內容冊數，一有新書，隨見隨刻，並且時常更改目錄或書名以新人耳目，其目的多在冀求牟利，因此，該叢書的刊刻往往就予人拼湊雜集的印象。因此，吾人也較不容易從該套叢書中掘發胡氏的自我主體性。

〔註15〕「自我主體性」的想法，乃得至曹淑娟近年來一系列關於明人園林經驗的研究，尤其是〈祁彪佳與寓山——一個主體性空間的建構〉一文：曹教授認為，寓山園林的建構並非將山水木石推離自我，成就其形式之美，以作為審美的客體，而是在特定空間裡實踐主體意識，使山水木石、亭臺樓閣因其存在經驗的投射，生發人文與生命意義，在這些圖景的四方佈列與動線呼應中，共同構成一個涵蘊祁彪佳主體價值的空間（頁378～379）。

〔註16〕詳見〔清〕永瑢、紀昀等撰：《四庫全書總目提要》（台北：臺灣商務印書館，1983年），第三冊，子部，雜家類存目十一，頁836上。下引此書皆同此一版本，不另出詳註。

左，自迎夷門侯生。侯生攝敝衣冠，直上載公子上坐，不讓，欲以觀公子。……侯生因謂公子曰：「今日嬴之爲公子亦足矣。嬴乃夷門抱關者也，而公子親枉車騎，自迎嬴於人廣坐之中，不宜有所過，今公子故過之。然嬴欲就公子之名，故久立公子車騎市中，過客以觀公子，公子愈恭。市人皆以嬴爲小人，而以公子爲長者能下士也。」於是罷酒，侯生遂爲上客。〔註17〕

《史記》所記載的魏國侯嬴事蹟，描述到侯生年逾七十，本來爲一介隱士，因爲家貧，故出而擔任大梁東門守門員，身分相當低賤。起初，當魏公子前來訪求於他時，刻意擺出各種逾禮傲慢的態度，魏公子並不以爲忤，反而更加尊重禮遇，見到魏公子如此誠懇謙虛的態度，侯生最後選擇投入信陵君門下，爲他舉薦有才者、獻策救趙，甚至後來還北向自剄以謝公子知遇之恩。〔註18〕

從侯生的生命型態來看，比較偏向一種有所爲、有所不爲的隱士型態，類似於《呂氏春秋》所言：「當今之世，求有道之士，則於四海之內、山谷之中、僻遠幽閒之所，若此則幸於得之矣。……若夫有道之士，必禮必知，然後其智能可盡。」〔註19〕無論是隱於山林或隱於世，彷彿都只是這一類高士的暫時自處之道，終極的目的則是要等待一位明識的君主或賢士，進而服務蒼生，而這恐怕不是〔明〕周履靖所企求的生命氣度。因此，他在〈夷門廣牘敘〉中重申了自己對於「夷門」的理解：

嘗見侯生以監門之賤高自隱匿，辱公子車不爲□，據坐客右不爲怍，卒舉士於屠沽之間，奪十萬眾若承蜩，置兩國安如置盂水，庶幾隱君子之誼不爲飽瓜。僕老不逮侯生，而駑緩殆過蘧盧夷門，不復有俠丈夫梗概，與古人爭道。要以篝燈斷簡，混跡衣魚，爲歲寒

〔註17〕詳見〔西漢〕司馬遷：《史記》（台北：德興書局，1982 年），卷七十七〈魏公子列傳〉，頁 637 下。

〔註18〕關於夷門侯生事蹟，歷來不乏讚頌者，例如〔唐〕王維〈夷門歌〉：「七雄雄雌猶未分，攻城殺將何紛紛。秦兵益圍邯鄲急，魏王不救平原君。公子爲嬴停駟馬，執轡愈恭意愈下。亥爲屠肆鼓刀人，嬴乃夷門抱關者。非但慷慨獻良謀，意氣兼將身命酬。向風刎頸送公子，七十老翁何所求。」詳見〔清〕乾隆御定：《全唐詩》（北京：中華書局，1985 年），第四冊，第一二五卷，頁 1256。

〔註19〕詳見〔戰國〕呂不韋著，〔後漢〕高誘註：《呂氏春秋》（臺北：藝文印書館，1971 年），卷十三〈有始覽〉，頁 323～324。

之盟耳。〔註20〕

侯生的隱君子風範，〔明〕周履靖是十分敬佩的，叢書取名作「夷門」，自然
有效法追隨之意。可是，他又巧辯地稱說自己衰老，不復有侯生的丈夫梗概
大氣，僅能效法他當年匿跡衣魚僻壤，終生與籌燈斷簡、歲寒山林爲伴。如
此一來，〔明〕周履靖似乎只把《夷門廣牘》視爲自己閒暇幽居時，聊抒己
懷之作，誠如〈寫懷七首〉其二所言：

> 計拙違人意，情踈處世疲。雲霞堪作伴，筆硯藉爲資。興逸吟山
> 月，酣餘倒接䍦。雄心今已矣，雙鬢忽成絲。〔註21〕

計拙情踈，已經缺乏人世應對的力量，不論當年雄心爲何，如今都已化作山
間野叟的林逸興致，撥雲霞、吟山月，在心境澄明靜謐之時，伴隨著筆硯書
寫，體驗著「松下橫琴待鶴歸」的離塵幽趣。

　　此外，我們還可以參照其他作序者對於「夷門」的體會，如〔明〕黃洪
憲在〈夷門廣牘敍〉云：

> 辛讀其書，鱗雜縑獵如能蟠菰飯，不適世用……余悲君之志，棄□
> 攻苦，白首不棄，哀然，斬與古之名彥共□不朽，而重爲膚學所
> 嗤，……然君曷不蚤見侯生奇節俠上，居四君好上之時，穎末，當
> 先震，而猶十十老於監門……不妬成人之善，自古而然，君取裁於
> 「夷門」，意在斯乎？意在斯乎？〔註22〕

黃氏指出，《夷門廣牘》的內容鱗雜縑獵如能蟠菰飯，不適世用，因而屢屢遭
受膚學者所嗤笑，甚至質疑〔明〕周履靖編輯此書恐怕是爲求名，不過，這
就如同是當年的侯生，雖貴爲一奇節俠士，尚未被明君拔擢前尚肯自隱爲一
夷門抱關者，然低賤的身分並未澆熄他用世的熱誠，反而可以藉機涵養自我、
等待機會。黃氏以「用行舍藏」的哲學勉勵〔明〕周履靖，當此不爲世所認
同之際，更該自我砥志礪行，追求春秋不朽之業，無須理會旁人言語。而〔明〕
何士抑更擴至博才廣學的面向理解《夷門廣牘》的編輯：

> 以「夷門」命牘之義，何居？得非有慕侯生之爲人也乎？……其文
> 采辛所概見，先生春秋尚壯，意氣不減侯生，而文采過之今，而後

〔註20〕詳見〔明〕周履靖：〈夷門廣牘敍〉，收於氏編：《夷門廣讀》，頁5上～下。
〔註21〕詳見〔明〕周履靖：《閒雲稿》，卷二，收於氏編：《夷門廣牘》，頁1124上。
〔註22〕詳見〔明〕黃洪憲：〈夷門廣牘序〉，收於〔明〕周履靖編：《夷門廣牘》，頁8
　　　下。

猶能賈其餘力以通古今之學。〔註23〕

不僅稱許〔明〕周履靖有當年侯生的義氣狀懷，更直指其文采高妙，才能編
纂如此宏偉巨著，期許他能通學天下古今書籍，日後增輯益傳。

固然這些作序者彼此從不同經驗裡，表述著「夷門」之義，或言隱逸林
野、或言修身砥性、或言博才廣學，可能都僅是這部叢書的片斷體會，但無
論如何，綜觀他們對於這套叢書的解釋，仍多是附會於夷門侯生「隱逸」的
生命氣度。只是，這種隱逸著重在退隱林野、品嚐山水的藝術風流，而非「隱
而待機」的儒家性格。因此，我們不妨可以將「隱逸出塵之思」視為這套叢
書編纂的另一個動機；〔明〕周履靖依據自身的文化修養，試圖從「生活經
營」的角度，建構一套符合當代文人文化的隱逸模式、審美內涵，而落實於
書中的內容便是為隱居生活所安排的各種單元，包括有培養詩文技藝的「藝
苑牘」，尊養生命、服食修齡的「尊生牘」，廣識博聞、辨明禽名草號的「禽
獸牘」、「草木牘」，標列出塵絕俗、遁跡隱身之士的「招隱牘」……等等，彷
彿是一套提供山林隱居生活的佈設指導手冊，告訴讀者如創造一種隱逸理想
的美感境界與實踐步驟。

同時，這種編撰動機也是當時文人共同關懷的議題，相類似著作可謂紛
湧雲現，如〔明〕汪士賢編《山居雜志》專收農圃、花卉、鳥獸、食譜等相
關著作，〔明〕毛晉的《山居小玩》收錄了《瓶史》、《弈律》、《茗笈》、《品
藻》……等書，作為山居清閒時刻的玩賞小品，〔明〕屠本畯所編《山林經
濟籍》則收有達生、娛志、山經、農種、品泉、譜石……等類型的書籍。

然而，一方面，《夷門廣牘》的設計體系又更為龐雜、所關懷的面向也更
為多元有趣。因此，看似一套屬於相應當時社會氛氳烘染的文獻文本，其實
仍然存有著屬於編者個人的編輯旨趣。

第三節　成書過程

據前文可知，〔明〕周履靖的整體圖書編纂工程大約發軔於搜羅庋藏圖
書，而告成於萬曆二十五年的總整合，本節要處理的重點則是將《夷門廣牘》
的成書過程略分為三種進程，探究各歷程的詳細情況與相關問題。

〔註23〕詳見〔明〕何士抑：〈夷門廣牘序〉，收於〔明〕周履靖編：《夷門廣牘》，頁
　　　　12下。

　　必須說明的，察考《夷門廣牘》的研究資料時，筆者遍尋相關明人詩文集或筆記史料，仍未見有關該叢書的詳細記錄，即使是〔明〕周履靖自著詩文作品，也不見談論，因此，目前欲了解其成書過程的最直接、最詳實的記載資料，唯有書前的五篇序文，其中包括有〔明〕周履靖自作的敘文，以及〔明〕劉鳳（1519～1600）、〔明〕黃洪憲（1541～1600）、〔明〕張獻翼（1534～1601）、〔明〕何士抑（生卒年不詳）等人作〈序〉，敘文內容對於《夷門廣牘》刊刻過程與編定的相關問題都有較詳細的論述。至於敘文的寫作時間，除了〔明〕周履靖所作〈夷門廣牘序〉是與該套叢書一同付梓外〔註24〕，〔明〕黃洪憲與〔明〕何士抑則是在隔年（1598）為他作序〔註25〕，而〔明〕劉鳳與〔明〕張鳳翼雖未標明寫序時間，但大抵也是在《夷門廣牘》付梓後一兩年內所作。

　　下文便依叢書的編訂過程，以上述五篇序文作為基本文獻，並配合《夷門廣牘》的編制形式與相關資料作為佐證，劃分為「羅致眾書」、「個別彙整刊印」與「群書編整立目」三部份作說明，並兼論相關成書問題。

一、羅致眾書

　　叢書的編纂通常都須有豐富的藏書作為後盾，因此，《夷門廣牘》的完成，自然也是得力於〔明〕周履靖本身日常的「廣徵博採」、「性嗜異書」。關於他的藏書情況，在〈螺冠子自敘〉中有一簡單說明：

　　　　恣心柔翰，旁及書畫鼎彝諸譜，以至草木禽魚、天星地術、異域方
　　　　言，無不涉入，……遊諸賢豪，希請其所藏雅相印正，諸賢豪亦時
　　　　時出所藏餉余。於是，石室祕本，晉唐妙墨，日以益新，神觀憬然，
　　　　若有所契，益復頹然自放，不問生產。〔註26〕

另外，〔明〕黃洪憲的〈夷門廣牘敘〉裡也作了相同的描述：

　　　　（周履靖）少時嘗廢箸千金，業羅四方書讀之，顧羅務奇僻得斷縑
　　　　殘簡於塵土間。……四方好事者頗載書過之，君益自喜，愈奮搜奇

〔註24〕根據〔明〕周履靖所作〈夷門廣牘敘〉於文末標註「時萬曆丁酉歲孟夏既望」，顯見該〈序〉與《夷門廣牘》一併於萬曆二十五（丁酉）年刊刻付梓。
〔註25〕〔明〕黃洪憲所作〈夷門廣牘敘〉於文末標註「萬曆戊戌仲春望日碧山居士黃洪憲敘」；〔明〕何士抑所作〈夷門廣牘序〉於文末則標註「萬曆戊戌歲孟秋朔日書於秀州行舫中」。
〔註26〕詳見〔明〕周履靖：〈螺冠子自敘〉，收於氏編：《夷門廣牘》，頁944下。

索隱，百舍重繭不息。〔註27〕

換言之，書籍的來源主要有二，即：「平日收藏」與「友朋雅贈」；〔明〕周履靖本身就是一個庋藏頗豐的藏書家，可是，個性上素有索隱之癖，一般明人所崇尚的宋元善本未見他的強調，反倒對蒐獵珍本古籍大表興趣，舉凡草木禽魚、天星地術乃至異域方言等，無不涉入，尤其題材邊緣、內容希罕者更是愛不釋手，為求遍覽各地奇書異冊，不惜散盡千金購買珍藏，〔明〕張獻翼便形容：「散金罄橐，購緗盈素，覃精藝藻，鬱志儒林，糟粕城旦之書。」〔註28〕〔明〕李日華亦云：「性好讀書，嘗散貲購書，披帙滿架。」〔註29〕除此之外，「遊諸賢豪，悉請其所藏，雅相印正。」四方好事者或平日往來之博雅文士，亦時時贈獻所藏，甚至不煩千里郵致，日積月累下，「石室祕本，晉唐妙墨，日以益新」，各種碑帖妙墨或奇文異書藏有萬餘冊，不覺間，已擺滿書齋几閣〔註30〕。而〔明〕周履靖便鎮日恣心悠遊於翰墨書畫間，「日以益新，神觀憬然若有所契，益復頹然自放，不問生產。」或展玩法書碑帖，或吟詠詩文，心神冥契、迥然自適而不感疲憊。

藏書、購書既是〔明〕周履靖的嗜好，也是《夷門廣牘》完成的一個「前置動作」，彷彿一首歌曲的前奏，鳴響起這位山人纂輯群書的文化樂章。

二、個別彙整刊印

隨著館閣內藏書量逐步增累，書籍間的精良粗陋愈發益見，於是，〔明〕周履靖陸續開始進行彙整編訂，或刪節、或增潤、或輯校、或批選、或編次、或分類。以下，分從序跋、詩文撰寫的「時間」以及書籍的鉛印「形式」兩端說明其中彙整的跡象：

（一）時 間

首先，這套叢書除了書前有〔明〕周履靖、〔明〕劉鳳、〔明〕黃洪憲、〔明〕張憲翼與〔明〕何士抑的序文外，叢書內所收錄的部分書籍也都存有

〔註27〕 詳見〔明〕黃洪憲：〈夷門廣牘敘〉，收於〔明〕周履靖編：《夷門廣牘》，頁7下。

〔註28〕 詳見〔明〕張獻翼：〈夷門廣牘序〉，收於〔明〕周履靖編：《夷門廣牘》，頁9上。

〔註29〕 詳見〔明〕李日華：〈梅墟先生別錄〉，《梅墟別錄》，上卷，收於〔明〕周履靖編：《夷門廣牘》，頁917下。

〔註30〕 〔明〕劉鳳在〈螺冠子傳〉曾提到：「本募經史書畫萬餘卷。」收於〔明〕周履靖編：《夷門廣牘》，頁948上。

當時文士名公為〔明〕周履靖所題的序跋，根據筆者檢視，《夷門廣牘》所收書籍中存有當時人作序者，包括有：《文錄》、《籍紀》、《異域志》、《胎息經》、《赤鳳髓》、《茹草編》、《易牙遺意》、《馬戲圖譜》、《胏陣圖》、《禽經》、《梅墟別錄》、《五柳賡歌》、《群仙降乩語》、《閒雲稿》、《燎松吟》、《尋芳稿》、《千片雪》、《鴛湖唱和》、《山家語》、《泛泖吟》、《毛公壇唱和》、《香奩詩草》、《鶴月瑤笙》等二十餘部作品，另外，名士撰寫於〔明〕周履靖作品上的序跋題識，也都分別纂輯成《繪林題識》、《梅塢遺瓊》等。〔註31〕

這些序跋題識與《夷門廣牘》萬曆二十五年正式刊刻發行的時間點，相距長短不一，如《赤鳳髓》有〔明〕彭輅（生卒年不詳）於萬曆六年（1578）及〔明〕王文錄（生卒年不詳）於萬曆七年（1579）所作的序，《香奩詩草》有〔明〕茅坤（1512～1601）於萬曆二十三年（1595）所作的序，而《茹草編》除了〔明〕彭輅於萬曆九年（1582）所作的序之外，尚包括有〔明〕皇甫汸（1498～1584）萬曆九年（1582）、〔明〕侯一元（1511～1585）萬曆十一年（1584）、〔明〕仇雲鳳（生卒年不詳）萬曆十九年（1591）、〔明〕周紹濂（生卒年不詳）萬曆二十四年（1596）、〔明〕吳惟貞（生卒年不詳）以及〔明〕周履靖自己所作的跋語。據此推測，部分書籍很可能在《夷門廣牘》刊刻前就已經各自編整完成，並且敦請文壇勝流提筆厚愛一番。

其次，如果細究《夷門廣牘》所收〔明〕周履靖的詩文作品則會發現，其中有很多作品也都有修訂增改的跡象，如《閒雲稿》一書存有萬曆七年（1579）前進上邢部尚書郎〔明〕彭輅所作的〈閒雲稿序〉〔註32〕，並在《閒雲稿》卷三中有〈沖溪彭師夜過〉一詩，描述兩人在清樽月影下，伴隨著旖旎琴音共話詩文。但在《閒雲稿》卷四末篇，卻出現一首題為〈哭彭師沖溪〉的詩：

> 大招一別動長悲，路隔重泉不易期。千古文章垂世譽，百年道誼屬吾私。尊前乍冷青蓮社，篋裡空遺白雪辭。從此微言傷已絕，殘雪落日愴深思。〔註33〕

〔註31〕 其中，有幾部書籍如《嘯旨》、《格古要論》、《投壺儀制》、《許負相法》等，雖然也是當時明人作序，但卻不是應周履靖之邀而作，作序立場既非來自於〔明〕周履靖，因此，很有可能在〔明〕周履靖編《夷門廣牘》前就已經有其他人出版發行，故不在上述之列。

〔註32〕 詳見〔明〕彭輅：〈閒雲稿序〉，收於〔明〕周履靖編：《夷門廣牘》，頁 1098上～1100下。

〔註33〕 詳見〔明〕周履靖：〈哭彭師沖溪〉，《閒雲稿》，卷四，收於氏編：《夷門廣牘》，

「長悲」、「傷絕」、「愴思」，〔明〕周履靖藉由詩歌表達了對〔明〕彭輅去世的無比悵然，而該詩顯然是後增者，如此看來，恐怕在〔明〕彭沖溪爲《閒雲稿》作序時，尚非目前所見規模，可能〔明〕周履靖後來又陸陸續續有了新作品，包括上引哀悼〔明〕彭輅一詩而不斷填充補入，終成目前所見《閒雲稿》四卷；另外，《梅塢貽瓊》卷首雖有〔明〕張之象在萬曆九年（1581）所作的序，但書中不乏九年以後的文章，顯然《梅塢貽瓊》在萬曆九年後，應當也有陸續補入；有些篇章甚至還曾重複出現，如〈五柳先生贊〉與〈梅顚道人傳〉除了收錄於《閒雲稿》外，同時也見於《五柳賡歌》中，另外，在《梅壚別錄》所收諸名士贊語，也能在《梅塢遺瓊》中找到，這些文章應是〔明〕周履靖個別編整詩文序跋時，重複收錄所致。

另外，除了透過序跋題識、詩文收錄的時間觀察之外，有些書籍的序文內容更直接道出梓印之事，如〔明〕李日華〈群仙降乩語後序〉：

> 余偕玄玄生晞髮林下，方浴鶴於白苧之溪，乃壚中，先生走三尺黃頭，馳一帙示余，欲梓，向所謂群仙附乩語也。……余遂拈華書以附聞於壚中先生，不知先生以爲何如？〔註34〕

這篇後序乃是李日華在聽聞〔明〕周履靖欲將《群仙降乩語》付梓刻印後，遂拈筆略書曾與叔父清坐晏話、嬉弄筆墨之事，文末標注該序是在萬曆八年（1580）所作。顯然，在《夷門廣牘》編輯完成之前，該書應該已經刊印過了；《士大夫食時五觀》收有兩則〔明〕周履靖所作的跋語，第一則是在萬曆十六年三月（1588）所題，自嘲向來只知弄筆調墨，不懂犁鋤菽荼、飲食之法，唯黃山谷所作《士大夫食時五觀》「尤親切有味者也，不厭重複揭之。」〔註35〕第二則是萬曆十八年（1590）所題，文末說明了編輯該書的因由：

> 偶出此卷，金君（案：金弘叔）喜躍有會於心，即命點筆爲圖其端，因勸壽梓以廣規諷，余自惟楷法拙陋，唯唯否否，念金君意不可孤，……遂勉從其請。〔註36〕

跋語中直接表明梓印的動機與過程，雖然不清楚兩年前他所說的「重複揭之」

〔註34〕 詳見〔明〕李日華：〈群仙降乩語後序〉，收於〔明〕周履靖編：《夷門廣牘》，頁1097。
〔註35〕 詳見〔宋〕黃庭堅：《士大夫食時五觀》，收於〔明〕周履靖編：《夷門廣牘》，頁594下。
〔註36〕 詳見〔宋〕黃庭堅：《士大夫食時五觀》，收於〔明〕周履靖編：《夷門廣牘》，頁594下。

頁1151下。

是否表示刊印該書，但第二則跋語卻說爲了「壽梓以廣規諷」而「勉從其請」，顯然《士大夫食時五觀》一書應曾個別刊行過；另外，〔明〕胡震亨〈禽經序〉也存有相似記錄：

> 檇李逸之周君，隱名壺市，娛志第府，雖乏班嗣之賜書，頗藏王筠之錄本。一日，出師曠《禽經》併張華舊注，屬余序而鉛之。〔註37〕

該文說明了〔明〕周履靖在鉛印《禽經》之前，尚請〔明〕胡震亨作序並準備「鉛之」，換言之，《禽經》在《夷門廣牘》正式刊刻前便曾付梓印行了。

（二）形　式

《夷門廣牘》內的各卷小書，卷首除了鉛印書名外，還會標注編著者、校正者以及梓印書肆（如附圖一）。詳細比對各卷的標注內容與方式，筆者發現有幾處也是值得考慮。

首先是名號、書肆的鉛印方式顯得蕪雜不一，以「周履靖」爲例，叢書內就有「嘉禾周履靖」、「明嘉禾周履靖」、「檇李後學周履靖」、「嘉禾周履靖逸之」、「嘉禾梅墟山人周履靖」、「明嘉禾梅癲道人周履靖」……等不同標注法，而刻印的荊山書林也有「金陵書林梓」、「明荊山書林」、「荊山書林梓印」、「金陵荊山書林梓」、「金陵荊山書林梓行」，甚至如《廣易千文》、《溪蠻叢笑》、《天隱子》……等卷，則不列刊印書肆。固然說這可能也與行款排版的整齊化要求有關〔註38〕，但某些作品的標註方式也著實令人費解，如《禽經》的標註如下所示：

周　師　曠　著
晉　張　華　註
　　周履靖
皇明　　　同校
　　吳顯科
金　陵　梓　行

〔註37〕詳見〔明〕胡震亨：〈禽經序〉，收於〔明〕周履靖編：《夷門廣牘》，頁 765 下。

〔註38〕以《墨經》、《水品全秩》的標註方式爲例：

《墨經》晁　氏　著　　　　　《水品全秩》九靈山長徐獻忠著
　　周履靖校正　　　　　　　　　　梅顚道人周履靖校
　　金陵書林梓　　　　　　　　　　金陵荊山書林梓行

編校者忽言「周履靖」，忽言「梅顚道人周履靖」；梓印書局忽言「金陵書林」，忽言「金陵荊山書林」；這些恐怕都與形式上的整齊化有關係。

刊印書局簡化爲「金陵梓行」，這顯然是遷就了整體排版形式的整齊，即使是同一本書籍，不同卷次也常出現迥異的鉛印內容，例如《五柳賡歌》全書共有四卷，各卷鉛印的內容仍有微幅差異，如下：〔註 39〕

（第一卷）　　　　　　　　（第二卷）
五柳賡歌卷之一　　　　　　五柳賡歌卷之二
晉靖節徵士陶潛譔　　　　　晉靖節徵士陶潛撰
明嘉禾周履靖和韻　　　　　明嘉禾周履靖和韻
金陵荊山書林梓行

（第三卷）　　　　　　　　（第四卷）
五柳賡歌卷之三　　　　　　五柳賡歌卷之四
晉靖節徵士陶潛撰　　　　　晉靖節徵士陶潛撰
明嘉禾周履靖和韻　　　　　明嘉禾周履靖和韻
　　　　　　　　　　　　　金陵荊山書林梓行

其中僅卷一與卷四鉛印書肆名稱，二、三兩卷則無，此外，作者部份，除了卷一刻作「晉靖節徵士陶潛譔」，其餘三卷皆作「晉靖節徵士陶潛撰」。同一部作品的標載方式如此不一，可能它的完成是一種累進式，亦即和韻者最初並不設限唱和數量，唯在賡和的過程中，凡累積至一定數量便編整爲卷，因此，四卷的完成皆不同時，而每次集結成卷，編者又未能顧及前後標示的統一性，才會造成同一部作品卻有迥異的標識。

據此而言，如果叢書內的書籍皆在萬曆二十五年整理刊印，書籍形式上應該會有某些一致性，例如〔明〕周履靖名稱應當從「周履靖」、「周逸之」、「周梅墟」中擇一固定使用，或統一書肆名稱是否刊印，可是，經筆者檢視《夷門廣牘》每一卷書籍前編著者、校正者以及梓印書肆的鉛印方式，卻顯得繁雜不一，甚至同樣一本書籍竟然出現不同的鉛印方式，除了可能因爲書籍的刊刻校正不精所致之外，比較合理的解釋是，這些書籍早在《夷門廣牘》編輯完成前，部分作品已經陸續排校刻印了。

綜合上述「時間」和「形式」的分析說明，我們都能清楚見到《夷門廣牘》內諸書更動改易之跡，且有部分作品在叢書正式纂輯完成前，其實已經先行整理付梓，但究竟有哪些書籍曾刊行過？它們是大量印刷行銷抑或只是

〔註 39〕四卷鉛印的內容分別見於〔明〕周履靖編：《夷門廣牘》，頁 1020 上、1035 下、1046 下、1065 下。

刻印後聊贈文友？由於相關資料難徵，今已無從統計，不過，可以確信的是，《夷門廣牘》內諸作品的收錄絕非成於一時。

只是這些陸續校訂的作品，究竟是〔明〕周履靖隨意整理的結果，亦或是一種有計畫地選編呢？〔明〕袁福徵在萬曆二十二年（1594），爲〔明〕周履靖所編《籟紀》作後序時，曾提到一段話，頗值得注意：

> 周君逸之頃來，先乘殘佚之文，俎爲廣牘醍醐之品。因出斯紀，喜
> 而筆書。……今見殊珍，乃贊逸之摭拾於俎。〔註40〕

《夷門廣牘》編訂完成的前三年，〔明〕袁福徵藉此序文指出，〔明〕周履靖正持續搜羅各種殘佚珍貴的書文小冊，其中「俎爲廣牘醍醐之品」一句，意味了這些書籍不僅搜羅，還凝聚成數餘種牘目；這裡不但釋出了某種即將成形的書訊，也可知道這種整編意識其實早已在〔明〕周履靖心中滋生抽芽，並逐步地規劃實踐，那麼，叢書編纂的藍圖應該始終盤縈在他心中，編次刊刻只是時間先後的問題，而那些先行刊印的書籍，則可以視爲〔明〕周履靖圖書事業的一個階段性集結。

三、群書編整立目

整體圖書工程持續有計畫性地進行，叢書規模也逐漸成熟，雖然〔明〕袁福徵在〈籟紀後序〉曾表示，〔明〕周履靖早已開始設立牘目、歸納群書，可是，最完整的一次仍要屬萬曆二十五年的總編整；那年，〔明〕周履靖陸續將先前分別編輯刻印的書籍，以及書室中收藏的奇文小書，又作了一次汰劣存優、擷菁取華，例如《異域志》就是該年所輯校訂稿，而當書籍的增刪選取臻於完備後，他開始依其性質分類歸納，劃爲十餘種牘目，並且一一說明各牘收書旨趣，於同年編訂發行，而這次的編整也將整部叢書的規模作了大致的確定，此後部分作品容或稍有異動，也僅是個別牘目內作品的增刪潤飾，並不作體制上的大規模移易〔註41〕。以下，將就筆者所知牘目情況

〔註40〕 詳見〔明〕袁福徵：〈籟紀後序〉，收於〔明〕周履靖編：《夷門廣牘》，頁102上～下。

〔註41〕 例如《茹草編》卷末，包括有〔明〕皇甫汸、〔明〕侯一元、〔明〕仇雲鳳、〔明〕周紹濂、〔明〕吳惟貞以及〔明〕周履靖的題識，其中，〔明〕周履靖的題識時間是在萬曆二十五年，該頁末行並鑴上「茹草編四卷終」，可是，次頁卻又另有一則跋語，並未標明題寫時間，不知是否爲叢書刊定後，又另外補入。詳見〔明〕周履靖編：《茹草編》，收於氏編：《夷門廣牘》，頁533上～535上。

作說明。

　　現今關於《夷門廣牘》牘目類項的記載，筆者所見有三處，分別爲：〔明〕周履靖、〔明〕張獻翼所作〈夷門廣牘序〉以及《四庫全書總目提要》。茲先將三文所表述之牘目列表如下：

表一：三種《夷門廣牘》牘目名稱比較表

出處		牘目名稱											
一	周履靖〈夷門廣牘序〉	藝苑	博雅	尊生	書法	畫藪	食品	娛志	雜占	禽獸草木		招隱	／	
二	張獻翼〈夷門廣牘序〉	藝苑	博雅	尊生	／		食品	／	雜占	花鳥		招隱	／	
三	《四庫全書總目提要》	藝苑	博雅	（尊生）	（書法）	（畫藪）	食品	娛志	雜占	禽獸	草木	招隱	閒適	觴詠

備註：（1）目前筆者所得知的幾種《夷門廣牘》善本，大抵服膺《四庫全書總目提要》所著錄的牘目，故不另列。
　　　（2）三文依照寫作時間早晚順序，分別標示爲出處一、二、三。
　　　（3）《四庫全書總目提要》所列「尊生」、「書法」、「畫藪」三牘，四庫館臣當時並未得見，僅據〔明〕周履靖〈夷門廣牘序〉知道尚有此三牘，故筆者以（　）表示。

　　根據〔明〕周履靖的序文來看，當時《夷門廣牘》共規劃了十種牘目，分別爲：「藝苑」、「博雅」、「尊生」、「書法」、「畫藪」、「食品」、「娛志」、「雜占」、「禽獸草木」、「招隱」〔註42〕。此後，〔明〕周履靖敦請〔明〕張獻翼爲《夷門廣牘》作序，文中也談到了叢書的牘目，云：

　　　　有書瑤癖如檇李周逸之……眎予《夷門廣牘》一書，首曰「藝苑」，
　　　　次之以「博雅」；曰「尊生」，次之以「食品」；曰「雜占」，次之以
　　　　「花鳥」；而以「招隱」終焉。〔註43〕

就〔明〕張獻翼的序文來看，這套叢書似乎僅分作「藝苑」、「博雅」、「尊生」、「食品」、「雜占」、「花鳥」、「招隱」等七牘，這與〔明〕周履靖〈夷門廣牘序〉所分十牘，有不小的差異；另外，《四庫全書總目提要》在評議《夷門廣牘》時，也曾就其所知的牘目作了說明：

　　　　書凡八十六種，分門有十，曰藝苑、曰博雅、曰食品、曰娛志、曰

―――――――――――

〔註42〕詳見〔明〕周履靖：〈夷門廣牘敍〉，收於氏編：《夷門廣牘》，頁2上～4下。
〔註43〕詳見〔明〕張獻翼：〈夷門廣牘序〉，收於〔明〕周履靖編：《夷門廣牘》，頁9上。

雜占、曰禽獸、曰草木、曰招隱、曰閒適、曰觴詠；觀其自序，藝
苑、博雅之下有尊生、書法、畫藪三牘，而皆未刊入。〔註44〕

四庫館臣遍尋各地所藏《夷門廣牘》後，僅獲得八十六種書籍，分作「藝苑」、
「博雅」、「食品」、「娛志」、「雜占」、「禽獸」、「草木」、「招隱」、「閒適」、「觴
詠」等十牘，但館臣根據〔明〕周履靖所作〈夷門廣牘序〉得知，尚有「尊
生」、「書法」及「畫藪」三牘的內容未能搜得，因此，這套叢書流傳至清代
中期，至少已經分作十三種牘目了。同時，就目前筆者所知各種版本的《夷
門廣牘》善本，除了沒有列出牘目，或因為所收書籍遺佚過多，未能呈現完
整牘目外，在幾個收書較全的版本，如國家圖書館藏、美國國會圖書館藏、
上海涵芬樓藏或《奕慶藏書樓書目》等，大致都符合《四庫全書總目提要》
所列的十三牘，是目前所見較普遍的類目。顯然，十三牘應該是這套叢書的
主要流通形式。

　　從〔明〕周履靖〈夷門廣牘序〉到《四庫全書總目提要》，《夷門廣牘》
的牘目變化不可謂不大，〔明〕張獻翼所言的「花鳥」牘是否即是〔明〕周
履靖當初規劃的「禽獸草木」牘？〔明〕張獻翼沒有提到「書法」、「畫藪」、
「娛志」三牘，是完全剔除抑或併入其他牘目中？自古以來，書籍綱目的分
類過程由簡趨繁、由略轉詳是較普遍為人所接受的原則，若叢書牘目的發展
確實如（表一）所呈現，由出處一至出處二再到出處三，這種立目過程也未
免顯得迂迴，例如當初〔明〕周履靖所立的「書法」、「畫藪」兩牘，在〔明〕
張獻翼序文中一度未被記載，在《四庫全書總目提要》以及今天所見幾種重
要《夷門廣牘》善本中，卻又出現，這樣的牘目發展架構是十分可疑的。故
筆者推測，〔明〕張獻翼當時可能僅是略述叢書架構，而非詳說全書牘目。

　　只是，該叢書如何從十種牘目變成今天普遍所見的十三種牘目呢？根據
〔明〕周履靖〈夷門廣牘敘〉的規劃來看，十牘之後，「終以別傳，竊比自序，
少見所志焉耳。」〔註45〕「別傳」指的大抵就是《梅墟別錄》，可是，較之於
今天所見各種萬曆年間刊印的《夷門廣牘》善本，它們往往在別傳之後還立
有「閒適」與「觴咏」兩牘，收納了周履靖作品十餘部，且隔年〔明〕黃洪
憲所作〈夷門廣牘敘〉也提到：

〔註44〕詳見〔清〕永瑢、紀昀等撰：《四庫全書總目提要》，第三冊，子部，雜家類
　　　　存目十一，頁836上。
〔註45〕詳見〔明〕周履靖：〈夷門廣牘敘〉，收於氏編：《夷門廣牘》，頁4下。

索所藏書擷菁取華，都爲一百餘卷□，并裒平生嘆詠暨諸名家投贈
之作，題曰：「夷門廣牘」。〔註46〕

序文中所言的「嘆詠」與「閒適」、「觴咏」二牘的內容大致符合，多爲平生
唱詠賡和之作，可見從萬曆二十五年刊定到〔明〕黃洪憲作序這段期間，《夷
門廣牘》至少有過一次體制規模的擴編，包括將原先的「禽獸草木牘」分作
「禽獸牘」與「草木牘」，並另外增輯「閒適」、「觴咏」二牘。

不過，啓人疑竇的是，今天所見《夷門廣牘》，書前的自序乃萬曆二十五
年夏天所作，如果〔明〕周履靖曾經擴編重整過《夷門廣牘》，何以書前的序
仍然沿用舊文，而不再另撰？

總此而言，牘目問題始終是這部叢書編定過程最大的謎團，有些版本的
牘目名稱雖然相同，實際的收書卻未必一樣，這其中的關鍵就在於各牘目到
底包含了哪些書籍？然而，筆者仔細披尋《夷門廣牘》全書仍未可知，所以
很難據以了解牘目與書籍的對應關係，例如〔明〕周履靖〈夷門廣牘序〉中
的「禽獸草木牘」，與後來《四庫全書總目提要》所列的「禽獸牘」與「草木
牘」收書是否完全相同？《夷門廣牘》首次刻印時，所纂輯的「藝苑」、「博
雅」、「食品」、「雜占」、「招隱」五牘，與四庫館臣或現今所見諸版《夷門廣
牘》善本所收書籍是否完全相同？以及〔明〕張獻翼所云七牘，眞相究竟如
何？這些疑難問題，在目前有限的資料中仍舊難以辨明。

四、其他相關問題

此外，在整個成書過程中，尚有兩個有趣的現象值得注意：

（一）刻書地

《夷門廣牘》所收的各種書籍前，總會註明書籍作者、編校者以及梓印
書局，作者部分各書不一，梓印書局一概標作「金陵荊山書林梓（行）」的字
樣，但經由傳記資料曉得〔明〕周履靖乃嘉興檇李人，這不免引起我們好
奇：他大可就近選擇杭州刊刻發行，尤其，杭州過去曾是南宋首都，也是出
版文化的重鎮，雖然經過元明兩次的大量遷書，但其出版地位依然雄厚，如
〔明〕陳繼儒《寶顏堂秘笈》、〔明〕胡震亨《秘冊匯函》、〔明〕胡文煥《格
致叢書》等都是在杭州嘉興一帶所刻，究竟〔明〕周履靖基於什麼因素而選

―――――――――――――――――――――

〔註46〕詳見〔明〕黃洪憲：〈夷門廣牘敍〉，收於〔明〕周履靖編：《夷門廣牘》，頁8
上。

擇南京呢？

這除了證明〔明〕周履靖可能曾遊歷於南京一帶外，或許也可以從當時出版地區的比較來說明；根據張秀民《中國印刷史》所統計，明代書坊可考者閩地上百家、南京九十三家、北京十三家、杭州二十四家、蘇州三十七家等〔註47〕，福建北部的建陽一帶刻書，無論數量或流通量都堪稱晚明最為興盛者，對於中國文化的保存、傳播具有一定的貢獻，但其刻書往往為了顧及省時、省力、省錢的考量，造成用紙粗窳、版刻不佳，對其印刷技術普遍評價低劣，雖然金陵的書坊並非最多，但因為它是明代的留都〔註48〕，許多重要典籍文獻都被集中保存於此，因此他的書坊刻書相當發達，如萬寶門北邊的三山街更是書坊櫛比鱗次，與附近的秦淮河畔皆是許多文人士子必遊之地。

另外，金陵比起其他刻書地區還多了一項優勢：它居於當時重要刻書地區的輻輳地，東面有蘇常，西面有徽州，北面有揚州，南面有杭州等，書籍的流通動線與流通速度比起其他地區來得更為方便、密集，據學者研究指出，明代金陵荊山書林僅出版《夷門廣牘》這套叢書以及《祇洹館叢刻十種》十二卷〔註49〕，其中，恐怕《夷門廣牘》是該書肆最主要的刊印物，因此，若從商業角度看待，〔明〕周履靖選擇金陵作為刻書地點，應該不難理解。

（二）編輯群

按理，編校者應該就是〔明〕周履靖，但是從目前所察見諸版本書目的標示，實際參與編輯活動者卻又未必盡然；對此，筆者茲以北京書目文獻出版社據上海涵芬樓典藏「〔明〕萬曆刻本」一百四十八卷一百零四種書籍為底本，一一將《夷門廣牘》內各牘作品非〔明〕周履靖獨立校訂者詳作整理，結果如下：

〔註47〕詳見張秀民：《中國印刷史》（上海：上海人民出版社，1989年），頁340～402。這樣的數據後來也陸續有學者補充，除了南京因後來更廣泛考定而使其書坊數量頗有追上閩地之勢外，其他基本上比例大致符合張秀民所統計。關於明代各地區出版情況，可以參閱繆咏禾：《明代出版史稿》，頁71～110。

〔註48〕明初曾建都金陵，後來在永樂十九年（1421）才遷都北京，時間長達五十三年之久，在這半世紀中，由於大量搜羅宋元以來的重要古代文獻，為金陵的刻書、出版文化事業立下堅實的基礎。

〔註49〕詳見杜信孚、杜同書合編：《全明分省分縣刻書考》（揚州：線裝書局，2001年），卷二，「江蘇省書林」，頁14上；另外，也可以參閱陳昭珍：《明代書坊之研究》（國立台灣大學圖書資訊研究所碩士論文，1985年）。

表二:《夷門廣牘》各牘作品非周履靖獨立校訂者

校訂者	書　　籍	校訂者	書　　籍
吳顯科	《文章緣起》、《馬戲圖譜》、《禽經》	劉　鳳	《騷壇秘語》、《逸民傳》、《燎松吟》、《山家語》、《毛公壇唱和詩》
張懋賢	《詩源撮要》	姚士粦	《籟紀》
賀萬祚	《嘯旨》、《群物奇制》、《獸經》	陳繼儒	《書法通釋》、《異域志》、《千片雪》、《山家清供》、《宋元明酒詞》
吳惟眞	《赤鳳髓》	文　嘉	《天行道貌》
項元汴	《九畹遺容》、《春谷嚶翔》	汪顯節	《繪林題識》
周紹濂	《茹草編》	吳學周	《綠綺新聲》
項世芳	《玉局鈎玄》	汪　禔	《投壺儀節》
王蘭芳	《馬戲圖譜》	王愼卿	《詩牌譜》
鄭　琰	《梅墟先生別錄》	汪子建	《梅塢貽瓊》
茅　坤	《山家語》、《香奩詩草》	姚宏誼	《鶴月瑤笙》

誠如表二所顯示的,整套《夷門廣牘》的編纂,除了〔明〕周履靖是編纂主力之外,其他尚包括有〔明〕陳繼儒、〔明〕吳顯科(生卒年不詳)、〔明〕劉鳳、〔明〕賀萬祚(生卒年不詳)、〔明〕姚士粦(生卒年不詳)、〔明〕文嘉(1501～1583)、〔明〕汪子建(生卒年不詳)、〔明〕汪禔(生卒年不詳)、〔明〕姚宏誼(生卒年不詳)……等人一同編校,其中又以〔明〕劉鳳與〔明〕陳繼儒出力最多,各有五部書籍的校訂成果。由這種現象推測,在〔明〕周履靖編纂書籍的背後,可能附帶有一群小型的編輯團隊,除了〔明〕茅坤、〔明〕陳繼儒、〔明〕文嘉……等幾位蜚聲文壇的名士之外,絕大部分多屬沒沒無聞的布衣文士,他們在〔明〕周履靖針對叢書的總體規劃之下,從事校對輯刻的工作。這種情形在《列朝詩集小傳》中,對於〔明〕陳繼儒就曾有過類似描述:

> 海內以爲董公所推也,咸歸仲醇。而仲醇又能延招吳越間窮儒老宿隱約飢寒者,使之尋章摘句,卒分部居,刺取其瑣言僻事,薈蕞成書,流傳遠爾。〔註50〕

〔註50〕詳見〔清〕錢謙益:《列朝詩集小傳》(台北:世界書局,1985年),第二十三冊,丁集下,頁637。下引此書皆同此一版本,不另出詳註。

〔明〕陳繼儒本身就是一個享譽晚明文壇的布衣山人，憑藉自己聲譽延攬宿儒摘句編書，一方面提供這些貧寒文士一條生活出路，另一方面，這種「獎掖文士」的作風，也使得眉公聲名能夠迅速傾動寰宇。那麼，〔明〕周履靖《夷門廣牘》的編輯現象或許也可以依循這種模式理解。此外，〔明〕陳繼儒、〔明〕劉鳳、〔明〕文嘉等這些知名文士一同從事《夷門廣牘》的編輯，大抵可以視作當時山人「相互標榜」〔註51〕的流風所致。

第四節　結　語

　　本章主要是觀察《夷門廣牘》編成的動機與歷程，分為「編纂動機」與「成書過程」兩部分，探討這部叢書由初始構想到完整集結的相關問題，這也是進入後文相關討論前，必須釐清的基礎脈絡。以下，分點臚列討論結果：

一、編纂動機

　　根據《夷門廣牘》書前五篇序文以及相關文獻，發現到〔明〕周履靖編纂叢書的發始動機大抵有三：首先是「古籍湮沒之虞」，在購書、藏書的過程中，他理解到任何奇書異冊如果只是一味自珍自寶、藏匿不傳，終將走向亡佚之途，唯有開放共享、刊印發行，才能降低書籍的散佚；其次則是「立言以求不朽」，叢書的纂輯不僅是在存佚，〔明〕周履靖更進一步地希望藉由這套叢書的刊行，將現實世界的主體「我」遞轉至文本世界的主體「我」。是故，《夷門廣牘》的編輯並非是一味地「雜」纂叢「湊」，反而是有步驟〔註52〕、有方法〔註53〕、有意識的循序完成，叢書內，整體架構的設計、內容取向的安排……等等，無不是體現了〔明〕周履靖的編輯概念、思想、生命，透過文字鋪陳具體的文化經驗，由此而言，《夷門廣牘》不必然僅視之為

〔註51〕《四庫》館臣對於〔明〕趙宦光《牒草》評道：「有明中葉以後，山人墨客，標榜成風。」詳見〔清〕永瑢、紀昀等撰：《四庫全書總目提要》，第四冊，卷一八〇，集部，別集類存目七，頁824上。

〔註52〕可以參閱本章「成書過程」一節。

〔註53〕〔明〕周履靖曾在〈夷門廣牘敘〉裡說道：「爰手次尋繹，除諸野史叢譚、語涉譏毀，則寧捨旃，以遵闕遺之志。其餘擷菁茹華，都爲一百餘卷。」表明叢書內作品的收錄，仍有一定原則、標準，而非隨意採納。詳見氏編：《夷門廣牘》，頁1下。

叢輯之書，亦可謂是〔明〕周履靖在現實世界中「自我主體性」的一種映現，伴隨書籍穿越時空限制，流動在每位讀者心中，以此獲致不朽的保障；再次，則是「隱逸的氣氛」，隨著政局的詭譎變化、社會環境的浮動不安，明代中後期的士林文人不再積極追求科舉仕進以達宦位，如〔明〕劉仕義便曾說道：

> 夫政務之擾，孰與琴書之娛？冠裳之居，孰與野服之適？午門待漏寒威逼，孰與睡覺東窗日已紅？若急流中勇退者，誠達矣哉！
> 〔註54〕

他們紛紛朝向山水園林的藝術化生活靠攏，掀起一波隱逸的熱潮，或登山臨水、探訪名勝，或闢園林、疊奇石、植花竹，將生活妝點成富涵幽韻逸趣的審美情境，隨之而起的，便是一系列風雅生活的設計指南，諸如《長物志》、《枕中秘》、《閒情偶寄》……等等，而《夷門廣牘》的編就，大抵也是立基於這種文化氛圍，配合自身的文化修養，從生活經營的角度建構起一套符合當代文人文化的隱逸模式、審美內涵。

二、成書過程

當我們檢視〔明〕周履靖一生的活動訊息時，發現皆與圖書相始終，無論是恣心柔翰、摩挲碑帖書畫、訪求異書，或刪選書籍、編次校正、付梓印行，圖書活動幾乎貫穿了他的生命版圖，是其生命意識中不可或缺的成分，因此，筆者以為：《夷門廣牘》的完成，或可代表這一系列圖書擘劃工程總成果的展現，並將此過程分為「羅致眾書」、「個別彙整刊印」與「群書編整立目」三個進程作說明，其中，「羅致眾書」屬於準備階段，是叢書內容得以豐厚、精采的最有力後盾，「個別彙整刊印」屬於整理階段，當圖書累積至一定程度後，〔明〕周履靖與相關編校者陸續針對部分作品進行整理編次並刊行，是叢書完成前的一個階段性集結，而「群書編整立目」則是最後總統整階段，時間在萬曆二十五年，隨著整體圖書工程持續有計畫性地進行，叢書規模也逐漸成熟，〔明〕周履靖於該年進行最後一度的整合汰選，依照作品內容與性質分類歸納，並於同年編定發行。

茲將此三種成書進程發生時間，圖繪如下：

〔註54〕詳見〔明〕劉仕義：《新知錄摘鈔》，收於嚴一萍選輯：《百部叢書集成》（台北：藝文印書館，1966年）之十六，《紀錄彙編》，「山林逸樂」條，頁4右。

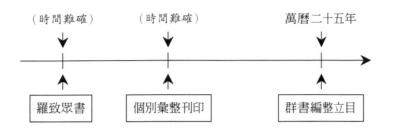

橫線軸表時間，交叉處表各進程發生的時間點，其中，除了第三階段確定為萬曆二十五年完成外，其餘兩階段的活動開始時間無法確知，只能以相對發生時間點表示。因此，這三個進程的劃分與說明，主要是依其發生時間先後而定，然在實際活動過程中，卻是互有重疊，並非截然分別，換言之，當〔明〕周履靖開始進行個別作品的彙整刊印時，搜訪圖書的活動仍舊持續進行著，或者當他著手編整立目時，其他未收錄的作品恐怕也都在陸續編整中。

只是，萬曆二十五年是否即其圖書工程的尾聲？該年刊印之《夷門廣牘》是否即今所見的內容呢？這些問題，〔明〕周履靖並沒有告訴我們答案，可是，若從「廣牘」的邏輯推想，要能成就其廣，搜書、編校、刊印將永遠都是持續的圖書工程，正如〔明〕何士抑所言：

　　將瑰異日新，必且增所輯而益傳之，以備所未備。〔註55〕
〔明〕周履靖是以實際的工夫驗證《夷門廣牘》的意義。

〔註55〕詳見〔明〕萬曆刻本何士抑：〈夷門廣牘序〉，收於〔明〕萬曆刻本周履靖編：
　　《夷門廣牘》，頁 12 下～13 上。

第二章 《夷門廣牘》版本收錄與分類架構

第一節 前　言

　　任何學術問題所必須依憑的研究基礎即文獻資料，如果無法完整掌握，終將陷於以偏概全之境。以叢書的研究而言，宋代以後，學者需求日殷，貴在它具有參考便利、分類完備、文獻保存、化散爲整之功，因此，對於叢書的版本與內容，尤需清楚辨明，加上它的完成主要是「以數人之書合爲一編」，收有哪些書？如何隸類？去取擇棄的標準爲何？這些問題都必須依恃文獻爬梳整理的工夫始成。

　　據前章的討論，我們已經初步得知《夷門廣牘》約可分爲十三種牘目，並收有百餘種書籍，接著，本章將論述的焦點，鎖定在叢書的「文獻版本」部分，考析《夷門廣牘》的版本收錄與分類，其中核心討論凡三節，分別爲「版本」、「版式、行款及其收書情況」與「分類架構」。

　　討論步驟如下：先由筆者所察知各處《夷門廣牘》典藏收錄情況考察，分爲歷代藏書書目、台灣各大重要圖書館藏、中國大陸與香港各大重要圖書館藏、海外各大重要圖書館藏以及《四庫全書總目》五部份，藉此概覽叢書刊行後，各處善本典藏情況，其次，則進一步透過各處典藏書目所知諸版本內容，相互比較其版式、行款、種類、卷數、書名，以此歸納了解彼此間的收書情況，最後，再以〔明〕周履靖〈夷門廣牘敍〉裡各牘旨趣爲骨架，配合各牘作品內容說明，以見全書經理脈絡。

第二節　版　本

　　目前筆者根據《四庫全書總目提要》、歷代藏書目錄，以及海內外各大重要圖書館藏善本書目查見所知的《夷門廣牘》善本，大約有下面數筆：〔註1〕

　　◎《奕慶藏書樓書目》〔註2〕

　　◎《西諦書目》藏〔明〕萬曆二十五年刊本（第一種）〔註3〕

　　◎《西諦書目》藏〔明〕萬曆二十五年刊本（第二種）〔註4〕

　　◎上海涵芬樓藏書〔註5〕

　　◎國家圖書館藏〔明〕萬曆刊本〔註6〕

　　◎國家圖書館藏〔明〕萬曆刊配補影鈔本〔註7〕

　　◎中國科學院圖書館藏〔明〕萬曆二十五年金陵荊山書林刻本（第一種）〔註8〕

　　◎中國科學院圖書館藏〔明〕萬曆二十五年金陵荊山書林刻本（第二種）〔註9〕

　　◎南京圖書館藏〔明〕萬曆刊本〔註10〕

　　◎北京圖書館藏〔明〕萬曆刻本（第一種）〔註11〕

〔註1〕　關於各版本的詳細資料及編號，可以參閱〈附錄一：各版本《夷門廣牘》收藏著錄〉。

〔註2〕　本文所引書目，詳見嚴靈峰編：《書目類編》（台北：成文出版社，1978年），第三十一冊，子部稗乘家之二：說叢類，頁13881～13883。下引此套書目皆同此一版本，不另出詳註。

〔註3〕　詳見嚴靈峰編：《書目類編》，第四十三冊，子部叢書類，頁19165～19167。

〔註4〕　詳見嚴靈峰編：《書目類編》，第四十三冊，子部叢書類，頁19167。

〔註5〕　詳見〔明〕周履靖編：《夷門廣牘》（北京：書目文獻出版社，1990年）。下引此書皆同此一版本，不另出詳註。

〔註6〕　詳見國立中央圖書館編印：《國立中央圖書館善本書目》（台北：中央圖書館，1986年），叢書部彙編類，頁1657～1664。

〔註7〕　詳見國立中央圖書館編印：《國立中央圖書館善本書目》（台北：中央圖書館，1986年），叢書部彙編類，頁1664～1671。

〔註8〕　詳見中國科學院圖書館編：《中國科學院圖書館藏中文古籍善本書目》（北京：科學出版社，1994年），頁677左～678左。

〔註9〕　詳見中國科學院圖書館編：《中國科學院圖書館藏中文古籍善本書目》（北京：科學出版社，1994年），頁678左。

〔註10〕　詳見江蘇省立國學圖書館編：《書目三編・江蘇省立國學圖書館現存書目》（台北：廣文書局，1970年），第十八卷，叢部彙編類，頁1下。即〔清〕丁丙《八千卷樓書目》所著錄者。

〔註11〕　詳見北京圖書館編：《北京圖書館古籍善本書目》（北京：書目文獻社，1987

◎北京圖書館藏〔明〕萬曆刻本（第二種）〔註12〕

◎浙江大學圖書館藏〔明〕萬曆刻本〔註13〕

◎北京清華大學圖書館藏〔明〕萬曆刻本（第一種）〔註14〕

◎北京清華大學圖書館藏〔明〕萬曆刻本（第二種）〔註15〕

◎《中國古籍善本書目》〔註16〕

◎美國國會圖書館藏〔明〕萬曆刻本〔註17〕

◎日本內閣文庫藏〔明〕萬曆刻本〔註18〕

◎日本尊經閣文庫藏〔明〕萬曆刻本〔註19〕

◎《四庫全書存目》〔註20〕

筆者的檢索依據乃是以劉兆祐〈論叢書〉一文，第六節所附之叢書目錄爲基礎〔註21〕，並配合線上資訊與圖書館資源以擴大搜尋，整體搜尋範圍遍及歷代藏書書目、海內外各大重要圖書館藏以及《四庫全書總目》。搜尋過程極爲繁瑣，以下僅依版本來源略述其概況。

一、藏書書目

在歷代藏書書目部分，乃是以嚴靈峰所編《書目類編》爲主，並旁及其

年），子部叢書類，頁 1748～1752。

〔註12〕詳見北京圖書館編：《北京圖書館古籍善本書目》（北京：書目文獻社，1987年），子部叢書類，頁 1752～1755。

〔註13〕詳見浙江圖書館古籍部編：《浙江圖書館古籍善本書目》（杭州：浙江教育出版社，2002年），叢部匯編叢書，頁 702。

〔註14〕詳見清華大學圖書館編：《清華大學圖書館藏善本書目》（北京：清華大學出版社，2003年），頁 412。

〔註15〕詳見清華大學圖書館編：《清華大學圖書館藏善本書目》（北京：清華大學出版社，2003年），頁 412。

〔註16〕詳見中國古籍善本書目編輯委員會編：《中國古籍善本書目‧叢部》（上海古籍出版社，1990年），頁 198～203。

〔註17〕詳見王重民輯錄，董同禮重校：《美國國會圖書館藏中國善本書目》（台北：文海出版社，1972年），子部雜家類，頁 662。

〔註18〕詳見日本內閣文庫編：《內閣文庫漢籍分類目錄》（台北：進學出版社，1970年），頁 523 下～525 上。

〔註19〕詳見（日）三宅少太郎編：《尊經閣文庫漢籍分類目錄》（台北：古亭書屋，1969年），頁 1079～1082。

〔註20〕詳見〔清〕永瑢、紀昀等撰：《四庫全書總目提要》（台北：臺灣商務印書館，1983年），第三冊，子部，雜家類存目十一，頁 836 上。

〔註21〕詳見劉兆祐：〈論叢書〉，《應用語文學報》第一期（1999年6月），頁 22～26。

他相關藏書書目，如《書目叢編》所刊印的一系列藏書書目〔註22〕（包括有《東湖叢記》、《滂喜齋藏書記》、《藝風藏書記》、《八千卷樓書目》、《五十萬卷樓藏書目錄》等），或是其他個別刊印的藏書書目。經檢索後發現有六筆：〔明〕祁理孫《奕慶藏書樓書目》、〔清〕丁丙《八千卷樓書目》、趙萬里《西諦書目》兩種、沈乾一《叢書書目彙編》〔註23〕以及涵芬樓藏書。必須說明的，祁氏藏書樓隨著時代移易與戰火波及，樓藏圖書也多已四散分飛，或遭盜取、或遭祝融，無法進一步得知《夷門廣牘》後來的流佈情況，而趙氏藏書亦是不詳其遞藏情形；丁氏藏書後來轉賣當時兩江總督端方，並藏入江南圖書館（即今日的南京圖書館），因此，筆者一律將它歸入南京圖書館作說明，避免複述；另外，沈氏《叢書書目彙編》雖然列有《夷門廣牘》一種，然卻不詳所據版本，故暫不納入善本計算；而上海的涵芬樓藏書，筆者雖未見得藏書書目，不過，民國二十九年（1940），上海商務印書館根據涵芬樓所藏〔明〕萬曆年間刊本《夷門廣牘》完整影印，資為該館所刊印《景印元明善本叢書十種》之一，後來在民國七十九年（1990），北京書目文獻出版社再根據《景印元明善本叢書十種》完整影印，故筆者據此得知上海涵芬樓所藏《夷門廣牘》善本的收書情況〔註24〕，此亦為本論文主要參引之文本。

二、四庫全書總目

在《四庫全書總目》的子部雜家類存目中，除了列有四庫館臣對於《夷門廣牘》的批評，也曾針對該書內容與收書情況作說明，其中提到：

> 夷門者，自喻隱居之意也，書凡八十六種，分門有十，曰藝苑、曰博雅、曰食品、曰娛志、曰雜占、曰禽獸、曰草木、曰招隱、曰閒適、曰觴詠；觀其自序，藝苑、博雅之下有尊生、書法、畫藪三牘，而皆未刊入。〔註25〕

當初，四庫館臣所見的《夷門廣牘》是什麼版本呢？《四庫全書總目提要》僅標注為「通行本」，根據〈四庫全書‧凡例〉的說明：「每書名之下，欽遵

〔註22〕這套書籍可分作初編、二編、三編、四編、五編等，各編出版時間不一，由廣文書局印行。
〔註23〕詳見沈乾一編：《叢書書目彙編》，原本由上海醫學書局 1928 年印行，目前收於嚴靈峰編：《書目類編》第六十七～六十八冊，頁 30753 下～30754 下。
〔註24〕詳見武鈛：〈出版《夷門廣牘》說明〉，收於《夷門廣牘》，頁首。
〔註25〕詳見〔清〕永瑢、紀昀等撰：《四庫全書總目提要》，第三冊，子部，雜家類存目十一，頁 836 上。

諭旨，各注某家藏本，以不沒所自。其坊刻之書不可專題一家者，則注曰通行本。」意味了這套叢書大抵就是坊間流傳的刻印本，但館臣所見僅有八十六種，其中的尊生、書法、畫藪三牘則未見刊入。

三、台灣各大重要圖書館藏

在台灣各大重要圖書館藏部分，筆者以《台灣公藏普通本線裝書目書名索引》為本，並從國內各大重要公私藏書處，如：國家圖書館善本書室、中研院傅斯年圖書館，及台灣大學、政治大學、東海大學等圖書館作線上檢索。筆者發現除了國家圖書館藏有《夷門廣牘》善本兩種之外〔註26〕，台北故宮博物院也有善本微捲，不過，台北故宮博物院藏《夷門廣牘》善本微捲，其實就是國家圖書館所藏〔明〕萬曆刊本縮印製作而成，故不另外贅述其版本、卷次、收書情況。

其餘各大圖書館所見，均以嚴一萍選輯之《百部叢書集成》為主，可是這套叢書編訂的過程存有幾個現象，致使我們無法將它視作一獨立版本：一方面，白部本所據以刊印的《夷門廣牘》並非源自同一版本，除了藝文印書館本身所據版本外，又參酌其他各種善本書目作增補，如《海外三珠》、《雲林石譜》、《蠶經》、《王氏蘭譜》、《集仙傳》、《貧士傳》、《宋明名公和陶詩》等，就是白部本《夷門廣牘》原先根據的書目所沒有收錄者〔註27〕，不過，不詳所據「原目」為何？二方面，不僅多種版本相互參酌引用，甚至將《夷門廣牘》內的書籍與其他百部本收錄的叢書相比較，一旦有重疊收錄的書籍，便以刊刻時間較早或版本較精良者作為選錄標準，其餘叢書僅在書前目錄標註，而不再複收，如《釋名》一書：「所選百部叢書中，《小學彙函》、《漢魏叢書》、《五雅全書》及《古今逸史》均有此書，《小學彙函》本校勘精審，故據以影印入《小學彙函》中。」〔註28〕這使得叢書內有一部分的書籍，必須

〔註26〕據載，國家圖書館所藏的兩種《夷門廣牘》善本，均非全本。詳見國立中央圖書館特藏組編：《台灣公藏普通本線裝書目書名索引》（台北：國立中央圖書館，1982年），頁397左。

〔註27〕通常這些增補的書籍，在書前的目錄會以「此書原目無，今據善本目錄增」，但所據之「原目」為何未詳。此外，每本書前還會說明所根據之善本目錄，例如《海外三珠》：「本館百部叢書集成所選明刻《夷門廣牘》未收此書，中央圖書館藏善本書目有，今特據以排印補入，所選百部叢書僅有此本」詳見周履靖編：《海外三珠》，收於嚴一萍選輯：《百部叢書集成》，第十三部《夷門廣牘》，第二函，第十九冊，頁首。

〔註28〕詳見嚴一萍選輯：《百部叢書集成》，第十三部《夷門廣牘》，第一函，第一冊，

從其他叢書內翻索才能獲致〔註29〕。三方面，《百部叢書集成》的編訂過程往往不顧叢書原貌，逕行更動刪補原來書籍內容，例如《夷門廣牘》所收錄的《集仙傳》，此書主要是錄自〔宋〕陶宗儀（1316？～？）所編《說郛》一書，原來內容僅有姓氏里籍，詳細事蹟一概刪削，然而，藝文印書館則特從《道藏》中輯出補入，雖能復《集仙傳》原貌，但就《夷門廣牘》而言，則顯然破壞了叢書樣貌〔註30〕。因此，即便百部本《夷門廣牘》所收的書籍最多，許多著作卻已脫離原來叢書體例、樣貌，較不適合作為主要文本，這是研究者所不可不謹慎處。〔註31〕

四、中國大陸與香港等各大重要圖書館藏

在中國大陸部分，《書目類編・公藏類》收有北平故宮、北平圖書館、北大圖書館、四川省圖書館等館藏善本書目〔註32〕。此外，筆者也廣泛徵集各大圖書館館藏善本書目，例如《北京師範大學圖書館古籍善本書目》〔註33〕、《中山大學圖書館古籍善本書目》〔註34〕、《清華大學圖書館藏善本書目》、

頁首目錄說明。

〔註29〕 因此，《百部叢書集成》中，除了宋代的《儒學警悟》與《百川學海》以外，其餘九十餘部的叢書，沒有一部是完整收錄。百部本《夷門廣牘》包括有《文章緣起》、《釋名》、《詩品》、《文錄》、《嘯旨》、《溪蠻叢笑》、《天隱子》、《雲林石譜》、《酒經》、《丸經》、《黃帝授三子玄女經》、《葬經》、《禽經》、《魚經》、《蠶書》、《蠶經》、《理生玉鏡稻品》、《芋經》、《香案牘》、《列仙傳》、《貧士傳》等，都須從其他叢書內獲見。

〔註30〕 根據嚴一萍的說法：「曾慥所撰（《集仙傳》），自岑道願而下一百六十二人，其人名里貫見收於《說郛》卷四十三，周履靖入之《夷門廣牘》，則自《說郛》出，皆無事蹟，蓋曾氏全書失傳者久矣！道藏收趙道一歷世真仙體道通鑑……據之以相尋繹，共得五十八人，約全書三之一，併為一卷。雖不能盡復曾書之舊，亦可以見其大略矣！」詳見嚴一萍：〈序〉，收於嚴氏選輯：《百部叢書集成》第十三部，《夷門廣牘》，第七函，第七十一冊，頁1左。

〔註31〕 洪湛侯曾在〈「百部叢書集成」評〉一文，站在沾溉學林、便利讀者作用的立場，析擬其積極意義有：收錄影印存真、完整豐富、版本精善、刪重補闕等，論述詳實懇切，唯以研究的角度而言，通常必須講求版本一致，並維持原書文貌，因此，筆者以為：若專就某部叢書研究時，百部本較不適合作為主要文本。洪文詳見《漢學研究》第八卷第二期（1990年12月），頁423～440。

〔註32〕 詳見嚴靈峰編：《書目類編》第十六至二十三冊。

〔註33〕 詳見北京師範大學圖書館古籍部編：《北京師範大學圖書館古籍善本書目》（北京：北京圖書館，2002年）。

〔註34〕 詳見中山大學圖書館編：《中山大學圖書館古籍善本書目》（廣州：中山大學圖書館，1982年）。

《四川省高校圖書館古籍善本聯合目錄》〔註35〕……等等〔註36〕，中國大陸所藏善本，筆者察見者，包括：中國科學院圖書館藏有兩種、南京圖書館藏有一種、北京圖書館藏有兩種、浙江大學圖書館藏有一種、清華大學圖書館藏有兩種，另外，1990年所出版之《中國古籍善本書目·叢部》，搜訪中國大陸各地善本典藏狀況，著錄有一套〔明〕萬曆二十五年金陵荊山書林刻本，然而該書所據之本典藏何處呢？對此，筆者先將《中國古籍善本書目》所著錄《夷門廣牘》之典藏處與上述典藏處之《夷門廣牘》的收錄內容、卷數相比對後，發現兩者並不符合，故另外又據書末所附〈中國古籍善本書目藏書單位〉的統計，發現到：除了中國科學院圖書館、北京圖書館與清華大學圖書館等地藏有《夷門廣牘》外，上海圖書館、復旦大學圖書館、天津圖書館，以及天一閣文物保管所亦藏有《夷門廣牘》善本〔註37〕，其中，筆者逐一比對《上海圖書館善本書目》〔註38〕及《天一閣見存書目》〔註39〕後，俱未見藏有《夷門廣牘》，恐怕這是在書目編輯後，古籍典藏移易所造成的結果，至於天津圖書館與復旦大學圖書館所藏，因為筆者尚未見有相關的善本書目，故目前仍無法知悉兩處《夷門廣牘》典藏情形，因此，《中國古籍善本書目》所著錄者，尚未能作確認，僅暫以《中國古籍善本書目》本標示，俟考。〔註40〕

　　除了各大重要典藏處與《中國古籍善本書目》本的著錄外，關於中國各地的古籍叢書典藏情況，以上海圖書館所編《中國叢書綜錄》的記錄較為詳實〔註41〕，其中著錄有兩種《夷門廣牘》版本，分別為：上海商務印書館據

〔註35〕詳見四川省高等學校圖書情報工作委員會編：《四川省高校圖書館古籍善本聯合目錄》（成都：四川大學出版社，1994年）。

〔註36〕除了正文所列舉之善本藏書書目外，尚包括有：《東北地區古籍線裝書聯合目錄》、《香港中文大學圖書館古籍善本書錄》、《香港所藏古籍書目》、《中國人民大學圖書館古籍善本書目》、《北京大學圖書館藏古籍善本書目》等。

〔註37〕詳見中國古籍善本書目編輯委員會編：《中國古籍善本書目·叢部》，頁 709～711、722。

〔註38〕詳見嚴靈峰編：《書目類編》，第二十三冊。

〔註39〕詳見嚴靈峰編：《書目類編》，第三十三冊。

〔註40〕由於《中國古籍善本書目》確實依據中國大陸某一典藏處之《夷門廣牘》善本著錄，並詳列其版本、收書、卷數，在版本目錄學上可資以比較考證，故筆者在後文仍將它納入討論。

〔註41〕這部專目主要收錄了1202～1959年間纂輯出版的古籍叢書，約莫兩千餘種，1984年，陽海清曾編撰《中國叢書綜錄補正》一書，目的是為了補充《中國

上海涵芬樓輯《景印元明善本叢書十種》之一，以及僅標明爲「〔明〕萬曆中刊本」的版本，比對其卷數、收書情況，與《中國古籍善本書目》似爲同一版本來源。另外，該書目亦附有〈全國主要圖書館收藏情況表〉，是將《中國叢書綜錄》所記載的叢書，比對中國大陸四十餘處圖書館典藏情況所作的調查表，除了上述已知典藏處之外，尚包括有：首都圖書館、北大圖書館、吉林大學圖書館、南京大學圖書館與重慶市圖書館等地也都藏有《夷門廣牘》善本，只是筆者目前尚未能睹見其中的相關典藏情形，故暫擱不論。〔註42〕

其實，不管是前文所談〈中國古籍善本書目藏書單位〉，或〈全國主要圖書館收藏情況表〉，都很難據以作爲確定資料，一方面，這些調查統計距今約莫有二十年之久，其間典藏變化或未可知，例如〈全國主要圖書館收藏情況表〉固然記載北京大學存有《夷門廣牘》善本的收藏，但筆者反檢《北京大學圖書館藏善本書錄》後，卻未見有記載，另一方面，部分典藏處之善本古籍書目，筆者目前尚未尋獲，究竟這些圖書館所藏《夷門廣牘》善本的版本、收書情況爲何，仍未能知悉。因此，此處只能就目前可掌握的版本作討論，其餘必須俟諸將來有機會查驗後，再另行增補，暫時無法列入本文討論。

此外，楊家駱所編《叢書大辭典──附叢書總目類編》一書，也是彙整中國大陸四十餘處圖書館典藏善本叢書而成，其中所著錄之《夷門廣牘》，僅標明爲「〔明〕萬曆中刊本」，收書情況與《中國叢書綜錄》、《中國古籍善本書目》均同，應是同一著錄來源〔註43〕。其他大陸各地如香港中文大學圖書館、遼寧圖書館、哈爾濱師範大學圖書館、武漢大學圖書館、杭州大學圖書館等，所藏《夷門廣牘》則多爲上海商務印書館所編印《景印元明善本叢書

叢書綜錄》所不足之處，後來在 1999 年，陽海清又編撰了《中國叢書廣錄》，除了繼續增補《中國叢書綜錄》所不足者，同時也加入許多當代編纂的叢書，內容相當豐富。不過，若單就古籍叢書而言，《中國叢書綜錄》仍然獨占鰲頭。上引三書，詳細資料如下：上海圖書館編：《中國叢書綜錄》（上海：上海古籍出版社，1986 年）。下引此書皆同此一版本，不另出詳註；陽海清編，莊孝達校定：《中國叢書綜錄補正》（揚州：江蘇廣陵古籍刻印社，1984 年）；陽海清編：《中國叢書廣錄》（武漢：湖北人民出版社，1999 年）。

〔註42〕據調查表說明，除了南京圖書館及重慶市圖書館所收藏有殘缺外，其餘均爲全書。詳見上海圖書館編：《中國叢書綜錄》（上海古籍出版社，1986 年），頁958～959。

〔註43〕詳見楊家駱編：《叢書大辭典》（台北：中國學典館復館籌備處，1977 年），頁39 左～40 右。

十種》之一。

五、海外各大重要圖書館藏

海外漢籍善本叢書的收錄情況，包括日本、韓國、美國、英國等，筆者查驗了諸多重要藏書著錄，諸如：日本有《漢籍叢書所在目錄》、《日本見藏中國叢書目初編》、《日本九州大學文學部書庫漢籍目錄》……等，韓國有《晚松金完變文庫目錄》、《忠南大學校圖書館古書目錄》……等，歐美部份則有《美國哈佛燕京圖書館中文善本書志》、《普林斯頓大學葛斯德東方圖書館中文舊籍書目》、《美國國會圖書館藏中國善本書目》、《大英博物館所藏漢籍目錄》……等。〔註44〕

在海外所見漢籍書目中，以日本所見藏者為夥，根據《內閣文庫漢籍分類目錄》與《尊經閣文庫漢籍分類目錄》兩套書目的記載，日本內閣文庫以及尊經閣文庫皆藏有〔明〕萬曆二十五年的《夷門廣牘》刊本，其中，尊經閣藏本收有一百零九種書籍，卻僅有一百一十四卷，部分書籍似有闕漏不全者〔註45〕。另外，據王重民輯錄之《美國國會圖書館藏中國善本書目》可知，美國國會圖書館也收有一套〔明〕萬曆年間刊刻的《夷門廣牘》善本。其餘

〔註44〕 關於海外各地漢籍圖書收藏目錄，筆者除了盡量翻閱各種相關圖書目錄外，同時也得力於劉寧慧《叢書淵源與體制形成之研究》以及劉兆祐《中國目錄學》二書，前者在第一章〈現存古籍叢書的文獻分布概況〉一節，詳細介紹日本、韓國以及歐美等地的叢書收藏分布，後者在〈域外漢籍目錄〉一節，亦列舉了十六種重要海外圖書目錄，這些訊息皆提供筆者在查閱海外各地《夷門廣牘》典藏的的便利性。詳見劉寧慧：《叢書淵源與體制形成之研究》，頁43～47，以及劉兆祐：《中國目錄學》（台北：五南出版社，1998年），頁376～383。所查閱的漢籍善本書目，除了正文所列舉者外，尚包括有：《內閣文庫漢籍分類目錄》、《尊經閣文庫漢籍分類目錄》、《九州大學附屬圖書館漢籍目錄》、《愛媛大學附屬圖書館漢籍目錄索引》、《長崎大學附屬圖書館經濟學部分館漢籍分類目錄》、《熊本大學附屬圖書館落合文庫漢籍分類目錄》、《東京大學東洋文化研究所漢籍分類目錄》《東北帝國大學附屬圖書館漢書別置本目錄》、《東京都立日比谷圖書館藏特別買上文庫目錄》、《大谷大學圖書館和漢書分類目錄》、《東洋文庫所藏漢籍分類目錄》、《藤田文庫目錄》、《奎章閣圖書中國本綜合目錄》、《延世大學校中央圖書館古書目錄》、《韓國精神文化研究院藏書目錄・東洋書篇》、《法蘭西學院漢學研究所藏漢籍善本書目提要》、《美國俄亥俄州立大學圖書館中文古籍書目》、《柏克萊加州大學東亞圖書館中文古籍善本書志》等。

〔註45〕 《日本見藏中國叢書目初編》中，也將尊經閣文庫的藏本標註為「館中所藏該版本項子目不全」。詳見李銳清所編《日本見藏中國叢書目初編》（浙江：杭州大學出版社，1999年），頁6。

海外各地所見之《夷門廣牘》多爲複印本，例如《京都大學人文科學研究所漢籍目錄》一書，收有兩種《夷門廣牘》複印本，分別爲：《景印元明善本叢書十種》之一以及藝文印書館所編《百部叢書集成》，其他如東洋文庫、東京大學東洋文化研究所、天理大學圖書館、東北大學圖書館、大阪府立圖書館……等，所藏《夷門廣牘》均爲上海商務印書館編印之《景印元明善本叢書十種》之一。

　　綜合上文關於目前所知藏書書目與海內外《夷門廣牘》典藏情況的討論可知，各地方所藏之《夷門廣牘》，普遍是上海商務印書館所編印《景印元明善本叢書十種》，或者藝文印書館所編印之《百部叢書集成》爲主。不過，若就善本而言，則以歷代藏書書目及中國大陸各大圖書館所發現者爲夥，然而，歷代藏書家的藏書樓往往已毀於水、火、兵、蟲之害，僅能從藏書書目中片面了解藏書版本情況，若非經大陸方面努力整理保存，恐怕有更多是已消逝亡佚，難以親見所藏〔註46〕，故現存《夷門廣牘》善本主要仍以中國大陸的收藏較豐富；其次，部分書目雖有列載《夷門廣牘》典藏訊息，卻缺乏叢書內收書情況的記錄，如〔清〕丁仁《八千卷樓書目》、美國國會圖書館、《四庫全書總目》等，因此難以作進一步的分析討論。必須說明的，在整體搜尋的過程中，筆者雖已竭盡所能的查閱各種相關典藏資訊，然掛漏之處仍難避免，尤其，就目前漢學研究熾熱的情況而言，應當還有典藏之處尚未發現，未來若有新發現，將再另行補充。

第三節　版式、行款及其收書概況

　　經過上一節關於《夷門廣牘》典藏情形的討論後，接著我們將繼續透過這十餘筆書目資料，釐清該書版式、行款及其收書情況。不過，必須說明的，

〔註46〕例如奕慶藏書樓乃是〔明〕祁彪佳兒子〔明〕祁理孫的藏書閣，與〔明〕祁班孫（彪佳次子）俱爲抗清遺民，生平好讀書，每每得有一善本書，必定仔細校勘，考訂謬處。常鈔錄群書，至百餘帙，並且能夠繼承祖父與父親遺志，亦以藏書而著名。據〔清〕趙昱《愛日堂詩稿》云：「先君曾假館澹生堂，其時祁五先生（案指祁理孫）尚存，藏書充楹五樓，望若娜嬛秘府云。」本來祁家乃浙東望族，但因爲理孫兄弟涉入魏耕事變，導致門第衰微，加上易代變亂，藏書也逐漸散失殆盡。詳見嚴倚帆：《祁承㸁及澹生堂藏書研究》（台北：漢美圖書有限公司，1991 年），頁 69～85、121～144；另外，關於祁理孫生平可以參閱紹興縣修志委員會輯：《紹興縣志資料》第一輯（台北：成文出版社，1983 年），頁 2613～2618。

關於這套叢書的研究，目前仍存有一個棘手的因素，造成今日許多衍生的相關問題難以進一步地確定，即：當初〔明〕周履靖編纂《夷門廣牘》時，各部作品的編定或前或後，完成時間不一。這點，前文關於《夷門廣牘》的成書過程討論，筆者已有詳細說明。可是，〔明〕周履靖卻未針對叢書內各作品一一標示其編訂收錄時間，造成後人無法確知作品的前後增減情況為何，另外，筆者檢視所能見的三種版本內容，俱未見有關《夷門廣牘》總書目的說明，致使我們也無法判斷哪些書籍才是最後定版〔註 47〕。因此，限於部份文獻訊息薄弱，本節不擬追索這些書籍收錄的先後問題，而是將討論重點放在這些不同版本間的比對，客觀地指陳其中異同，藉以觀覽諸本《夷門廣牘》的收錄概況。

一、版式與行款

　　據目前筆者所能見的三種版本〔註48〕來看，《夷門廣牘》的版式、行款概為：四周單欄，白口，黑色單魚尾，每半頁九行，每行十八字，版心上鑴書名，版心中則印該書卷數及各卷頁數，例如：

天形道貌 　【 　　十一卷七

意指《夷門廣牘》第十一卷：《天形道貌》內第七頁。另外，若各書上有分卷或序文，則再標註分卷數或序，例如：

山家清供 　【卷下 　十三卷二十六

意指《夷門廣牘》第十三卷：《山家清供》內第二十六頁。版心標記的卷數是從總目與序開始計算，可是，令人費解的是其計算的依據標準為何？筆者檢閱《夷》書發現，它既非整套叢書的總卷數，也不是依書籍種類或牘目而分，如「藝苑牘」內，《文章緣起》、《釋名》、《詩品》、《文錄》、《談藝錄》同列為第二卷，《騷壇秘語》與《詩源撮要》則列為第三卷；或者「博雅牘」的《墨經》與尊生牘的《胎息經》、《天隱子》同列第七卷；甚至《茹草編》一書，前二卷歸於第十四卷，後二卷則歸於第十五卷。有一種可能是，這些卷次是依最初《夷門廣牘》的分類形式計算，日後，部分作品卷次與內容經過更改，

〔註47〕趙萬里在〈《夷門廣牘》題跋〉中也曾表示：「周履靖編的夷門廣牘收入奇書異籍不少，惟全書究竟有多少種，迄無總目。」詳見趙萬里編：《西諦書目》，收於嚴靈峰編：《書目類編》，第四十四冊〈西諦題跋〉，頁 19714。
〔註48〕即國家圖書館藏兩種與上海涵芬樓藏《夷門廣牘》。

卻未將版心卷次調整所致。

《夷門廣牘》內各書，除了部分書籍附有〔明〕周履靖及時人的序跋外，通常卷前會先列目錄，之後，在每卷首行頂格題記書名與分卷數，次行題該書作者，第三行題編校者，第四行題刻印書局。這是《夷門廣牘》各書卷首的典型標註方式，然亦有破格之處，如《煉形內旨》、《玉函秘典》、《金笥玄玄》等書，因撰人不詳，故僅列編校者與梓印書局，或《天隱子》、《姆陣篇》等則闕印刊刻書局，不知何由。此外，各書在每卷卷末的編排方式，大體上，若正文刊畢已過半頁，則一律在後半頁末行頂格題記「某某書終」；若未過半頁，則顯得較不固定，或有仍在後半頁末行頂格題記「某某書終」，如《群物奇制》、《山家清供》上卷，或有列於頁中頂格者，如《格古要論》卷中、《學古篇》下卷、《丸經》，或有列於前半頁末行者，如《占驗錄》、《禽經》，或有完全不列者，如《耒耜經》等。

二、收書概況

接著要談的是《夷門廣牘》的收書概況。然而，今日所見諸《夷門廣牘》版本的收書情形頗為混亂，因此，筆者搭配附錄一：〈各版本《夷門廣牘》收藏著錄〉與附錄二：〈各版本《夷門廣牘》收書異同表〉的整理表格，將所察考之十餘種善本《夷門廣牘》的收書情形排列比較，清楚地呈現彼此的收書、卷數、排序等差異，除了可以概覽目前各地的典藏情況外，另一方面，其實也突顯了該叢書散佚脫落的嚴重，極待今人整理校勘。

以下，茲分就書籍種類、書籍卷數、書籍名稱、排序方式、部類歸隸、版本來源等六項，歸納論述如下：

（一）書籍種類

依目前所見，這些版本的書籍種類，多者如《奕慶藏書樓書目》（版本編號一）所見的一百零七種或國家圖書館所藏（版本編號六、七）的一百零六種，少者如中國科學院圖書館所藏（版本編號九），僅剩三種，主要原因乃是流傳過程中，庋藏不佳而陸續遺佚所致。民國五十五年，藝文印書館曾綜合各版本書目所印行之《夷門廣牘》，共編列有一百一十三種書籍，若純粹從書籍種類而言，那麼這百餘種的書籍，或許是目前所知較為接近〔明〕萬曆年間《夷門廣牘》原貌的書單，可是在〈附錄三〉的表格內，我們卻發現：《農桑撮要》、《劉信傳》、《續易牙遺意》、《宣和石譜》與《螺冠子自傳》卻不被

藝文印書館收錄，除了可能是館方所據書目，未見有此書外，筆者認為尚有兩種解釋：首先，部分書籍已納入其他作品當中，不再重複收編，例如《農桑撮要》一書，有幾個版本便逕將它附於《種樹書》之後，或者是〔明〕周履靖所作〈螺冠子自敘〉，多數版本是將它與劉鳳的〈螺冠子傳〉一同附於《梅墟別錄》中〔註49〕，惟中國科學院圖書館所藏（版本編號七），將它獨立列為一種；其次，《續易牙遺意》與《宣和石譜》二書的內容，其實就是周履靖在《易牙遺意》與《雲林石譜》後的續增之作，誠如《四庫全書總目》對《雲林石譜》一書的評論：

> 末附《宣和石譜》，皆記艮岳諸石，有名無說，不知誰作。……必非緒書，蓋明周履靖刻是書時所竄入也。今惟錄緒書以資考證，而所附二譜，悉削而不載。〔註50〕

因此，多數的版本或者附入《易牙遺意》與《雲林石譜》卷末，或者不附。而《奕慶藏書樓書目》所錄的《劉信傳》，筆者遍尋全書內容以及各版本書目，皆不見有收此書，不知是否為〔明〕祁理孫當初編訂書目時誤植所造成？在未能確認前，暫擱不論。

　　另外，比較特別的是上海涵芬樓所藏《夷門廣牘》（版本編號四），根據其〈夷門廣牘總目〉的記載可知，該版本應該收有一百零六種書籍，惟《修真演義》與《既濟真經》兩書，恐怕因為內容多是談論男女交合、房中修行之術，稍涉褻語，顧及當時社會風氣使然，民國二十一年上海商務印書館所據以影印的《夷門廣牘》，有意刪去，總目並在二書下標註「未印」。因此，受到編輯態度上的去取問題影響，該版本《夷門廣牘》實際編印的書籍種類是一百零四種。〔註51〕

　　不過，在筆者所查知的十餘種善本中，有三個版本尚無法獲知確切收書情況，分別為：美國國會圖書館藏、南京圖書館藏及《四庫全書總目》。其中，關於美國國會圖書館所藏善本書籍的資訊，筆者主要依據王重民輯錄，董同

〔註49〕例如藝文印書館、涵芬樓藏（版本編號四）、中國科學院圖書館藏（版本編號七）、北京圖書館藏（版本編號十）等，都將《農桑撮要》與〈螺冠子傳〉附於《種樹書》與《梅墟別錄》之後。

〔註50〕詳見〔清〕永瑢、紀昀等撰：《四庫全書總目提要》，第三冊，卷一一五，子部，譜錄類，頁 512 下。

〔註51〕參考趙萬里：〈《夷門廣牘》題跋〉，詳見氏編：《西諦書目》，收於嚴靈峰編：《書目類編》，第四十四冊〈西諦題跋〉，頁 19714。

禮重校之《美國國會圖書館藏中國善本書目》一書，書中僅有王重民所撰善本提要，故未能知悉叢書內的收書情況；而南京圖書館的《夷門廣牘》，則是來自於〔清〕丁丙的藏書，對此，可由下引兩段文獻資料說明：

> 丁未十月，丁氏所開官銀號虧倒，以家產呈抵，於是所藏書盡爲端午帥以官款七萬三千銀圓購建江南圖書館。〔註52〕

> 歸安陸氏皕宋樓精本，與守先閣所藏明以後刻本，日本以六萬金並金石拓本捆載而去，是時匋齋制府督兩江，聞丁氏書亦將散，懼其爲平原之續，極屬繆筱珊前輩至武林訪之，盡輦之白下，開圖書館以惠學者。〔註53〕

據此引文可知，丁氏家族因經商失敗，虧損甚鉅，試圖售書還款，當時兩江總督〔清〕端方聞訊，爲了避免再蹈皕宋樓藏書盡數爲日本輦歸扶桑之後塵，迅即調出官款七萬餘元購買，並將它們藏之江南圖書館（即今日的南京圖書館），使得中國許多珍籍秘函不至流入海外〔註54〕。筆者經查詢，發現〔清〕丁仁《八千卷樓書目》與《書目四編・江蘇省立國學圖書館現存書目》均列有〔明〕萬曆刊本《夷門廣牘》〔註55〕，然而前者僅標示卷數，後者也僅標註「《夷門廣牘》殘存二十二種四十一卷」，未能詳列該叢書內的書目，因此，無法據以了解該版本《夷門廣牘》的收書情形。另外，在《四庫全書總目》裡，據四庫館臣的說明了解，他們徵尋搜訪所得的《夷門廣牘》一共只有八十六種，並且沒有收錄尊生、書法、畫藪三牘，可是提要內並無列出該叢書細目，因此無法詳知其確切的收書情況；若依照藝文版《夷門廣牘》的書籍種類扣除已知未收入的三牘書籍，仍舊超出八十六種，那麼，三牘之外必然尚有部分書籍散佚。

〔註52〕 詳見丁國鈞：《荷香館瑣言》，收於趙詒琛輯：《叢書集成》（台北：藝文印書館，1972年）之九《丙子叢書》，上卷，「浙江兩藏書家」條，頁7右。

〔註53〕 詳見〔清〕葉昌熾：《藏書紀事詩》（台北：世界書局，1980年），卷七，頁384。

〔註54〕 關於江南圖書館移易爲今日南京圖書館的過程，可以參閱喬衍琯〈江蘇省立國學圖書館圖書總目讀後記〉一文，收於江蘇省立國學圖書館編：《書目四編・江蘇省立國學圖書館現存書目》（台北：廣文書局，1970年），頁1～41；以及南京圖書館網頁上「館史略覽」，網址如下：http://www.jslib.org.cn/pub/njlib/njlib_ntgk/njlib_gsll/default.htm。

〔註55〕 詳見〔清〕丁仁編：《八千卷樓書目》（台北：廣文書局，1970年），第十三卷，子部雜家類，頁12左。

以上三種版本的《夷門廣牘》，在細目還未能確認前，筆者暫不作討論。

（二）書籍卷數

在筆者所察見的十餘種版本中，因為各自收書種類或存佚的不同，自然也會造成卷數不一的情況，例如《西諦書目》所收錄之《夷門廣牘》（版本編號二），其中，《赤鳳髓》僅存二、三兩卷，《海外三珠》僅存三、四兩卷，而《綠綺新聲》也僅剩卷一；或是清華大學圖書館所藏《夷門廣牘》（版本編號十四），其中的《茹草編》僅存卷一。不過，若將個別書籍與其他版本做比較觀察，則會發現到，這些書籍卷數不一的情形，除了是收書種類或存佚的不同所致以外，尚有下面幾個原因：

1. 標註卷數與實際卷數不一

在筆者經眼的三個版本中，發現部分書籍在總目所列卷數與實際卷數有差異，例如涵芬樓版本的《騷壇秘語》，實際上內文共分上、中、下三卷，可是總目卻標作一卷，《綠綺新聲》實際上共有兩卷，總目僅標作一卷，《香奩詩草》實際上共分上下兩卷，總目僅標作一卷；國家圖書館藏〔明〕萬曆金陵荊山書林刊配補影鈔本（版本編號六）的《金笥玄玄》，實際上僅一卷，總目上卻標為兩卷；另外，藝文印書館所輯入之《海外三珠》，總目雖標作一卷，但實際上卻含有四卷。職是之故，當我們進行細部卷數計算時，常常發生實際卷數與總目標示扞挌不一的情況，而筆者為求一致性的考量下，附錄一與附錄二中關於卷數的計算，一律以書目的標示為主。〔註56〕

2. 卷數計算方法不一

叢書內，關於卷數計算的歧異，主要是在於各書末的「附卷」是否也要獨立為一，或者僅視之為附錄性質？顯然，這些善本內並未作嚴謹的規範，導致在卷數計算方式上「各說各話」，例如涵芬樓版《夷門廣牘》內所收的《學古編》，全書共分上下兩卷，卷末附有〈漢印鈕制〉、〈世存古今圖印譜式〉、〈印油法〉、〈洗印法〉、〈取字法〉、〈金石敘略〉、〈陸深記〉等七篇小文，不另計為一卷，而北京圖書館所藏兩種（版本編號十、十一）以及《中國古籍善本書目》（版本編號十五）則將這附屬的七篇小文獨立另視一卷，因此，這幾種版本之《學古編》共計有三卷，其餘版本雖附於書後，卻不另外

〔註56〕這一考量主要是顧慮到目前筆者僅見有三種《夷門廣牘》版本，其餘皆需透過各典藏處的圖書書目記載得知，為了使這些版本的比較有意義，只得統一計算的方式，特此說明。

再視作一卷，卷數仍舊計爲二卷；《握奇經解》全書大體包含有〔漢〕公孫弘解〈握奇經〉、〔晉〕馬隆所述〈八陣總述〉以及不詳作者之〈握奇經續圖〉三部份，其中，中國科學院圖書館藏（版本編號七）與《中國古籍善本書目》（版本編號十五）將它們都視爲獨立的一卷，因此，這兩個版本內的《握奇經解》計有三卷，其餘版本仍總計作一卷；另外，《種樹書》與《農桑撮要》二書，除了《奕慶藏書樓書目》（版本編號一）、北京圖書館藏（版本編號十一）與《中國古籍善本書目》（版本編號十五）三種版本，是將二書各自獨立爲一種外，其餘版本可能因性質相近，往往將兩書同置，其中，或將《農桑撮要》歸於《種樹書》附錄，如《西諦書目》（版本編號二）、國家圖書館藏兩種（版本編號五、六）、日本尊經閣文庫（版本編號十八）等，或將《農桑撮要》視作一卷計算，如中國科學院圖書館藏（版本編號七）與北京圖書館藏（版本編號十）。其他包括《茶寮記》、《酒經》、《易牙遺意》等，也都存有這樣的現象，如此一來，也就很難準確地反映出各個版本的實際收書情況。

必須說明的，涵芬樓（版本編號四）以及美國國會圖書館（版本編號十六）所藏《夷門廣牘》，雖然都標注爲「一百零六卷」本，然而，它們的「卷數」所指，並非一般所理解的卷次多寡，而是書籍的「種類」，實際卷數必須另計〔註 57〕。因此筆者在附錄二中，逕將一百零六歸入書籍種類，卷數則另依總目的標註重新計算。

3. 刪削原書

從書籍的體例而言，《夷門廣牘》一般被視爲叢「輯」性質的圖書，著重在輯錄，可是，部分選輯的書籍卻又有經編者作程度不等的增補刪削，而非原書樣貌，其中最明顯得就是《神仙傳》、《續神仙傳》與《集仙傳》三書，以《神仙傳》爲例，據昌彼得在《說郛考》的考據說明：

> 重編說郛卷五十八所載，及夷門廣牘本、五朝小說本即自此出，亦

〔註57〕 王重民就曾表示：「又按是書（案：《夷門廣牘》）凡百六種，種爲一卷；《四庫存目》著錄本僅八十六種，而謂一百二十六卷者，連子卷計之也。」詳見氏輯錄，董同禮重校：《美國國會圖書館藏中國善本書目》，子部雜家類，頁662。再者，由於美國國會圖書館與涵芬樓所藏《夷》書的「卷數」所指，乃是叢書內的收書種類，並非一般所認知的卷數，因此，筆者在〈附錄二：各版本《夷門廣牘》收藏著錄〉中，逕將它們歸入「收書種類」欄，「卷數」欄另計。不過，目前筆者尚缺美國國會圖書館所藏《夷門廣牘》之細目，無法比對計算，暫以「咏」表之。

　　一卷。道藏本、汲古閣本全十卷，載八十四人，係出原帙，四庫據
　　以著錄。……龍威秘書、藝苑捃華、秘書四十八種、叢書集成諸本，
　　皆翻自漢魏叢書，均非原帙。〔註58〕

由此可知，《神仙傳》一書原應有十卷，載八十四人，《夷門廣牘》所收錄者
則係出《說郛》本，內容業已經過編者刪節，雖然仍舊錄有葛洪自序一篇及
仙者八十四人，但仙人傳記刪減至僅剩名氏里籍，並從原書十卷縮爲一卷。《續
神仙傳》與《集仙傳》情形大致與此雷同。因此，今日若比對《夷門廣牘》
內各書的卷數，與原來書籍不相符的情況，還有一個因素便是來自後人的刪
削增補所造成的。

（三）書籍名稱

　　除了上述關於「種類」與「卷數」的差異外，同一本書籍名稱，在各個
版本的著錄上也不盡相同，或有書名從其省，或有書名不用冠詞，或有逕自
刪收書名……等等，不一而足。以下，茲分四種情況作說明。

1. 古今字的差異

　　例如《畫評會海》一書，所察見的版本普遍皆作「畫評會海」，但《西諦
書目》所藏兩種《夷門廣牘》善本的名稱著錄上，則分別標作「畫評繪海」（版
本編號二）與「畫平會海」（版本編號三）；《香奩詩草》一書，所察見的版本
普遍皆作「香奩詩草」，但《奕慶藏書樓書目》（版本編號一）則是寫作「香
奩詩艸」；《修眞演義》一書，北京圖書館藏（版本編號十一）與《中國古籍
善本書目》（版本編號十五）寫作「脩眞演義」，其餘俱作「修眞演義」。平／
評、會／繪、草／艸或脩／修，大抵都是因古字與今字的差異所引起，無論
「從古」或「更今」，書名的變異性並不算大。

2. 精省不一

　　「精」與「省」的差異就在標註時，採用全名抑或簡省書名，例如《既
濟眞經》一書，所見的版本中有三種名稱，一則寫作「純陽演正孚佑帝君既
濟眞經」，包括有《中國古籍善本書目》（版本編號十五）與日本內閣文庫所
藏（版本編號十七），而北京圖書館藏兩種《夷門廣牘》善本（版本編號十、
十一）則寫作「純陽演正孚佑帝君既濟眞經箋注」，其餘如《奕慶藏書樓書目》
（版本編號一）、涵芬樓藏（版本編號四）與國家圖書館所藏兩種（版本編號

〔註58〕詳見昌彼得：《說郛考》（台北：文史哲出版社，1979 年），頁 265。

五、六）則省作「既濟眞經」；《理生玉鏡稻品》一書，除了《奕慶藏書樓書目》（版本編號一）與涵芬樓所藏（版本編號四）標作「稻經」，其餘各版本所藏皆作「理生玉鏡稻品」；《黃帝授三子玄女經》一書，國家圖書館藏兩種（版本編號五、六）標作「三子玄女經」，其餘各版本所藏皆作「黃帝授三子玄女經」；《葬經》一書，惟《奕慶藏書樓書目》（版本編號一）、涵芬樓藏（版本編號四）與國家圖書館藏兩種（版本編號四、五）作《青烏子先生葬經》，其餘版本所見皆作《葬經》。

3. 另立新名

〔明〕周履靖編輯《夷門廣牘》之時，並非每本書籍都會完整收錄，有時僅取其中部分篇章聊備一格，如此一來，舊有書名便不宜再繼續沿用，此時，編者權衡變通的方式即另外設立一新書名，如《蘭譜奧法》其實就是從〔宋〕趙時庚《金漳蘭譜》一書裡，節選其中的〈蘭譜奧法〉一章而來；《探春歷記》也是從〔漢〕東方朔《東方朔占書三種》中選錄關於太歲六十年豐凶占驗之法。另外，部分書籍則是採取「以述爲作」的方式，摘錄他人文字精華集結成另一新書，也會另外訂定書名，例如《群物奇制》、《唐宋衛生歌》、《海外三珠》、《茹草編》……等等，凡不列撰人而僅標註「周履靖輯」者，通常屬於此類。如果從出版文化的角度來看，這些書籍名稱的制定，某種程度上，其實也可說是〔明〕周履靖編輯行銷的一種策略，一方面既可避開書籍名稱與內容不符之譏，二方面又能新人耳目，招徠好奇尚異者購買。

4. 其　他

《夷門廣牘》內書籍名稱的差異情況還有很多，諸如《投壺儀節》一書，《奕慶藏書樓書目》（版本編號一）與國家圖書館藏兩種（版本編號五、六）標作《投壺儀制》，其餘各版本所見則作《投壺儀節》；《淇園肖影》一書，除了《奕慶藏書樓書目》（版本編號一）標作《淇園肖形》，其餘各版本所見皆作《淇園肖影》；另外還有《毛公壇倡和詩》與《毛公壇詩》、《鴛湖倡和》與《鴛湖唱和稿》、《九畹遺容》與《九畹遺容撮要》……等等，其中原因，筆者尚未喻其故。

值得玩味的是，在沈乾一所編《叢書書目彙編》內的《夷門廣牘》書目中，《金笥玄玄》與《玉局鉤玄》兩書皆寫作《金笥元元》與《玉局鉤元》，如果沈氏確實依所據之《夷門廣牘》臚列，那麼，箇中原因是否與清代避諱

有關呢？當初，四庫館臣在著錄書籍的過程中，有時爲了避諱問題而作局部調整改易，其中凡是出現「玄」字，爲了避玄燁之諱，館臣一律改以「元」字行之。再者，目前所見幾個清代藏書書目的版本，皆是清代中末期階段，文字獄也不復以往強烈，故未見調整書名的痕跡，如果沈氏《叢書書目彙編》所見這兩本書的書名改變眞是爲了避諱，那麼極有可能在清初階段有人重新整編過，可惜的是，目前無法獲悉沈乾一編錄時，所據版本爲何，否則，對於《夷門廣牘》的成書與版本或許能有更多理解。

　　總的來看，這些書籍字面的差別，容或有書目校對未精的可能性，但校對訛誤果眞會產生這麼多的異名嗎？筆者認爲，這些《夷門廣牘》可能在遞藏的過程中，後人因庋藏不佳，導致有部分書籍脫落遺佚，他們未求叢書的完整性，又另外尋找同樣書籍補入，未顧及叢書版本的完整性，因此，造成書籍名稱上的差異。

（四）排序方式

　　自宋代以降，在叢書的排序體例上多半逐本臚列，不依書籍作者、時代、性質等作分類考量，如《儒學警悟》或《說郛》即是代表，直至明代中晚期以後，爲了更明確地顧及叢書整體系統、便於讀者翻閱查找，才逐漸產生許多相應的分類體例，並且打破傳統目錄學標準體制，趨向更多元化的分類系統，可謂是分類學上的解放時期〔註59〕。一般而言，明代叢書的排序方式約可分爲四種，一爲「分集類目」，將所收書籍分爲數集、數函或數冊，如《寶顏堂秘笈》以「正集」、「續集」、「彙集」、「秘集」等進行編排，《孝經大全》以十二地支名作分集排列，《稗海》則以「函」做爲分集單位；一爲「按四部類目」，如《廣漢魏叢書》、《唐宋叢書》便是依照經、史、子、集四部分類排序；一爲「辨義類目」，即是依書籍內容來判斷，並按類分目，如《金聲玉振集》分爲皇覽、征討、紀亂、組誘、起變……等九類，《古今說海》分爲說選部、說淵部、說略部、說纂部，各部之下又再細分數項；一則是完全不作分類，逕自逐書排列，如《天都閣藏書》收錄了歷代藝術類書籍，由《詩品》

〔註59〕潘美月：「元明兩朝可以說是我國目錄學衰微不振的時期，一般整理藏書編目的，大多視書目爲供檢點的賬簿，不僅沒有產生過能合乎我國目錄學標準體制的目錄，能求其類例清晰，部次有條理，已經算得上難能可貴了。至於對錄略之學作理論上的發明，則更不多見，但自分類而言，卻是一個解放的時代。」詳見昌彼得、潘美月合著：《中國目錄學》（台北：文史哲出版社，1991年），頁173。

乃至《詞評》、《雜評》等十四種，《青囊雜纂》收錄歷代醫家作品，包括《外科集驗》、《經驗方》、《仙授理傷斷續方》……等八種。繁複紛呈的分類形式，象徵了這種叢書分類體制的趨成熟化。〔註60〕

《夷門廣牘》的書籍排序大體是屬於「辨義類目」，依照書籍性質分爲十三種牘目，若參照目前所知十九筆《夷門廣牘》善本書目，以及〔明〕周履靖在〈夷門廣牘敘〉所作的牘目說明，十三種牘目排列次序，如下所示：藝苑→博雅→尊生→書法→畫藪→食品→娛志→雜占→禽獸→草木→招隱→閒適→觴詠〔註61〕。這也是一般最常見到的《夷門廣牘》十三牘排序，包括藝文印書館所編訂之《夷門廣牘》，雖然書前總目並未標列牘目，然檢視其書籍排序，大致都與上述牘目順序符合。惟北京圖書館所藏《夷門廣牘》（版本編號六）的五十五種書籍未依此序，其原因可能是原書殘佚過多或總目不存，許多書籍已經四散脫落，未能知悉原來排序所致，另外，《西諦書目》所收錄之《夷門廣牘》（版本編號三）僅剩《畫評會海》、《天行道貌》、《淇園肖影》、《羅浮幻質》、《九畹遺容》、《春谷嚶鳴》、《繪林題識》等七種書籍，中國科學院圖書館所藏《夷門廣牘》（版本編號八）僅剩《異域志》、《溪蠻叢笑》、《閒雲稿》三本書，可能殘存書目過少，便不再分牘。〔註62〕

（五）部類歸隸

由附錄二的列表可知，目前筆者所察見的《夷門廣牘》善本中，在部類的歸隸上或曰「子部雜家」、或曰「子部叢書」、或曰「叢部彙編」、或曰「叢部叢抄叢編」……等等，不一而足，這除了是目錄學上的歸類問題，同時也

〔註60〕 如果依照版本目錄學的知識來說，大體會將中國目錄文獻的分類劃作「辨義類目」及「辨體類目」，前者就書籍內容、性質判斷，後者就書籍體裁而分，不過，中國的圖書目錄中，則普遍是以「辨義類目」爲主、「辨體類目」爲輔的方式進行分類，例如〔明〕黃虞稷所編撰之《千頃堂書目》，也是以經、史、子、集四部爲綱目，各部下又據所收書籍內容共分作五十一類，以集部爲例，包括有別集、制誥、表奏、騷賦、詞典、制舉……等。

〔註61〕 〔明〕周履靖在序中禽獸類與草木類合爲「禽獸草木牘」，然今所見諸本多是分立兩牘，未見有合爲一牘者，這可能是萬曆二十五年刊刻後不久，周履靖或後來人又重新輯刻，並將此牘再分作「禽獸牘」與「草木牘」。因此，筆者在此從眾。

〔註62〕 不過，其中也有例外，如北京清華大學圖書館所藏《夷門廣牘》（版本編號十四），雖僅存有《茹草編》、《梅塢貽瓊》、《千片雪》、《閒雲稿》、《香山酒頌》、《唐宋元明酒詞》等六種，仍舊依照食品牘、招隱牘、閒適牘、觴詠牘排序。另外，關於《夷門廣牘》的分類編輯，後文上有專節討論。

能大致上的圈劃出這套書籍的定位；顯然，《夷門廣牘》一致被視作「聚合諸書以爲一編的大套書籍」〔註63〕，內容「合經史而兼有之，採古今而並存」，故以「雜」、「叢」彰顯此書內容的廣博多樣。

（六）版本來源

至於《夷門廣牘》的版本來源，按附錄二的「版本」一欄，約可劃別爲七種，分別如下：

表三：《夷門廣牘》版本來源簡表

版　　　本	著　　　　　錄
〔明〕萬曆二十五年刊本	《奕慶藏書樓書目》、《西諦書目》兩種
〔明〕萬曆刻本	《涵芬樓藏書書目》、《內閣文庫漢籍分類目錄》、《尊經閣文庫漢籍分類目錄》、美國國會圖書館藏（據王重民《中國善本書提要》）
〔明〕萬曆刊本	《書目三編・江蘇省立國學圖書館現存書目》
〔明〕萬曆金陵荊山書林刊本	《國立中央圖書館善本書目》（版本編號五）
〔明〕萬曆金陵荊山書林刊配補影鈔本	《國立中央圖書館善本書目》（版本編號六）
〔明〕萬曆二十五年金陵荊山書林刻本	《中國科學院圖書館藏中文古籍善本書目》、《北京圖書館古籍善本書目》、《浙江圖書館古籍善本書目》、《清華大學圖書館藏善本書目》、《中國古籍善本書目》
通行本	《四庫全書總目》

準此來看，現存《夷門廣牘》善本以萬曆年間的刊刻本爲夥，但究竟是指萬曆二十五年的首刻本，亦或是再刻本？這些版本並沒有詳細交代，無從察考；不過，有些註明的版本雖異實同，如涵芬樓藏所據「〔明〕萬曆刻本」與國家圖書館藏所據「〔明〕萬曆金陵荊山書林刊配補影鈔本」，經筆者實際考察比對後，應源於同一版本，但何以會標註爲兩種不同版本來源，俟考。

另外，四庫館臣所徵集的《夷門廣牘》，在《總目》裡註明爲「通行本」

〔註63〕依照字義上的訓詁，四庫館臣認爲是「合數人之書爲一編，並別題以總名者。」詳見〔清〕紀昀等編：《四庫全書總目》，第三冊，卷一二三，子部，雜家類七，頁670下；近人汪辟疆表示：「說文訓叢爲聚。《書・益稷》『元首叢脞哉』，馬注『叢，總也』。曰聚曰總，其義至明。故總聚眾說而爲書者，謂之叢說；總聚眾書而爲書者，謂之叢書。」詳見氏著：《目錄學研究》（台北：文史哲出版社，1973年），頁95。

並輯入「存目」備考。據《四庫全書總目・凡例》的說明：

> 每一書名之下，欽遵諭旨，各注某家藏本，以不沒所自。其坊刻之
> 書，不可專題一家者，則注曰通行本。〔註64〕

嚴格來說，「通行本」在版本學上是一種較不負責任的說法，全然不顧該書來源的籠統交待方式，且相對於四庫館臣在書籍上精審的版本鑒定態度〔註65〕，關於《夷門廣牘》的版本問題，未免有草率之嫌。對此，比較合理的解釋是，這套叢書在清代修纂《四庫全書》時，可能已經散佚不全、來源不清，其中或許又間雜後人隨意補輯之痕，篇次錯亂，而館臣對於這類「不完之本」又向來輕視〔註66〕，因此，僅評之為：「所收各書，真偽雜出，漫無區別。」〔註67〕而不再細究其源。

第四節　分類架構

對於《夷門廣牘》一書，四庫館臣譏之為「漫汗雜收」、「山人窠臼」，這大抵是站在維護正統儒學的立場，面對明代矯激、儇薄、纖佻的文風習氣，自然感到深惡痛絕，並持以否定態度。然而，〔明〕周履靖本身是否真是茫無端緒的濫為收集，亦或有其選錄準則呢？

對此，我們暫且排除《夷門廣牘》內各書的真偽問題，至少從他在萬曆二十五年所作的〈夷門廣牘序〉來看，即使叢書的編訂旨在祈求廣輯古今之學、搜求學海遺編，然而，這並不意味〔明〕周履靖是毫無準則的廣搜博纂。

〔註64〕詳見〈四庫全書凡例〉，收於〔清〕永瑢、紀昀等撰：《四庫全書總目提要》，頁3。

〔註65〕例如《資暇集》云：「中間『貞』字、『征』字、『完』字皆闕筆，蓋南宋所刻。」由避諱字察其版本；《雜說》云：「不著撰人名氏，亦無序跋。相其紙墨圈點，不過數十年中物，殆近人作也。」由紙墨精麤判斷版本年代。上引二書，分別詳見〔清〕永瑢、紀昀等撰：《四庫全書總目提要》，第三冊，卷一一八，子部，雜家類二，雜考上，頁559上；以及第一冊，卷三十七，經部，四書類存目，頁767下。

〔註66〕例如《興觀集》的提要說明：「後綴《山村逸詩》一卷，凡詩五十四首，雜著二首，不知何人所附。今《山村遺稿》已有新本，而遠《金淵集》復從《永樂大典》中裒集成帙，刊刻以行。此不完之本，不足為重，故僅存其目焉。」詳見〔清〕永瑢、紀昀等撰：《四庫全書總目提要》，第五冊，卷一九一，集部，總集類存目一，頁128上。

〔註67〕詳見〔清〕永瑢、紀昀等撰：《四庫全書總目提要》，第三冊，子部，雜家類存目十一，頁836上。

綜觀全書內容架構，是以十三種牘目資爲整部叢書的骨架，之後，再依各個作品的性質分別收納，化爲叢書的血肉，這些規劃配合著〔明〕周履靖〈夷門廣牘序〉的說明，使得全書經理脈絡愈發清晰，由此亦可見出〔明〕周履靖所組織設計的生活體系爲何。是故，下文將針對各牘主旨及其收書內容，探察叢書的整體內容概況。〔註 68〕

「藝苑牘」：

其中收錄有《文章緣起》、《釋名》、《詩品》、《文錄》、《談藝錄》、《騷談秘語》、《詩源撮要》、《籟記》、《嘯旨》、《廣易千文》等作品，多半以詩文認識、指導類型的書籍爲主，如〔梁〕任昉的《文章緣起》臚列了各種文學體例的發源、〔梁〕鍾嶸《詩品》則是詩文批評，另外，周履靖編輯之《騷壇秘語》則提供作詩訣竅以及各種詩體的範本楷模等，彷彿是一本初學者作詩的指導手冊，如「養氣八要」寫道：「朝廷宗廟宜肅、山河軍旅宜壯、山林神仙宜清、歡娛通達宜和、幽顯豪俠宜奇、宮苑佳麗宜麗、鑑古搜玄宜古、登臨志士宜遠」，指示各種題材詩歌所應具備的氣性；《釋名》則是以同聲相諧，推論稱名辨物之意，《廣易千文》則是爲兒童識字教育所設計的四字文。在藝苑牘中所收錄者，不僅有《釋名》、《詩品》、《談藝錄》等廣爲人知的「熱門作品」，對於《籟紀》、《嘯旨》這類較不爲人注意的邊緣文類亦不排斥，〔明〕周履靖認爲這些作品「巧拙具存，瑕瑜相掩」〔註 69〕，雖是學海翰林中的小文小道，仍應有其保存價值。

「博雅牘」：

名之曰「博雅牘」，顧名思義，收書的基礎即「廣博」與「風雅」，〔明〕周履靖在序文中對於這一牘的說明：

> 人生坐甕牖中如醯雞耳，何暇步亥章之廣輪而問俗，叩雷煥之博識
> 而辨名，手茲一編，以當九鼎。〔註 70〕

〔註 68〕各牘要旨乃依據〔明〕周履靖〈夷門廣牘敘〉爲主，並配合各書內容作討論；筆者檢視目前所見各版本牘目的收書情況，唯《群仙乩語》一書的分類有一不同之處：在已知諸版本《夷門廣牘》中，除了〔明〕祁理孫《奕慶藏書樓書目》將它歸入「招隱牘」外，餘者皆將它列入「閒適牘」中，筆者在此從衆。此外，關於〔明〕周履靖對各牘的解釋，詳見後文〈附錄三：《夷門廣牘》各牘立目主旨〉。

〔註 69〕詳見〔明〕周履靖：〈夷門廣牘敘〉，收於氏編：《夷門廣牘》，頁 2 上。

〔註 70〕詳見同上註，頁 2 上。

人生在世短短數十個寒暑，直如甕中醯雞，要想窮畢諸典籍恐怕是微乎其微，因此學習的廣度往往有限，而該牘的立意旨趣即在提供吾人更為廣闊的識見，呈現更為多元的文化視界，如《異域志》描寫域外四夷六合的地理、人文風貌，如：「『大野人』：國有大山林，男子奶長如瓠，曾轍輒追趕至，將奶搭在手上奔走；會人言，食菜，即野人同。」《溪蠻叢笑》則紀錄了蠻夷民族的特殊用具，如「『粉紅水銀』：水銀出於朱砂，因火而就；或謂砂腹生水銀，非也。名粉紅水銀。」、「『黃貓頭』：蠻類不巾髮，拳曲，照日金色，故名。」曲折纖悉，臚列明晰，事雖鄙詞頗雅，尤其，這些特殊的人文風物，一般較少能夠認識了解，希冀藉此增廣讀者識聞。此外，《格古要論》與《墨經》則是風雅生活的強調，透過對於古銅器、古畫、古墨、古碑法帖、古琴、古硯、瑤器、珠玉、異石……等等的眞贋優劣之解，剖析纖微，又熟悉一切典故源流，不僅是文人雅士的日用參考，更可增添生活樂趣，創造豐富的生活格局。

「尊生牘」：

「尊生」在晚明是一個普遍而重要課題，在當時許多筆記文獻裡，不難見到文人對此議題的討論[註71]，如〔明〕胡文煥《格致叢書》、〔明〕何良俊《四友齋叢說》、〔明〕李詡《戒庵老人漫筆》……等等，甚至是日用類書也都立有養生保健的門類，而〔明〕高濂的《遵生八箋》更是當時的代表性著作，尊生幾乎成了全民運動。因此，〔明〕周履靖對此議題的關注，並不意外：

> 朝露石火，刹那不留，詎必石半化而詫為仙蹤，仙鶴歸而悲其塵世，服食養氣，以致脩齡，貴其身以為天下，可不尚諸。[註72]

相應於此廣宇長宙，人的生命彷如是朝陽雨露或電光石火般，起滅總在一瞬間，唯有服食養氣才是脩齡貴身的基本法門，因此該牘收錄許多道藏、醫家的養生導引、修煉調攝的書籍，比較強調身體調攝的具體行為，如《胎息經》大抵是根據《老子‧谷神不死》一章，暢發其義；《赤鳳髓》是一部氣功養生的指導書籍，除了文字口訣外，更有許多圖示說明；《益齡單》則論述了

〔註71〕毛文芳認為，晚明文人普遍關心己身在俗世中的生命狀況，因此，對於尊養生命的課題，顯得相當重視；並指出「遵生」就是「尊生」，較「養生」多了一層對於生命的看中與敬意，其中尚包括有保身、養身、衛生的內涵。詳見氏著：《晚明閒賞美學》（台北：學生書局，2000 年 4 月），頁 177～199。
〔註72〕詳見〔明〕周履靖：〈夷門廣牘敘〉，收於氏編：《夷門廣牘》，頁 2 上～下。

包括口耳心目、日常起居、飲食服飾等各方面與身體健康有關的問題；《煉形內旨》則是藉由宗教導引方式達到養生目的；其他尚包括有《天隱子》、《玉函秘典》、《今笥玄玄》、《逍遙子導引訣》、《脩眞演義》、《既濟眞經》、《唐宋衛生歌》、《海外三珠》、《怪疴單》等書。

「書法牘」：

此牘所收書籍最少，僅見《法書通釋》、《干祿字書》與《學古篇》三書，皆與習字有關。〔明〕周履靖在序文裡說道：

> 雨粟夜哭之說，夐絕不經，歧陽嶧山之石，蕪沒滋久，繫至太傳長
> 史，代擅名家，筆塚墨池，風流斯往，然范土爲金，土在而金不躍
> 冶，因繩削枉，繩存而枉不遺形，溯古及今，其揆則一。〔註73〕

文字書寫是一切智識的基礎，任何文化、知識要能長久保存，就必須透過文字傳遞，「書法牘」的輯刻就是基於這樣的意義而產生。《法書通釋》主要臚列晉唐以來各種書法寫字的相關評論，亦兼及蘇軾、黃庭堅、姜夔、吾衍之說，如「八法」篇中依照永字八法各筆劃排列，一一指出各筆劃的書寫要訣與注意事項，而「執使」篇則是執筆運勢的各種討論，所取用的古人碑帖，只及於唐而止；〔唐〕顏元孫的《干祿字書》是一本刊正漢字形體的字樣學書，其編排體例是按照平上去入四聲分類，除了可以考察唐代新字與用字情況，更對後來楷書友規範化作用；《學古篇》則收錄了各種字體、字書的相關知識，是專門爲篆刻印章而作，多採用他家之說，並附以己意，其間還辨論僞謬、評論考核諸法，分析頗爲精到。且由於漢字結構對於各種書體運用線條切割抽象空間的處理方式，保留極大的自由度，這使得文字之視覺形式所具有的線條運動和抽象空間，能與文人的內心生活之間，存在著緊密聯繫的可能性，文人得以在書法形式的構成中，賦予主觀的精神蘊含。因此，書法藝術的誕生，係語言書寫形式與文人精神生活不斷相互作用的發展過程〔註74〕，無論《法書通釋》、《干祿字書》或《學古篇》，透過各種筆勢運用、漢字形體書寫的說明，使得書法習字成爲一種審美行動，並且是陶冶和表現性情的高雅活動，甚至被視爲足以體現傳統文人的基本生命型態。〔註75〕

〔註73〕詳見同上註，頁2下。

〔註74〕詳見邱振中：《書法藝術與鑑賞》（台北：亞太出版社，1996年），頁119、152～153、213。

〔註75〕詳見余秋雨：《文化苦旅》（台北：爾雅出版社，1992年），頁380。

「畫藪牘」:

此牘羅列有許多〔明〕周履靖平時的畫論以及畫作成果。其中,《畫評會海》可以視作本牘的總論,內容討論的是各種繪畫的要旨,如〈畫樹論〉中表示,樹木姿態的榮、枯、古、健、硬、堅、重、密、質、麗等,都可以透過筆勢運勁的濃淡狂疎來表現,如何表現?怎樣運勢?書中皆有詳細說明,書末並附有唐代諸名公的山水畫訣,如〈王摩詰山水訣〉、〈李成山水訣〉等;《雲林石譜》彙載石品,凡一百一十六種,各都詳細說明出產之地、採取之法,描寫其形狀色澤,並且爲它們品第高下,其中也兼論硯材、浮光、器用之類,書末附有《宣和石譜》,不詳出處與作者,推測應是〔明〕周履靖刻書時隨意竄入的;另外,《天形道貌》、《淇園肖影》、《羅浮幻質》、《九畹遺容》、《春谷嚶翔》等,分別針對石頭、人物形貌、梅花、竹、蘭、飛鳥、昆蟲等提供作畫要訣,除了文字口訣外,還配合實際畫作來直接呈現各個畫訣的精髓要義;在「畫藪牘」中比較特別的是《繪林題識》一書,它既非畫冊也不是畫論,而是晚明當時名公勝流所贈與的畫作題識,其中除了對於〔明〕周履靖畫作的贊語外,也能見到這些名士對於作畫的見解與想法。

「食品牘」:

從《夷門廣牘》各牘旨趣觀察,「食品牘」可以說是「尊生牘」的延續,後者著重的是如何透過外在導引以達生命的尊養,而前者則是由內在飲食調理出發,眞正改善人的身體機能。〔明〕周履靖在序文中便說道:

> 昔稱三世長者知被服五世長者知飲食,故有炊辨勞薪,飲別澠水,仗節則山薇可餐,憂時則水葶可羹者,進於味矣。矧乎書尚德,將詩稱眉壽,一獻而勤百拜,單醪而走三軍,則徐邈之中聖奚皆,伯倫之解醒非妄,如必列鼎染指,刺齒肥梁以爲愉快,可戒而不可尚也。〔註76〕

昔日長壽之人往往重視飲食,炊爨飲品中何者當避?何者有益?凡此一切皆須講究,其中又以「飲食習慣」的調節最是重要,大凡貪圖美味而不知節制或錯誤的飲食習慣,對於身體都是一種傷害,如此看來,口腹之欲實非尺寸膚沫之學;牘內的《山家清供》、《易牙遺意》、《續易牙遺意》等臚列許多脯鮓蔬菜、糕餅齋飯、果實湯藥等以備參考,〔明〕周履靖堪稱這些食品爲當

〔註76〕詳見〔明〕周履靖:〈夷門廣牘敘〉,收於氏編:《夷門廣牘》,頁3上。

時豪家所珍，但四庫館臣卻認爲眞正高士未必營心刀俎，大抵是好事者僞撰，託名〔宋〕韓奕所爲；《茹草編》則爲山居生活提供飲食調理的諸多食單與烹調處理方式，《水品全秩》、《茶品要錄》、《茶寮記》除了是品茶用水的閒賞體驗外，對於水質、茶品的考究，多是寥寥數言即止，但內容不外乎也是尊生所關懷的範疇，而《士大夫食時五觀》主要是介紹士大夫飲食禮儀，大抵延續《禮記・曲禮》的精神而來。

「娛志牘」：

對於該牘的編輯旨意，〔明〕周履靖說道：

> 五絃肇於潙聖，魯皷著於禮經，要以陶淑中和，周□于樂，歷世綿邈，浸失其源，而博奕馬戲彈丸迷藏諸技，雜俎並出，然泜水縣之折衝，長門破其寂歷，莫不妙析成虧，理通輸墨，宣尼賢□之嘆，恆必由斯。〔註77〕

音樂、博奕、馬戲、彈丸、迷藏等技藝，往往被視爲「小道」而不受重視，然而，周履靖秉持著小道中亦含有片玉遺珠的態度，鄭重其事的收錄許多相關雜俎書籍，如《綠綺新聲》是一部琴學啓蒙的指導手冊，共分兩卷，上卷乃彈琴要論、指法、五音等基本常識，下卷則是樂譜；《投壺儀節》則是各種投壺制度、規則、相關器具的介紹，是一種仿射箭，以矢投入酒壺中的古代遊戲。屬於嘉禮或者賓禮，是士大夫與賓客宴飲時爲了娛樂賓客而行此禮；《馬戲圖譜》、《詩牌譜》是士大夫嘉賓宴饗時，各種賭博技藝、規則的介紹，主要作爲導樂宣和之用；其他如《丸經》是彈丸之技，藉擊毬之事以寓意，文詞頗爲可觀、《五木經》則是〔唐〕李翱所戲作，借古擤蒱盧白雉犢之名，以行打馬之法，實際上並不是古代所謂五木、《姆陣篇》乃談論姆戰的各種遊戲策略、《玉局鉤玄》則討論了圍棋的玩法、規則、攻略守則。「娛志牘」中所收皆爲博技遊戲之書，在人們觸政繁俗交侵下，棋藝博技成了消度生活、坐隱忘情的最佳媒介，誠如《世說新語・巧藝》所記載：「王中郎以圍棋是坐隱，支公以圍棋爲手談。」〔註78〕松泉間，伴隨著香茗清酒，在文韜武略的機智攻防競爭中，享受其中的風雅情趣，彷彿擺脫一切俗世羈絆，提供人們一套適趣燕閒的娛樂。因此，娛志牘的中心旨趣，大抵是以遊戲娛樂的活動，作爲文人的精神依託。

〔註77〕詳見同上註，頁3上～下。
〔註78〕詳見余嘉錫：《世說新語箋疏》（台北：華正書局，2003年），頁720。

「雜占牘」：

此牘主要收錄占卜、風水等相關類型的書籍，〔明〕周履靖認為：

> 五德之運既開，凡七之籌斯衍，而時日有向背，丘陵有牝牡，從來
> 遠矣，下至弓□應占於咂夢，物色兆啓乎龍顏，決若發覆，冥同司
> 契，術雖纖細，寔開吉凶順逆之途，又可廢乎？〔註79〕

這些占驗之術雖然總被視作纖細毫末之學，但卻與吉凶順逆、起居安樂的追求息息相關，吾人該如何趨吉避凶、去禍納福，這都是一個個嚴肅而重要的議題，豈可以簡單忽略？其中，《黃帝宅經》與《葬經》從堪輿的角度考量，指導各種居家、喪葬的風水原理，它不僅是建築理論，其中尚包括有人文、哲理、美學⋯⋯等內容，強調的是人的身心與外在自然的和諧〔註80〕；《握奇經》舊本又作《握機經》或《幄機經》，談論各種作兵之法、行軍陣圖安排等；《探春歷記》、《四字經》、《土牛經》、《天文占驗》等，則是透過歲時節氣的占候，標示了各時節徵候以及可堪配合的農事、人文活動，如《天文占驗》：「『占天』：朝看東南黑，勢急午前雨；暮看西北黑，半夜看風雨。」從天象預測可能的天氣；其他如《黃帝授三子玄女經》、《祿嗣奇談》、《靈笈寶章》、《許負相法》⋯⋯等，或從符咒，或從卜筮、或從相術、或從星命等，提供一系列安身去危的方法，營造出一套自然與人文和諧共存的環境，而這其實也是立基於明代強烈的「尊生」意識而來。

「禽獸牘」、「草木牘」：

鳥獸花草的分類賞鑑、品評，主要來自於宋明譜錄書籍，專明一事一物，如《禽經》、《獸經》、《魚經》、《蠶經》、《相鶴經》、《促織經》⋯⋯等等，發展到晚明，這些書籍漸漸匯聚而形成「雜品」書籍〔註81〕，並且蔚為風潮，這從《四庫全書》所收的「雜品之屬」便能見其梗概。

〔註79〕 詳見〔明〕周履靖：〈夷門廣牘敘〉，收於氏編：《夷門廣牘》，頁3下。

〔註80〕 風水理論的宗旨是，勘查自然，順應自然，有節制地利用和改造自然，選擇和創造出適合於人的身心健康及其行為需求的最佳建築環境，使之達到陰陽之和、天人之和、身心之和的至善境界。詳見亢亮、亢羽編著：《風水與建築》（天津：百花文藝，1999年），頁7。

〔註81〕 毛文芳表示，「雜品」是將譜錄、格物、日用類書交會聚合而成的一種新興書寫，⋯⋯「雜品」之「雜」，指其品類紛繁，有別門區項、俱載全備的分類企圖，為日常瑣事瑣物的總匯，原是邊緣性範疇，經過書寫與表述，組成了符號系統。詳見氏著：《物‧性別‧觀看──明末清初文化書寫新探》（台北：學生書局，2001年12月），頁17。

在禽獸、草木二牘內，專輯各種花木植栽、禽魚蟲獸之屬，如《蘭譜奧法》、《梅品》與《菊譜》乃教導人們如何栽培澆溉梅、蘭、菊等園藝花卉，依照不同時令進行貯土、留種、分秩、登盆、理緝、護養，並就花性、花名討論其品第判斷；《耒耜經》、《理生玉鏡稻品》、《芋經》則是關於農具、農作物的介紹，指導人們耕植生活的各種事宜，包括蒔蔬藝法、烹調方式、食用忌諱、耕植用具、典故、名號等；《禽經》、《獸經》、《魚經》、《相鶴經》等，則是記錄了各種禽魚獸類的蓄養方式，有別其名號者，有辨其習性者，有談馴養之法者……等，其他還有《種樹書》、《農桑撮要》、《王氏蘭譜》……等等，不一而足。據〔明〕周履靖對於「禽獸草木牘」的說明：

> 孔子曰：「小子何莫學夫詩，多識於鳥獸草木名。」故鳳翔雨舞並載於周經，杜若江蘺，見咨於楚客，至於譚偉異，則禽稱胎化，辨名實，則草號蹲鴟莎雞振，知物候之頻移，蘭菊芳，增雄圖之忼慨，自非伯疇，熟悉厥名。〔註82〕

他站在周孔不避閎博瑣屑的立場，將「物」帶入日常生活，配合文字書寫，細究各種鳥獸草木蟲魚名實、特性，不但可以增廣見聞，更重要的是，它還提供了人們一套豐富的審美內涵，藉以達到精神上賞心悅目的目的，誠如〔明〕王畿〈復兩粵制臺胡泰六〉所說：

> 戴笠荷鋤，從事菜污納稼，輸賦而外，剩秫稻數斛，釀濁醪以供農伴，醉飲風夕花朝，逍遙物外，竊自比羲皇上人。〔註83〕

或者是〔明〕張翰〈鳥獸紀〉所說：

> 鶴舞庭陰，鹿鳴芳砌，錦雞之輝艷，白鷴之縞素……亦可以暢適幽情，非徒玩物已也。〔註84〕

皆是將豢養植栽的園藝生活與個人心靈美感體驗結合的明證。

「招隱牘」：

此牘主要收錄塵外神仙、隱士或逸民傳記，〔明〕周履靖在序文中說道：

> 至夫害馬對於帝師，楚鳳歌而傲聖，遁跡逃名，隱身絕俗，食必遺

〔註82〕詳見〔明〕周履靖：〈夷門廣牘敍〉，收於氏編：《夷門廣牘》，頁3下～4上。

〔註83〕詳見〔明〕王畿：《摀全集》（台北：漢學研究中心景照明刊本），卷六，頁67。

〔註84〕詳見〔明〕張翰：《松窗夢語》（北京：中華書局，1985年），卷五，頁105。

穗，居必墻東，兼有穀城之老爲石，□山之客駿皇，俾夫式其廬而
驕色鉏乎腐鼠，挹其貌而操心釋其飲水。〔註85〕

對於這類隱跡逃名、離塵去俗的高逸之士，〔明〕周履靖顯得十分推崇、心
神景仰，故略載其生平，藉以霑漑其德澤，如《神仙傳》、《續神仙傳》、《集
仙傳》、《列仙傳》等，羅列了塵外飛昇隱化仙人數十餘位，並簡述其生平、
里籍；《逸民傳》、《香案牘》與《貧士傳》則記錄了歷代高亮風範的逸民隱客
之生平逸事，如《逸民傳》：「『衛大涇』：衛大涇，蒲州鮮人，卓然高行，口
無二言。武后時召之，固辭疾。」〔註86〕《香案牘》：「『范蠡』：蠡好服桂，
飲水賣藥蘭陵，於北邙山得仙。」〔註87〕這些作品的收錄，〔明〕周履靖以
爲可以「俾夫式其廬而驕色鉏乎腐鼠，挹其貌而操心釋其飲水。」換言之，
他是將這些高節前賢視爲一種隱逸的人格典範，可作爲後人仿效追隨的目
標。比較特別的是，該牘尚收有《梅墟先生別錄》及《梅塢貽瓊》兩部作品，
前者是〔明〕李日華與〔明〕鄭琰等人爲周履靖所作的生平傳記，而後者則
是〔明〕汪顯節集結當時名士勝流贈予〔明〕周履靖的各種詩、跋、贊、歌、
題，將它們置於「招隱牘」內，與其它遯外離塵者同列，某種程度上，即帶
有一種精神企慕嚮往、相互標榜之意。

「閒適牘」、「觴詠牘」：

〔明〕周履靖在《夷門廣牘》首度刊刻前所寫的序文中，尚未見有此二
牘，由其內容來看，概爲〔明〕周履靖個人作品，名義上列作二牘，無非是
從作品內容作分類。「閒適牘」內的作品多爲個人吟詠及文友間的賡歌酬詩，
如：《閒雲稿》、《野人清嘯》、《燎松吟》、《尋芳咏》、《山家語》、《泛泖吟》
等，乃平時吟詠之作；《宋明名公和陶詩》、《中峰禪師梅花百詠》、《毛公壇倡
和詩》、《鴛湖唱和稿》、《千片雪》，則是與文友間的唱和作品，另外，《鶴月
瑤笙》是他的聯套散曲作品，而《香奩詩草》則是〔明〕周履靖之妻──
〔明〕桑貞白的詩歌作品；「觴詠牘」部分，則是環繞於飲酒的賡和詩作，包
括有《青蓮觴詠》、《香山酒頌》、《唐宋元明酒詞》、《狂夫酒語》等，皆是〔明〕

〔註85〕詳見〔明〕周履靖：〈夷門廣牘敘〉，收於氏編：《夷門廣牘》，頁 4 上。
〔註86〕詳見〔明〕皇甫涍：《逸民傳》，卷二，收於〔明〕周履靖編：《夷門廣牘》，
　　　　頁 889 上。
〔註87〕詳見〔明〕陳繼儒：《香案牘》，收於〔明〕周履靖編：《夷門廣牘》，頁 897
　　　　上。

周履靖與古人或朋儕間的詩詞和詠之作。此外，我們也可以將這些作品視作〔明〕周履靖閒隱生活理念的具體呈現，從中看到周履靖的生活態度，例如：

> ◎一壺濁酒一張琴，幾樹梅花間竹林。興至偶臨數行帖，半窗殘日
> 弄花陰。〈山居十二絕〉其四〔註88〕
> ◎靜掩柴關覺晝長，閒翻道德爇爐香。坐來時聽禽聲巧，煮茗分泉
> 只自嘗。〈山居十二絕〉其七〔註89〕

表面上，〔明〕周履靖以「物」勾勒其山居生活，實質上，則是將自己閒雅適志、怡情養性的精神世界，寄託於茶、酒、琴、花、竹、禽鳴、書帖等，達到一種精神悅樂的生活態度，「靜掩柴關覺晝長」，更是呈現一種時間凝滯的靜態美，彷彿主體「我」與萬物在這無限縱深又無限遼遠的宇宙整體中，渾融爲一，彼此間，沒有衝突也沒有對立，換言之，這種自足、自得、自娛、自樂的和諧境界，其實就是一種自我主體與外在物質世界相融合的審美體驗。

如此一來，《夷門廣牘》內大凡吟詩詠文、栽花蒔竹、焚香鼓琴、品茗飲酒、剔石弄鶴、奕棋遊宴、清賞古玩……等等內容，將不再是一種「玩物喪志」的生活零餘，反而由形入神、緣心感物、以人合天，創造出即生活、即文化、即審美、即藝術、即自然的美感境界。〔註90〕

第五節　結　語

任何學術問題所必須依憑的研究基礎即文獻資料，如果無法完整掌握，終將陷於以偏概全之境。以叢書的研究而言，其形式主要是「以數人之書合爲一編」，其中糾葛的收書、隸類、版本文獻等問題，較之他書又更複雜，若欲進一步以此爲研究對象，文獻爬梳整理的工夫尤須辨明清楚。本論文以《夷門廣牘》作爲研究對象，然有鑑於這套叢書自萬曆二十五年刊刻後，後代討論者少，相關專門研究更是闕如，循此，本章分爲「版本」、「版式、行款及

〔註88〕詳見〔明〕周履靖：《山家語》，收於氏編：《夷門廣牘》，頁 1257 上。
〔註89〕詳見同上註，頁 1257 下。
〔註90〕關於這種物與精神之審美體驗的相關討論，主要參閱自成復旺：《物與神遊——論中國傳統審美方式》（台北：商鼎文化出版社，1992 年），頁 316～317。

其收書概況」與「分類架構」三節作討論，以此概見其貌。

在「版本」裡，主要是欲了解《夷門廣牘》刊行後，各處善本典藏情況爲何？經筆者翻閱搜訪歷代藏書書目、海內外各大重要圖書館藏善本書目後，共獲知有十九筆，約可分爲藏書書目、四庫全書總目、台灣各大重要圖書館藏、中國大陸與香港各大重要圖書館藏以及海外各大重要圖書館藏五部份；在「藏書書目」部份，所見包括有《奕慶藏書樓書目》、《西諦書目》、《八千卷樓書目》、《叢書書目彙編》與涵芬樓藏書，然而，〔清〕丁丙藏書因轉賣藏入江南圖書館（即今日南京圖書館），故《八千卷樓書目》所見《夷》書與南京圖書館藏本應爲同一本，本文將它置於中國大陸典藏處討論，另外，沈乾一《叢書書目彙編》因不詳所據版本，故暫擱不論；在「四庫全書總目」部分，館臣將它列於存目備考，拒提要說明，該《夷門廣牘》乃「通行本」，書中收有十牘八十六種作品，其中的尊生、書法、畫藪三牘則未見刊入；在「台灣各大重要圖書館藏」部份，僅見國家圖書館藏的兩種版本，其餘各大重要圖書館所藏盡爲藝文印書館重新排印本，唯其內容雜揉諸多版本，並且相較其他叢書而汰除重複者，已失善本文貌，較不適宜作爲研究的第一手資料；在「中國大陸與香港各大重要圖書館藏」部份，是筆者所察見中收錄最夥者，共得九筆，分別見於中國科學院圖書館、南京圖書館藏、北京圖書館藏、浙江大學圖書館藏、北京清華大學圖書館藏與《中國古籍善本書目》，雖然在《中國古籍善本書目》與《中國叢書綜錄》兩書的統計中，指出尚有部分圖書館亦藏有《夷門廣牘》，然而，時間的久遠及相關古籍善本書目亦未發現，使得本文暫無法進行確認工作；在「海外各大重要圖書館藏」部分，以日本所見最夥，包括日本內閣文庫以及尊經閣文庫皆藏有〔明〕萬曆二十五年的《夷門廣牘》刊本，歐美地區典藏處則僅見美國國會圖書館藏有〔明〕萬曆間刻本之《夷門廣牘》。

在「版式、行款及其收書概況」裡，由於部分文獻訊息薄弱，本文將討論重點放在這些不同版本間的比對，客觀地指陳其中異同，藉以觀覽諸本《夷門廣牘》的收錄情況。分爲「版式與行款」與「收書情況」兩部份。在「版式與行款」裡，筆者以涵芬樓以及國家圖書館藏《夷門廣牘》作爲觀察，就其版式、行款、規格、卷與卷之間處理方式等狀況作說明。在「收書情況」裡，筆者就已知的十九筆善本書目作比對整理，分成書籍種類、書籍卷數、書籍名稱、排序方式、部類歸隸、版本來源等六項，經過這樣的歸納，使得

版本間的異同現象立刻清楚呈現。尤其，每每以叢書作為研究素材者，如果無法辨明其中書籍的相關問題，並針對不同版本間進行核對審訂，恐怕是會影響研究成果。此亦為本節討論意義所在。

　　順承上一節針對《夷門廣牘》的形式、體例等問題討論，在「分類架構」裡，藉由〔明〕周履靖〈夷門廣牘敘〉的旨趣說明，配合各牘作品內容，以見〔明〕周履靖所建構的隱逸生活體系。其中，「藝苑牘」專收各種作詩認字、名物訓詁之書，多是培養文人基本文藝能力之書，「博雅牘」據其牘名可知，內容以「廣博」與「風雅」作為收書原則，如《溪蠻叢笑》介紹各種夷俗夷蠻風，《格古要論》介紹各類奇異罕見之墨、銅、畫、碑帖等，不僅可以是文人風雅日用類書，更可資拓展生活格局，「尊生牘」則臚列各種養生導引、修煉調攝之書，強調以身體調攝的具體行為達到養生功效，「書法牘」與「畫藪牘」專收各種書畫相關作品，其中尚包括〔明〕周履靖自著畫論，「食品牘」內的書籍，主要是各種飲食調理之法介紹，強調以飲食調配改善人的身體機能，「娛志牘」收錄各種博奕游戲之書，其中心旨趣，大抵是要藉游戲娛樂的活動，作為文人的精神依託，「雜占牘」則提供一系列安身去危的方法，營造出一套自然與人文和諧共存的環境，而這其實也是立基於明代強烈的「尊生」意識而來，「禽獸牘」與「草木牘」所收內容多為雜品之屬，除了作為日常使用的參考之外，更重要的是它提供人們一套豐富的審美內涵，藉以達到精神上賞心悅目的目的，「招隱牘」則收錄諸多塵外神仙、隱士、逸民，以及〔明〕周履靖自己的生平傳記、他人贈詩，具有一種精神企慕嚮往、相互標榜之意，最後，「閒適牘」與「觴詠牘」雖是〔明〕周履靖自著、賡和詩作，某種程度上，也可視為〔明〕周履靖生活理念的具體呈現，見他如何以自己閒雅適志、怡情養性的精神世界，涵融天地萬物的山水花石、茶酒琴香、博奕雜占……等等，如此一來，《夷門廣牘》所建構的名物世界，非但不是「玩物喪志」的生活零餘，反而創造了一種即生活、即文化、即審美、即藝術、即自然的美感生活境界。

　　本章討論內容，乃是站在前章關於《夷門廣牘》成書動機與過程的基礎上，再就版本、形式、體例與分類架構作明確地釐清，主要仍是純以文本作為分析討論，然而，一部作品的意義絕非孤立的，我們尚可以由歷史的脈絡或同時期相關作品的比較，呈顯出《夷門廣牘》的價值。因此，筆者接著就要從這兩個角度進行該叢書的文獻價值詮釋。

第三章 《夷門廣牘》的文獻價值

第一節 前 言

　　如前所述，四庫館臣認爲明代叢書普遍存有「刊版粗劣」〔註1〕、「體例繁瑣」〔註2〕、「荒誕纖仄，竄易原書」〔註3〕等毛病；同樣地，〔清〕盧文弨在〈鮑氏知不足齋叢書序〉一文中，也曾針對一部叢書所該具備的條件作了說明，云：

> 昔人叢書之刻，爲嘉惠於學者，至也。雖然亦有反以爲病者，眞僞不分，雅俗不辨；或刪削而非完善，或脫誤而鮮校讎；就數者之中，不完與不校之爲弊更甚。……此皆足以疑誤後人，後人將何由得觀其全乎？……吾常以謂，必得深於書旨而有餘力者，始足以任此事。

〔註1〕 例如《中都四子集》，提要云：「其書刊版頗拙，校讎亦略。又於古註之後時時妄有附益，殆類續貂，遂全失古本之全面止目，書帕本最下者也。」詳見〔清〕永瑢、紀昀等撰：《四庫全書總目提要》（台北：臺灣商務印書館，1983年），第三冊，卷一三四，子部，雜家類存目十一，頁834上。下引此書皆同此一版本，不另出詳註。

〔註2〕 例如《溪堂麗宿集》，提要云：「龐雜冗瑣，茫無端緒，蓋庸陋書貫鈔合說部，僞立名目以售欺。范欽爲其所紿，遂著錄於天一閣耳。」詳見〔清〕永瑢、紀昀等撰：《四庫全書總目提要》，第三冊，卷一三四，子部，雜家類存目十一，頁840下。

〔註3〕 例如《快書》，提要云：「大抵儇薄纖佻之言，又多竄易名目。如《會心編》改名「秋濤」，《醒言》改名「光明藏」之類，不一而足。」詳見〔清〕永瑢、紀昀等撰：《四庫全書總目提要》，第三冊，卷一三四，子部，雜家類存目十一，頁839上～下。

擇之必其精，如《三墳》、《端木詩傳》、《魯詩說》、《素書》、《忠經》、
《天祿外史》之類，勿錄也；<u>取之必其雅</u>，如《百川學海》、《百家
名書》所輯之繁蕪猥雜者，勿錄也；而且勿惜工費，<u>一書必使其首
尾完善</u>，勿加刪節；至於校讎之功如去疾焉，<u>期於盡而後止</u>。如此，
則古人之精神始有所寄，而後人之聰明亦有所入，叢書之刻乃爲有
益而無弊。〔註4〕

他以爲一部叢書的優劣取決於「精擇」、「雅取」、「首尾完善」、「校讎審慎」
與否，雖然盧氏並未指明所批評者，但若參照上引《四庫全書總目》的評
價，顯然他撻伐的對象即是明代叢書〔註5〕，指陳它們「眞僞不分」、「雅俗不
辨」、「刪削不全」、「校讎不精」，並視之爲疑誤後學之作〔註6〕。如果必須服
膺於擇精取雅、校讎精良的標準，明代叢書自然不盡完美，可是，另外也有
如〔清〕俞樾〈靈鶼閣叢書序〉：「叢書者，宜乎如入五都之肆，南金北毳，
無物不備；又如入大官之庖，山之珍、海之鱻、陸之毛，無不羅列於鼎俎
間。」〔註7〕〔清〕尤炳奎〈佚存叢書序〉：「此佚存之傳，厥功已偉，而惟是
魯魚之誤，於校猶疏，好古者初不以自知舛錯爲嫌，而惟以書之難得爲憾
也。」〔註8〕或〔清〕張之洞一段極有名的評論：「叢書最便學者，爲其一
部之中，可該群籍，搜殘存佚，爲功尤巨，欲多讀古書，非買叢書不可。」
〔註9〕除了版本校對的問題，在在都能言簡意賅地點出叢書的文獻參考性，
近人劉尙恆也指出：

〔註4〕該文詳見於嚴一萍選輯《百部叢書集成》（台北：藝文印書館，1966年）之二
十九，《知不足齋叢書》，第一函，第一冊，頁1左～2右。

〔註5〕關於四庫館臣對於明代叢書的批評，可以參閱吳哲夫：〈四庫全書館臣處理叢
書方法之研究〉，《故宮學術季刊》第十七卷第二期（1999年12月），頁19～
40。

〔註6〕另外，〔清〕朱槐盧在〈重刻平津館叢書〉也指出前人所編叢書之五弊：「體
例不嚴，抉擇不審」、「好尚奇異，眞贋雜陳」、「依據俗本，魚豕相仍」、「魯
莽從事，輕改古書」、「方藥之書，最是實用，苟不詳愼，危害無窮」。該文詳
見於嚴一萍選輯《百部叢書集成》（台北：藝文印書館，1966年）之四十二，
《平津館叢書》，第一函，第一冊，頁1右。

〔註7〕該文詳見於嚴一萍選輯《百部叢書集成》（台北：藝文印書館，1966年）之七
十九，《靈鶼閣叢書》，第一函，第一冊，頁1右。

〔註8〕該文詳見於嚴一萍選輯《百部叢書集成》（台北：藝文印書館，1966年）之八
十，《佚存叢書》，第一函，第一冊，頁1左。

〔註9〕詳見〔清〕張之洞：《書目答問》（台北：臺灣商務印書館，1984年），叢書目，
頁73。

清末張之洞在評價明代古籍叢書說得比較中肯，他說：「明刻叢書比較荒率，脫誤固然，其專輒刪改，最為大害，然不聞陶淵明語『慰情聊勝無』耶？」(《輶軒語‧語學‧讀子宜買叢書》)是由於明人的大量刻書（包括刊刻叢書），使我國宋元前的許多古籍賴以流傳至今。〔註10〕

不能因為明代叢書在版本校訂上的荒率，便一概抹煞其保存古籍的價值，加上任何文學作品所映現出的文學思潮、文化現象，必使其意義富涵多元，因此，我們或許也須追問：明人的叢書編輯反映了什麼文化現象？這種編輯風氣又表現了什麼文學意義？

　　職是，這一章將針對《夷門廣牘》的編纂意義作詮釋。然而，必須說明的，在論文資料蒐查的過程中，筆者發現：《夷門廣牘》一書歷來談論者甚少，具體發揮的影響力恐怕也不易彰顯，若欲有效地見其「影響價值」或「編纂意義」，有時仍必須通過集體的文學行為作觀察，誠如顏崑陽所指出：

文學史是由群體的「文學行為」經驗與產品所構成的，強調的是「群」與「己」之文學行為經驗的辨證關係，而這種以「文學」為事的社會互動與文化傳衍關係，必然逐漸形塑出某些普遍性的成規，以為共所依循。〔註11〕

所謂「群體的『文學行為』經驗」，即文學的「群體性」，包括有歷史發展脈絡、同時期相關作品比較，或者是某一選輯內各類作品的關係；故本章將以《夷門廣牘》作為論述的載體，並置諸明代圖書文化、觀念或文學發展脈絡底下，穿插相關文獻論證〔註12〕，冀由「某些普遍性的成規」當中，抉發《夷門廣牘》之文獻價值。

　　以下，筆者擬分「文獻資料整合」與「另一種批評──叢、選、輯」這兩重面向作觀察，細究這套叢書的文獻價值。

〔註10〕詳見劉尚恆：《古籍叢書概說》（上海：上海古籍出版社，1989 年），頁 14～17。

〔註11〕詳見顏崑陽：〈論「典範模習」在文學史建構上的「連游效用」與「鍊接效用」〉，《建構與反思──中國文學史的探索學術研討會論文集》（臺北：臺灣學生書局，2002 年），頁811。

〔註12〕其他叢書文獻的資訊，主要參考楊家駱編：《叢書大辭典》（台北：鼎文書局，1967 年）；上海圖書館編：《中國叢書綜錄》（上海：上海古籍出版社，1982 年）。

第二節　文獻資料整合

　　叢書的編定，以較為籠統的觀念來說，乃是匯聚一種以上的書籍合成一帙，原則上並不打散各書體系，體式繁夥、部類間雜，較之其他各種彙編類型的書籍，它的規模動輒百餘卷，甚至千卷，文獻存量是相當驚人的，因此，叢書之文獻訂補、文獻保存、輯佚、辨偽、資料運用等問題，向來都是人們重視的焦點。以《四庫全書總目》為例，《說郛》提要云：

>　　每書略存大概，不必求全，亦有原本久亡而從類書之中鈔合其文，以備一種者，故其體例與左圭《百川學海》迥殊。……古書之不傳於今者，斷簡殘編往往而在，佚文瑣事，時有徵焉，故亦考證之淵海也。〔註13〕

又，《中都四子集》提要云：

>　　其書刊版頗拙，校讎亦略，又於古注之後，時時妄有附益，殆類續貂，遂全失古本之面目，書帕本之最下也。〔註14〕

另外，近人戚志芬在《中國的類書、政書與叢書》中談到叢書價值，云：

>　　叢書可以說是廣義的工具書，因為我國大多數古籍都收在各種叢書中。叢書的編印在歷史上起到了保存與流通古籍的作用。直到今天，叢書仍是學術文獻的淵藪，從事學習和研究的人們都需要從中汲取資料。〔註15〕

由此看來，文獻資料的藏存或版本目錄的校正應當也是叢書的重要價值。循此，本文將由「藏存罕見文類」、「文獻訂補與辨偽斠讎的資料庫」、「分類編輯」與「明代文獻史料」四部份，分別討論《夷門廣牘》在資料整合上的意義。

一、藏存罕見文獻

　　中國古代書籍的散亡機率之大，從〔元〕馬端臨〈文獻通考序〉或可見一般，云：

〔註13〕詳見〔清〕永瑢、紀昀等撰：《四庫全書總目提要》，第三冊，卷一二三，子部，雜家類七，頁665下。

〔註14〕詳見〔清〕永瑢、紀昀等撰：《四庫全書總目提要》，第三冊，卷一三四，子部，雜家類存目十一，頁834上。

〔註15〕詳見戚志芬：《中國的類書、政書與叢書》（台北：台灣商務印書館，1994年），頁116。

漢、隋、唐、宋之史，俱有藝文志，然《漢志》所據之書，以《隋志》考之，十已亡其六七；以《宋志》考之隋、唐，亦復如是。〔註16〕

由此得見，中國書籍雖然浩如煙海，然卻常因庋藏不善而導致散佚，有鑑於此，遂而逐漸發展出一套「輯佚學」，與「目錄學」、「版本學」、「辨偽學」同屬中國文獻學的研究範疇。從目前所見相關討論發現，輯佚學大體可以有廣義、狹義的分別，前者包括輯佚書、佚文、佚說，後者則專指輯佚書，如《四庫全書總目》便是持狹義的立場〔註17〕。輯佚的發端目前眾說紛紜〔註18〕，從較寬泛的角度來看，至少可以上溯至漢代末年，包括〔漢〕王肅《孔子家語》、〔漢〕王叔和《傷寒論》，宋元如〔宋〕王應麟《詩考》、〔元〕楊簡《先聖大訓》等，到了明代，由於印刷技術的發達、藏書家增多，使得輯佚風氣更為興盛，反應在具體行為上便是抄錄、纂輯各種罕文秘書、奇僻典籍，這點我們從當時的藏書規約便能發現，例如〔明〕祁承㸁《澹生堂藏書約》的「購書訓」一條便談到：

> 如書有著於三代而亡於漢者，漢人之引經多據之；亡於唐者，唐人之著述尚有之；亡於宋者，宋人之纂集多存之。每至檢閱，凡正文之所引用，註解之所證據，有涉前代之書而今失其傳者，即另從其書各為錄出。……此不但吉光片羽，自足珍重，所謂「舉馬之一體，而馬未嘗不立於前也」。〔註19〕

「散佚」彷彿成了古籍注定的命運，而這無疑是中國文獻資產上最大的遺憾，祁氏以為唯有依靠人們努力抄錄或善加保存，才能降低損害程度，即使零句簡文也都可收吉光片羽之效。因此，我們常可以見到明代許多簿錄家或藏書家，終其一生，概以搜逸訪秘並纂輯成冊為主要志業，冀求保存文獻、流傳

〔註16〕 詳見〔元〕馬端臨：〈文獻通考序〉，收於氏著：《文獻通考》（北京：中華書局，1999 年），頁 1 中。下引此書皆同此一版本，不另出詳註。

〔註17〕 詳見司馬朝軍：《《四庫全書總目》研究》（北京：社會科學文獻出版社，2004 年），頁 354～391。下引此書皆同此一版本，不另出詳註。

〔註18〕 顧力仁提出了六種輯佚之始的說法，包括孔子輯史、劉向輯《晏子春秋》、尤袤輯《文選注》、王應麟輯《易注》、《書注》、《三家詩》、葉德輝《相鶴經》說、宋人輯唐人小說文集等說法。詳見氏著：《永樂大典及其輯佚書研究》（台北：文史哲出版社，1985 年），頁 241～245。

〔註19〕 詳見〔明〕祁承㸁：《澹生堂藏書約》（上海：上海古籍出版社，2005 年），「藏書訓略之購書」，頁 17。下引此書皆同此一版本，不另出詳註。

後代，例如〔明〕吳琯耗力所編《古今逸史》，內容專收漢至明代有關考據、訓詁、小說、地理、典制……等相關之「叢談瑣言」，據其序文說明：

> 是編所書，不列學官，不收秘閣，山鑱冢出，幾亡僅存毋論善本，即全本亦希。毋論刻本，即抄本多誤故今所集，幸使流傳，少加訂證，何從伐異黨同，願以保殘守闕云耳！〔註20〕

表明了殘叢瑣言雖不登大雅之堂，然而「其人則一時巨公，其文則千載鴻筆，入正史則可補其闕，出正史則可拾其遺。」〔註21〕既能補正史之不足，又能搜錄學海遺珠，裨益文獻的藏存；其他如〔明〕范欽輯《范氏奇書》、〔明〕趙標輯《三代遺書》等也都展現了「存逸」的編輯目的。

　　對此，我們回視《夷門廣牘》便能了解到，〔明〕周履靖其實也有著同樣的編輯態度，據其〈夷門廣牘敘〉云：

> 理不必載於經而可窮幽，事不必證於史而可補闕者，或未可盡捐。……歷周星而殺青始竣，題曰《夷門廣牘》。〔註22〕

這裡可以分為兩部分來看：一方面，《夷門廣牘》的編輯相當重視一般為人視如敝屣的稀見書冊，〔明〕周履靖以為「理不必載於經」、「事不必證於史」，所收書籍不必一定得是宏文巨制，另一方面則又理解到，大凡一切稗官野史、罕見難得之書，都有其「窮幽」、「補闕」之功，不可一概捐棄。

　　就前者而言，叢書的選輯目光不僅徘迴於經史詩文、高文典冊，也對周匝宇內的瑣屑微言、雕蟲小技起了極大興趣，各種零碎細微的物類知見躍然紙上，例如瑣談、占卜、病藥單、勸世文、遊戲、訓蒙、符籙、地理風俗……等等，一般被視作殘碎、冷門、蕪雜的筆記式文類，《夷門廣牘》竟有一種不明所以的偏愛，如《群物奇制》記載各種器用、藥品、蔬果、花竹、文房等相關生活常識，《逍遙子導引訣》裡則收羅各種凝神息慮的導引口訣，《禽經》辨明各類禽鳥形體與異稱、《蘭譜奧法》教導各種植蘭法則……等等，這些內容向來都是中國傳統典籍中較不被重視的，再者，若以《百部叢書集成》作為不完全性採計樣本，扣除〔明〕周履靖自著詩文，在九十餘種的作品中，

〔註20〕詳見〔明〕吳琯：〈古今逸史序〉，收於嚴一萍選輯：《百部叢書集成》（台北：藝文印書館，1966 年）之九，《古今逸史》，「凡例」，頁 3 左。下引此書皆同此一版本，不另出詳註。

〔註21〕詳見〔明〕吳琯：〈古今逸史序〉，頁 1 右。

〔註22〕詳見〔明〕周履靖：〈夷門廣牘序〉，收於氏編：《夷門廣牘》（北京：書目文獻出版社，1991 年），頁 1 上～下。下引此書皆同此一版本，不另出詳註。

約有五十七種書籍是《夷門廣牘》所獨輯，另外，還有七種則是《夷門廣牘》最先輯錄，比例上約佔三分之二，顯見該叢書輯錄的文獻特徵。

　　就後者而言，〔明〕周履靖再進一步地申述「微言小道」的意義，「窮幽」表其闡幽發微的文學價值，「補闕」表其具有保存文獻、助益於古籍整理之功；他一再地提醒讀者：

> 非正經而理或翼經，有出於六合者，不以奇貶真也；非信史而是不悖史，有跳於五例者，不以稗棄精也，辟秦嶽巇巇，而抔土或能見寶，滄溟□渺，而勺水可以藏珠，搜不厭僻，寧以瑣屑見哂耳。
> 〔註23〕

秦嶽滄溟的一抔土、一瓢水都有藏珠納寶的可能，這些纖碎餖飣的雜組小品雖非正經信史，也必然有其「真」與「精」值得探索，實不能因其「僻」、「奇」、「偏」而貶抑之。這或許也正是《夷門廣牘》的命題所在吧。因此，〔明〕何士抑〈夷門廣牘序〉也說：

> 若乃稗官小乘、片玉碎珠，抽秘思而賦物，情舒天葩而緯人理，蘊之足以秘帳中，發之足以驚座上者，雖聖賢所不道、典墳所不編，而亦天地之間所不盡廢，存之可也。〔註24〕

這些奇文畢冊除了有其「窮經涌理」的意義，能舒天葩、緯人理之外，更因搜殘存逸而保存了許多善本、珍本、孤本及佚書，對於後人採擇和相關實際工作的發展，都作出了重要貢獻，例如《赤鳳髓》就未曾單行刻印過，是截至目前所見唯一的版本，而《集仙傳》所載內容概鈔錄自唐代事典，雖然體例與內容時為人詬病，然卻也可略資唐代文獻考證。許多昔日不易經見之書，都因《夷門廣牘》的收錄而可置諸几席案頭間，正所謂「殘膏賸馥，沾溉百代者矣。」〔註25〕故言「亦天地之間所不盡廢，存之可也」。〔註26〕

〔註23〕詳見〔明〕周履靖：〈夷門廣牘敘〉，收於氏編：《夷門廣牘》，頁4下。

〔註24〕詳見〔明〕何士抑：〈夷門廣牘序〉，收於〔明〕周履靖編：《夷門廣牘》，頁11上。

〔註25〕語出《四庫全書總目提要》對《藝文類聚》的評語。詳見〔清〕永瑢、紀昀等撰：《四庫全書總目提要》，第三冊，卷一三五，子部，類書類一，頁848上。

〔註26〕〔清〕繆荃孫在〈適園叢書序〉談到叢書價值時，曾說道：「單簡零帙，最易消磨，有大力者，彙聚而傳刻之，昔人曾以拾叢冢之白骨，收路棄之嬰兒為比，則叢書之為功大矣。」詳見氏著：〈適園叢書序〉，收於張鈞衡編：《適園叢書》，頁1。下引此書皆同此一版本，不另出詳註。另外，呂思勉也認為：「叢

二、文獻訂補與辨僞斠讎的資料庫

《夷門廣牘》所收書籍還可資爲文獻校勘。以下，分「文獻訂補」與「斠讎辨僞」兩部份作說明。

在「文獻訂補」部分，因《夷門廣牘》所收部分書籍在他處往往也多有異本流傳，因此，透過不同版本的書籍比較，在文獻學上實可獲校正訂補之功。例如《學古編》一書，據四庫館臣的評論：

> 其論漢隸條下稱寫法載前卷十七舉下，此不再數。是原本當爲上下二卷，今合爲一卷，蓋後人所併也。〔註27〕

顯然，到了清代以後，《學古編》多已遭後人竄改併爲一卷，然《夷門廣牘》所收尚爲二卷本，頗爲近古，可以作爲不同版本間的校對依據。《相鶴經》一書，《夷門廣牘》所收僅有〈總論〉以及〈相鶴訣〉，然據〔清〕葉德輝《書林清話》中所考證：

> 古書散佚，復從他書所引搜輯成書，世皆以爲自宋末王應麟輯《三家詩》始，不知其前即已有之……《隋書經籍志》、《唐藝文志》、《相鶴經》皆一卷。今完書逸矣，特馬總《意林》及李善《文選注》、鮑照《舞鶴賦》鈔出大略，今真靜陳尊師所書及此也。〔註28〕

該文除了反駁〔明〕王應麟所輯《三家詩》是輯佚之始外，也透露了《相鶴經》原書今已難見全貌，僅能從後來典籍文章的抄錄中勾勒大概，《夷門廣牘》所收《相鶴經》標爲〔明〕周履靖校梓，雖無法確知從何鈔存，但以此本所收內容與〔魏〕馬總《意林》、〔唐〕李善《文選注》、〔南朝宋〕鮑照《舞鶴賦》等各種版本所錄《相鶴經》內容比勘，或也能訂正補充不少錯誤及未足之處。另外，《酒經》（又稱《北山酒經》）一書，自〔宋〕朱翼中撰成以後，後代流傳上也產生幾種不同版本，據四庫館臣的考證：

> 是編首卷爲總論，二三卷載製麴造酒之法頗詳。《宋史藝文志》作一卷，蓋傳刻之誤。《說郛》所採，僅總論一篇，餘皆有目無書，則此

書之刊，乃集各種不同之書而合印之，本無多大意義。世人所以重視叢書者，以其中有精本、孤本、校本、輯本。蓋注意其精，非注意其叢也。」詳見氏著：〈叢書與類書〉，《論學集林》（上海：上海教育出版社，1987年），頁162。

〔註27〕 詳見〔清〕永瑢、紀昀等撰：《四庫全書總目提要》，第三冊，卷一一三，子部，藝術類二，頁459下。

〔註28〕 詳見〔清〕葉德輝《書林清話》（台北：世界書局，1988年），卷八，「輯刻古書不始於王應麟」條，頁220。下引此書皆同此一版本，不另出詳註。

固爲完本矣。〔明〕焦竑原序，稱於田氏《留青日札》中，考得作
者姓名，似未見李保序者，而程百二又取保序冠於此書之前，標曰
「題北山酒經」後，亦爲乖誤，卷末有袁宏道觴政十六則、王績醉
鄉記一篇，蓋胡之衍所附入。然古來著述，言酒事者多矣，附錄一
明人、一唐人，何所取義？今併刊除焉。〔註29〕

朱氏《酒經》流傳至後代，因散佚、遭後人竄改……等因素，或者詳載製麴
造酒之法、或者有目無文、或者缺少李保序文、或者附有〈觴政十六則〉、〈醉
鄉記〉……等，其中，《夷門廣牘》所收《酒經》共一卷，除了前收李保〈讀
北山酒經客談〉、〈總論〉一篇，後附〔明〕袁宏道〈觴政十六則〉之外，中
間尚附有數條有目無文之製麴造酒法，這似乎又稍與《四庫全書總目提要》
所載版本有些微差異，於是，諸版本間所存載的內容詳略不一，究竟何者才
是原書文貌，目前難以確知，然透過同書異本間的訂補校勘，應該可以逐步
地還原該書原貌。因此，以《夷門廣牘》作爲文獻訂補的資料庫，適足以校
正古書版本分合、檢覈古書內容完缺情形。

至於，在「辨僞斠讎」部分，因爲古籍傳鈔中所發生的字、詞、文等訛
誤，本是文獻流傳上多少難以避免的現象，甚至更有重新整理後，託名別撰
成僞本者，後人引用若不細加辨明，往往就容易發生曲解文意、魯魚亥豕的
情況，對此，許多學者其實很早就注意到「辨僞斠讎」的重要性，據余嘉錫
研究指出：

> 凡一書之內，自分內外者，多出於劉向，其外篇大抵較爲膚淺，或
> 并疑爲依託者也。……原書篇章眞贗相雜，乃爲之別加編次，取各
> 篇幅中之可疑者，類聚之以爲外篇。〔註30〕

據引文所考，早在〔西漢〕劉向校勘古籍的同時，便已注意到將其中可疑涉
僞或不合經術部分，另外輯作外篇，以備爲考證，使得古籍眞贗獲得辨明，
也開啓了中國辨僞斠讎之風。後代諸如〔南朝梁〕劉勰《文心雕龍》所云：
「至成帝品錄，三百餘篇，朝章國采，亦云周備。而辭人遺翰，莫見五言。
所以李陵、班婕妤見疑於後代也。」〔註31〕〔唐〕柳宗元〈辨文子〉云：「考

〔註29〕詳見〔清〕永瑢、紀昀等撰：《四庫全書總目提要》，第三冊，卷一一五，子
　　　　部，譜錄類，頁504上。
〔註30〕詳見余嘉錫：《古書通例》（上海：上海古籍出版社，1985年），頁112。
〔註31〕詳見〔南朝梁〕劉勰著，范文瀾注：《文心雕龍注》（北京：人民大學出版社，
　　　　1998年），〈明詩篇〉，頁66。下引此書皆同此一版本，不另出詳註。

其書，蓋駁書也。其渾而類者少，竊取他書以合之者多。」〔註32〕〔宋〕張邦基《丹鉛餘錄》云：「近時傳一書曰《龍城錄》，云柳子厚所作，非也，乃王銍性之偽爲也。」〔註33〕……等，皆以不同方式進行辨偽考證，成績可謂豐碩。

前文曾指出，文獻訂補須有不同版本的比對才可資爲校正，其實辨偽斠讎的工作亦須以大量版本目錄上的資訊充爲釋疑的有力證據，而明代叢書的輯錄者，每每用心校勘、搜採諸版本，無論偽本或善本，皆適足以作爲文獻考證上豐厚的資源〔註34〕。這點在《夷門廣牘》身上是顯而易見的，例如《探春歷記》一書，《夷門廣牘》標作〔漢〕東方朔所著，根據《四庫全書總目》對《東方朔占書》的考證：

> 原本前後無序跋，所載皆測侯風雲星月，及太歲六十年豐凶占驗之
> 法，其詞皆鄙俚不文。〔註35〕

其中的「太歲六十年豐凶占驗之法」與《探春歷記》的內容相符節，故筆者判斷《探春歷記》大抵就是《東方朔占書》三卷之一，唯〔東漢〕班固曾在《漢書‧東方朔傳》中針對〔漢〕東方朔作品作過細密考辨，云：

> 凡劉向所錄朔書皆是矣，世所傳他事皆非也。顏師古注曰：「謂如東

〔註32〕詳見〔唐〕柳宗元：〈辨文子〉，收於氏著：《柳河東全集》（台北：世界書局，1999年），頁88～89。

〔註33〕詳見〔宋〕楊慎：《丹鉛餘錄》，收於王雲五編：《四庫全書珍本四集》（台北：臺灣商務印書館，1973年），第二零一冊，卷十七，頁2右。

〔註34〕必須說明的，雖然明代叢書的輯錄不乏如〔明〕毛晉所編《津逮秘書》這般校勘精審者，然而明代造偽風氣也特別興盛，因此部份叢書所收書籍，例如仍難免摻有偽書，例如〔清〕葉德輝就曾說過：「明人刻書有一種惡習：往往刻一書而改頭換面，刪節易名，如〔唐〕劉肅《大唐新語》，馮夢禎刻本改爲《唐世說新語》。……又如陶九成《說郛》、胡文煥《格致叢書》、陳繼儒《秘笈新書》，尤爲陋劣。……此明季山人人品之卑下，即此刻書而可見矣！」詳見氏著：《書林清話》，卷七，「明人刻書改換名目之謬」條，頁182～183。不過，無論精本、善本或偽本，就「辨偽斠讎」的立場，它們或從正面、或從反面地提供了文獻參考資源，具有等值的意義。關於明人造偽風氣之盛行與相關思想討論，可以參閱王汎森：〈明代後期的造偽與思想爭論〉，收於氏著：《晚明清初思想十論》（浙江：復旦大學出版社，2004年），頁29～49。

〔註35〕提要並云：「蓋古來雜占之書，托於朔者甚多，然考蔡絛《西清詩話》曰：『都人劉克者，窮該典籍之事，多從之質。』……劉克所見之占書，已出依託，此又偽本中之偽本也。」詳見〔清〕永瑢、紀昀等撰：《四庫全書總目提要》，第三冊，卷一一○，子部，數術類存目一，頁381下～382上。

方朔別傳及俗用五行時日之書，皆非實事也。」〔註36〕

以爲〔西漢〕劉向《別錄》所列書籍乃東方朔所有作品，餘者皆爲僞作，考察《別錄》卻不見《探春歷記》，恐怕《夷門廣牘》所收《探春歷記》，應是〔明〕周履靖鈔錄自《東方朔占書》並另題書名而來。而《黃帝宅經》一書，亦即《四庫全書總目提要》所錄的《宅經》，據四庫館臣考證：

> 舊本題曰黃帝宅經……然《隋志》有《宅吉凶論》三卷、《相宅圖》八卷，《舊唐志》有《五姓宅經》二卷，皆不云出黃帝，是書蓋依託也。考書中稱黃帝二宅經，及淮南子李淳風呂才等宅經二十有九種，則作書之時，本不僞稱黃帝，特方技之流，欲神其說，詭題黃帝作耳。〔註37〕

顯然，該書原本並不加稱「黃帝」，《夷門廣牘》所錄之《黃帝宅經》，書名可能是部份方術之流欲神其說，詭題黃帝以添其神聖性所造成。另外，〔元〕中峰禪師與〔元〕馮海粟曾經相聯唱和梅花，並得詩百餘首，訂爲《梅花百詠》一卷〔註38〕，〔明〕周履靖曾得閱此書，因愛不釋手下又接續賡和〔註39〕，然卻拆解原書，將〔元〕中峰禪師所著獨輯爲《中峰禪師梅花百詠》，而〔元〕馮海粟倡咏之詩與自己賡和詩作輯爲《千片雪》二卷，卷末並附《詠梅舊作》，是故，後人絕不可將《中峰禪師梅花百詠》認定爲《梅花百詠》。其他，如《握奇經》的書名另有「握機經」、「幄機經」之異稱，何故？作者是否爲風后？《天隱子》究竟是〔唐〕司馬承禎所作，亦或託名？……等等，這些問題都必須透過大量不同版本的文獻比對，配合相關證據才能得出結論，否則，僅據片面資料即下定論，不但有厚誣古人之虞，更將使研究成果受到質疑，而《夷門廣牘》或從正面、或從反面地提供辨僞斠讎者大量文獻材料以爲歸納考證，堪爲文獻研究的資料庫。

〔註36〕 詳見〔東漢〕班固：《漢書》（台北：鼎文書局，1975 年），卷六十五〈列傳‧東方朔〉，頁 2873。

〔註37〕 詳見〔清〕永瑢、紀昀等撰：《四庫全書總目提要》，第三冊，卷一○九，子部，數術類二，頁 346 上。

〔註38〕 關於該書相關考證，可以參閱《四庫全書總目提要》。詳見〔清〕永瑢、紀昀等撰：《四庫全書總目提要》，第五冊，卷一八八，集部，總集類三，頁 52 下～53 上。

〔註39〕 〔明〕周履靖：「髫年聞海粟中峰二君倡咏梅花百首，心向慕之。甲午孟冬之華亭，登袁太冲書樓，得閱所作，欣然假歸，漫和百絕，少暢生平嗜梅之癖耳。」詳見〔明〕周履靖編：《千片雪》，下卷，收於氏編：《夷門廣牘》，頁 1216 上～下。

三、分類編輯

「分類」的最基本意義，就是要讓人對於圖書架構一目了然，將成千上萬種書籍一一網羅其中，並作有條不紊的安排，它是實現圖書有序化的重要手段，正如〔戰國〕荀子所言：「同則同之，異則異之。」〔註40〕在中國文獻學的傳統中，雖然並無「分類學」的學科名稱，實際上卻有分類之實，其應用大抵「始於事物，中於學術，終於圖書」〔註41〕，學者白壽彝就曾進一步指出：

> 文獻分類，應該有理論上的原則，有具體的處理方法，問題還相當複雜，所以應該有一門講文獻分類的學問，舊日所謂目錄學，跟這種分類學似不相同。目錄學也講分類，但目是書目，錄是解題，一般是就書論書，提高到有系統有理論的「學」的程度的，似沒有多少。分類學應該以目錄學爲基礎而又不同於目錄學，分類學有統觀全局的要求，這跟一般對目錄學的要求是不同的。自《七略》以下，以章學誠所說：「考鏡源流，辨章學術」都可以說是屬於分類學的範圍，但還沒有提到應有的高度。關於分類學這個問題，希望大家多研究研究。〔註42〕

換言之，中國文獻學中的分類概念，普遍落實在目錄學之下，並資作「考鏡源流，辨章學術」，昌彼得引〔宋〕鄭樵《通志校讎略編次必僅類例論篇》指出：「類例既分，學術自明，以其先後本末具在。」〔註43〕綜觀其發展，從漢代《七略》所反映的「六分法」概念開始〔註44〕，延續至《隋書・經籍志》，分類體系作了突破性轉變，立下經、史、子、集四部分類的重要傳統，而清

〔註40〕詳見〔清〕王先謙：《荀子集解》（台北：藝文印書館，2000年），卷十六〈正名篇〉，頁681。

〔註41〕詳見姚名達：《中國目錄學史》（北京：商務印書館，1998年），分類篇，頁63。下引此書皆同此一版本，不另出詳註。

〔註42〕詳見白壽彝：《中國史學史論集》（北京：中華書局，1999年），頁531～532。

〔註43〕詳見昌彼得、潘美月合著：《中國目錄學》（台北：文史哲出版社，1991年），頁72。

〔註44〕從《漢書・藝文志》所收錄的可知，《七略》大體分作：「六藝略」、「諸子略」、「詩賦略」、「兵書略」、「數術略」、「方技略」等六大類，每一類目下所收書籍則是依照內容與時序原則來分。關於圖書分類的相關討論，可以參考廖延唐、曹之：《圖書館古籍整理》（武漢：《湖北高校圖書館雜誌社》，1986年）、傅榮賢：〈《七略》圖書分類據中的時序原則〉（《圖書館理論與實踐》，1995年第二期）二文。

代的《四庫全書總目》更是標誌了四分法發展的一個巔峰。〔註45〕

可是事實上，中國圖書種類繁多，當非傳統目錄學上的部類分法所能完全涵括，有時甚至需要透過時代學術觀念或分類原理才能安置該書，尤其是明代，簿錄家們多不依循傳統四部成法，解放部類約制，如〔明〕王文錄（生卒年不詳）所編《百陵學山》的分類，據〈百陵學山引〉所言：「百陵學山者，配百川學海而纂之也。……自《大學古本石經》始，以千字文爲編，凡數十種，進未已也。」〔註46〕這套叢書收有百種小書，書目中依序附有〈千字文〉編碼，作爲各書的代號；〔明〕吳琯（生卒年不詳）《古今逸史》分作「逸志」與「逸記」兩大類，各自再細分爲合志、分志與紀、世家、列傳；〔明〕秦淮寓客（生卒年不詳）的《綠窗女史》則是將叢書析分爲閨閣、宮闈、緣偶、異感、妖豔、節俠、妾婢、青樓、著撰等九部，每部之下再分不同類項，如「妖豔部」下又細分成狐粉、猿裝、鬼靈與幻妄四類。〔註47〕

至於《夷門廣牘》的書籍分類情形，主要是採取「辨義類目」的方式，即依書籍性質分類歸納，使目錄與書籍內容更爲貼合，如「書法牘」專收與書法、習字相關內容的書，「食品牘」與日用飲食習慣、食物類別、烹調方式

〔註45〕事實上，隨著時代變遷，許多新興類型的書籍紛紛出籠，就文獻學的角度而言，應該重新立下符合潮流的分類原則，四庫館臣何嘗不知此理，尤其作爲中國傳統文學脈絡下的最後總結時代，面對前賢崒崒大著，絕非四分系統所能完全涵蓋。然而，清高宗曾在乾隆三十八年二月十一日頒諭：「從來四庫書目，以經、史、子、集爲綱領，裒輯分類，實古今不易之法。」在不能另立新部類的原則下，四庫館臣努力地爲每一本書尋找較適當的位置，因此，《四庫全書總目》可說是中國圖書分類發展的高峰，但可能也是極限了。詳見陳垣編：《辦理四庫全書檔案》（北平：國立北平圖書館，1934 年）上冊，頁 8。

〔註46〕詳見〔明〕王文錄：〈百陵學山引〉，收於嚴一萍選輯：《百部叢書集成》（台北：藝文印書館，1967 年）之八，《百陵學山》，第一函，第一冊。

〔註47〕關於「分類學」的意義，（法）吉勒‧德勒茲（Gilles Deleuze 1925～1995）曾表示：「在某些狀況下，它們（案：指分類一事）顯得意趣盎然，可是有時又搞得索然無味，在這種分類法中總會涉及到以表象來拉近差異性極大的不同事物或相反地隔離開極其相近類似的事物，所以這分類法根本就是一種概念的整編，所以才會出現像『古典』、『浪漫』、『新小說』或『新寫實』等等的區分，這些都是一些差強人意的抽象化，可是我反倒覺得就他們提出分類的新型條件來看，也就是說那種不以一般形式作爲考量，而就獨特符徵或徵兆作爲指標來說，這些又可算是極盡完善的分類了。所以說某一種分類常常就是一種徵候學（symptomatologie）。」詳見黃建宏譯：〈大腦即螢幕——《電影筆記》與德勒茲訪談〉，《當代》第一四七期（1999 年 11 月），頁 21～22。

有關,「草木牘」專收與植物花草栽植有關的書籍,「娛志牘」專收弈棋、博戲、投壺等娛樂情志的藝術活動,「雜占牘」則收錄與風水吉凶、靈驗占卜有關之書。顯然,《夷門廣牘》的分類,準確地抓到「辨義」的著錄精神,讀者可以由其類名便概知書籍內容,而學術主題也能清楚地呈列,不受類別數量的限制,頗類於西方圖書館學中的「標題法」〔註48〕,因此,《夷門廣牘》的分類編輯方式的確可以提供使用者或研究者相當大的便利性,透過類目即能迅速求閱相關書籍,尤其,〔明〕周履靖又曾在〈夷門廣牘敍〉裡一一指明各牘編輯旨趣,讀者藉此更能確切理解全書體系脈絡。

雖然《夷門廣牘》的類目架構突破四部分類並非首例,然在明代叢書的書目分類發展上,自有其獨特性,而這未嘗不可視為一種有意義的嘗試與示範。

四、明代文獻史料的應用

文獻判讀的工夫是任何文史相關研究所無法避免的過程,也是我們認識過去一段歷史時空的途徑,不同於文藝的創作可以容許想像、虛構,它必須以「求真」的態度去重建過去的史實,左東嶺就曾指出:

> 其實,歷史研究說到底就是歷史學家通過歷史文獻的思考與解釋而重建過去的史實。它可以分為史料的搜集與辨別,文獻的解釋與編排,對各種歷史事件深層關聯的發現與梳理,對歷史經驗總結與表現。〔註49〕

其中,又以「史料的搜集與辨別」最為重要,史料的搜集越是齊全,所作解釋也才更具說服力。然而,過去的歷史畢竟已經杳逝,任何歷史敘述〔註50〕

〔註48〕 在中國文獻分類方法上,無可避免有些書籍具有特殊性,難以就傳統所有的六分法、七分法等分類方式歸納,許多學者的處理方式是透過各時代的學術觀念與書目的分類原理去作交互考察,找出該書的定位;到了明代曾企圖以類名作標題的方式來改良,這從明代官修書目如《文淵閣書目》開始,就不守傳統四部分類方式,直接訂定類名的一級分類法。這種方式,幾乎等同於後來西方圖館學中的「標題法」,當時許多私家書目便是採用此一分類法,如陸深的《江冬藏書目》、晁瑮的《寶文堂書目》、孫樓的《博雅堂藏書目錄》等,相關論述詳見周彥文:〈書目的運用與文獻生態〉,《書目季刊》第三十五卷第四期(2002年3月),頁6~7。

〔註49〕 詳見左東嶺:〈序〉,收於羅宗強:《明代後期士人心態研究》(天津:南開大學出版社,2006年),頁9。

〔註50〕 我們一般所說的歷史,通常具有兩種涵義:一是指過去發生的一切;一是指

的實踐，終究無法全然還原，誠如（英）凱斯‧詹京斯（Keith Jenkins）所說的：

> 沒有任何記述可以尋回過去真實的情形，因為過去不是一種記述，而是事件、情勢等等。由於過去已經一去不返，沒有任何敘述可以向過去本身查證，而只能向其他的敘述查證。〔註51〕

換言之，我們所作的「歷史敘述」，只能企求接近史實而無法重現史實。那麼，欲求接近史實，除了須有成熟的文獻解釋能力之外，也要有大量的文獻史料以為依憑才能達致，例如〔西漢〕司馬遷所說：「余所謂述故事，整齊其世傳，非所謂作也。」〔註52〕而〔唐〕張守節〈史記正義序〉便補充道：

> （史記）括文魯史而包《左氏》、《國語》，采《世本》、《戰國策》而撫《楚漢春秋》，貫軸經傳，旁搜史子，……裴駰服其善序事理，辯而不華，質而不俚，其文直，其事核，不虛美，不隱惡，故謂之實錄。〔註53〕

司馬氏所以能「究天人之際，通古今之變」，關鍵就在他所掌握史料的豐富性與真確性，上至《左傳》、《國語》，下至諸子言論，都是他核該歷史的重要憑據，故言《史記》足資為信史，實不為過。〔註54〕

　　叢書以其廳大的收書規模而時常受到研究學者青睞，除了《四庫全書》的文獻資料價值固已為人知曉外，較近代者如藝文印書館編印之《百部叢書集成》，乃據商務印書館所編《叢書集成初編》重新編印而來，雖然因為刪重補缺、訂偽正誤而失去原來叢書面貌，但整套書籍共收有四千餘種，約莫

歷史著作。為了避免混淆，楊周翰曾用「歷史敘述」（historical narrative）指陳歷史著作；用「歷史」指陳過去發生的一切。詳見氏著：〈歷史敘述中的虛構——作為文學的歷史敘述〉，《當代》第二十九期（1988年9月），頁30。

〔註51〕（英）凱斯‧詹京斯（Keith Jenkins）又進一步地引用文化批評家介爾斯（Steven Giles）的評論說：「我們對於過去的了解，『永遠』是通過以往各種解釋的一層層沉澱物，以及通過以往／當前論述所發展出來的解讀習慣和類別而達成的。」詳見氏著：《歷史的再思考》（台北：麥田出版社，2003年），頁65。

〔註52〕詳見〔西漢〕司馬遷：《史記》（台北：德興書局，1982年），頁900下。下引此書皆同此一版本，不另出詳注。

〔註53〕詳見〔唐〕張守節：〈史記正義序〉，收於〔西漢〕司馬遷：《史記》，頁906上。

〔註54〕這裡的「信史」指的是可信而接近史實的資料，但不必然等同於史實，因為我們相信任何歷史學家都無法涵括所有歷史事實，那些歷史敘述都是他們偏執於某一角度所建構出的解讀。特此說明。

兩萬卷的圖書〔註55〕，就古籍整理、文獻保存的價值而言，的確具有積極
意義，現今許多文史工作研究者便多以此作爲重要文獻的汲取來源。因此，
欲察明代歷史與生活風貌，明代叢書將是不可或缺的工具，以《夷門廣牘》
爲例，其中，屬於明代文獻便佔有五十餘種，內容廣涉文藝、訓蒙、文房、
日用、養生、飲食、書畫、卜筮、遊戲、隱逸等面向，諸如《談藝錄》、《群
物奇制》、《水品全帙》、《綠綺新聲》、《詩牌譜》、《魚經》、《香案牘》……
等等，這些文獻體現了明人生活的豐富面貌，足以成爲後人研究明代的史料
來源。

第三節　另一種批評──叢、選、輯

　　叢書之爲中國圖書文獻的一條支脈，最引人注目的通常在於它「叢」、
「選」、「輯」的特質。「叢」意味它是匯合眾人之書以成一編，「選」則表明
所謂「匯合眾書」，並非漫無目的的雜集叢湊，而是有意識、有標準地選取各
類作品，「輯」則是將選定作品以類相從、匯合刊刻，並別署一新名稱〔註56〕。
就其編纂的過程而言，牽涉到編者的選輯意識、書籍的選錄標準、書籍的選
擇範圍……等等，其中所體現的精神與中國「選本」的概念頗爲類似。所謂
的「選本」，鄒雲湖指出：「顧名思義就是經過選擇的（或被選擇過的）文本。
從文學角度而言，選本是指選者按照一定的選擇意圖和選擇標準，在一定範
圍內的作品中選擇相應的作品編排而成的作品集。」〔註57〕循此，固然在體
制上，叢書與選本仍舊稍有差異，但「基於某種編纂意圖和標準所進行的編
輯」卻是兩者共通的模式，換言之，叢書的編纂既然是以「選擇」作爲創作
本質，那麼，「選」的批評角度不遑視爲是叢書的另一種文獻價值。

〔註55〕事實上，《百部叢書集成》所收書籍應該有六千種，兩萬七千餘卷，不過，汰
　　　　其重複者，就僅剩四千零六十三種，總約兩萬卷。相關考證可以參閱洪湛侯：
　　　　〈「百部叢書集成」評〉，《漢學研究》第八卷第二期（1990 年 12 月），頁 423
　　　　～440。

〔註56〕〔清〕繆荃孫在〈適園叢書序〉云：「叢書之名所自始，韓昌黎詩云：『門以
　　　　兩版，叢書其間。』即叢積之義。……後又取各家書以類相從，而別署美名
　　　　曰《儒學警悟》，曰《百川學海》，曰《夷門廣牘》，曰《藏說小萃》，曰《津
　　　　逮秘書》，曰《學津討原》，則首尾完整也。」

〔註57〕鄒雲湖將此界定爲「目的性」、「限定性」、「選擇性」、「群體性」四部份。詳
　　　　見氏著：《中國選本批評》（上海：上海三聯書店，2002 年），頁 1。下引此書
　　　　皆同此一版本，不另出詳註。

以下，先簡述漢魏乃至明代的選本發展及其與叢書關係，次由「選輯就是創新」與「一種批評的文本」兩部份，分別探討《夷門廣牘》的文獻價值。

一、中國選本的發展及其與叢書關係

中國選本的觀念大抵發軔於漢代，〔漢〕司馬遷《史記‧孔子世家》說道：「古者詩三千餘篇，及至孔子，去其重，取可施予禮義，……禮樂自此可得而述，以備王道，成六藝。」〔註58〕認爲孔子刪詩已成禮樂之教，《詩經》應爲中國最早選本。不過中國選本觀念最早落實成具體作品者，當屬〔南朝梁〕蕭統所編《文選》，據〈文選序〉所言：

> 若夫姬公之籍，孔父之書，與日月俱懸，鬼神爭奧，孝敬之准式，
> 人倫之師友，豈可重去聲以芟音衫夷，加之剪截？……事出於沈思，
> 義歸乎翰藻，故與夫篇什，雜而集之。〔註59〕

序中表明了《文選》的選錄標準是排除經、史、子部書籍後，彙纂「事出於沈思，義歸乎翰藻」的篇什，選輯意識十分清楚，〔南朝梁〕劉勰《文心雕龍‧序志》更直以「選文以定篇」〔註60〕概括其文學批評方式。就中國選本的發展而言，它至少彰顯兩種特點：一是以文學的角度，以「選」的方式給作家及其作品以歷史的定位，爲文學的典範與解讀作了示範意義，二是以具體直觀的行爲確定了「選」這種方式在中國文學批評史上的地位〔註61〕，這同時也爲中國選本的發展奠下了堅強的基石。

此後，中國選本持續開展，不僅是「量」上的躍進，題材上亦顯熱鬧非凡，包括如〔南朝梁〕徐陵所編《玉臺新詠》，專輯華美、香豔的宮體詩；〔唐〕元結所編《篋中集》，用以暢其復古詩學；〔唐〕殷璠所編《河嶽英靈集》，是以輯錄盛唐詩歌爲選編旨要；〔後蜀〕趙崇祚的《花間集》，則是現存最早的一部文人詞選本，收錄後蜀十八家文人詞客的作品，體現了一種選本的集中性；〔宋〕方回所編《瀛奎律髓》，欲以此選本實踐個人詩學觀與宋代詩風；〔宋〕眞德秀的《文章正宗》，則是藉以作爲理學家「明義理」、「切世用」的

〔註58〕詳見〔西漢〕司馬遷：《史記》，頁508上。
〔註59〕詳見〔南朝梁〕蕭統編，〔唐〕李善注：《文選》（台北：五南出版社，1991年），頁5。
〔註60〕詳見〔南朝梁〕劉勰著，范文瀾注：《文心雕龍注》，頁66。
〔註61〕詳見鄒雲湖：《中國選本批評》，頁24。

文學觀。無論是選編目地或選編方法,皆各具特色,獨領風騷。

到了明代,編輯選本的風氣似有愈來愈受文壇注意的趨勢,並且形成一股流行風潮,尤其,面對當時各種詩文流派尖銳對峙的氛圍下,文人們經常是通過詩文選輯的方式宣揚己說、建立門戶,形成中國批評史上相當耀眼的時期〔註62〕,例如〔明〕陸雲龍所編《皇明十六家小品》,內容上,選錄當代十六位優秀小品文作家作品輯爲一編,形式上,則重新整編每一位作家作品原貌。據書前〔明〕丁允合所作的序文云:

　　今人媚古而虐今,爲文必希屈馬班揚,而蘇王歐曾以下,置勿談也。

　　特破俗耳庸目,取其傑然特異者,當吾世而鼎列漢唐。〔註63〕

〔明〕陸雲龍所編《皇》書,意在破解當時「文必秦漢,詩必盛唐」的神話思維,選錄當代傑出作品,並肯定其價值足與漢唐之屈馬班揚、蘇王歐曾相鼎列,藉此抗衡復古陳風,是一部極具當代意識的小品選集;〔明〕高棅的《唐詩品彙》專輯唐人詩歌,認爲唐詩眾體兼備,乃「學唐詩者之門徑」〔註64〕,直是當代學者學習楷式,以此倡言模擬唐詩的主張;而〔明〕唐順之的《文編》,則是選錄有周代至宋代的文章作品,藉此標舉「闡理道而裨世教」的理念;其他如〔明〕陳仁錫所編《古文奇賞》,輯錄各種新奇悅目之文,〔明〕鄭元勛編選《媚幽閣文娛》則專「采新以悅人耳目」,並以此作爲通人達士、逸客名流的清賞之用……等等。甚至通俗文學也都紛紛加入選輯行列,如〔明〕李開先的《市井豔詞》是民歌選集、馮夢龍的《三言》與凌濛初的《二拍》是話本小說選集……等等,亦各自開展不同的輯錄主題,豐富了明代圖書市場的傳播。

這種輯錄的編書精神,在叢書中也得了到適當地運用與發揮,試以明代集部類叢書爲例。〔明〕張溥所編《漢魏六朝百三名家集》,收錄了漢魏以至隋代的重要作家作品集〔註65〕,體例龐大、卷帙繁雜,據《四庫全書總目》

〔註62〕曹淑娟則表示,明人刊刻詩文選集的風氣特盛,大抵起於兩大動機:或爲凸顯前人成就,或爲留存當代成績。詳見氏著:《晚明性靈小品研究》(台北:文津出版社,1988年),頁70。下引此書皆同此一版本,不另出詳註。

〔註63〕詳見〔明〕丁允和:〈皇明十六家小品序〉,收於〔明〕陸雲龍:《皇明十六家小品》,收於《四庫全書存目叢書》(台南:莊嚴文化事業有限公司,1997年),集部,第三七八冊,頁138下~139上。下引此書皆同此一版本,不另出詳註。

〔註64〕詳見〔明〕高棅:〈唐詩品彙總序〉,《唐詩品彙》(上海:上海古籍出版社,1982年),頁9下。

〔註65〕顯然這套叢書實際收錄作品與書名並不符合。

記載，這套叢書的編纂主要來自張氏「復興古學，務爲實用」的文學立場，強調爲文當以秦漢古樸學風作爲標的，故輯錄此書供讀者欣賞、效尤〔註66〕；〔明〕黃貫曾所編《唐詩二十六家》，收錄有李嶠、虞世南、許敬宗、王昌齡、崔顥、皇甫曾、李益……等二十六位唐代文人作品，據《四庫全書總目》記載：

> 於唐人之中獨錄此數家，亦未知何所取義。前後無序跋，惟目錄後
> 題曰姑蘇吳時用書，黃周賢、金賢刻。疑明末書賈所爲云。〔註67〕

四庫館臣雖不明這套叢書的編輯原由，並疑爲明末商品文化卜的產物，但我們若檢閱明人所輯集部類叢書便會發現，其中以唐人作品爲輯錄主題者最夥，諸如〔明〕張遜業《唐十二家詩》、〔明〕張燮《初唐四子集》、〔明〕毛晉《唐六名家集》、〔明〕蔣孝《廣十二家唐詩》……等等，顯然這與復古主義所強調「文必秦漢，詩必盛唐」的學風影響必然有關，因此，輯刻唐人作品在明代可謂十分熾熱，故該叢書的編輯原由，某種程度上，應與《唐詩品彙》、《唐宋八大家文鈔》等相似；〔明〕程敏政所輯《唐氏三先生集》，亦即〔元〕唐元、〔明〕唐桂芳、〔明〕唐文鳳三人的作品集，據〔明〕汪俊〈唐氏三先生集序〉：

> 歙唐三先生爲筠軒、白雲、梧岡三世，皆以文鳴，有集藏於家，成
> 化丁未篁墩程先生爲校訂，且敘其出處大略而歸之，俾刻以傳未克
> 就，迨今三十年，諸孫副使君澤、御丈君濂，以託郡守張君文林，
> 乃或梓行。〔註68〕

可知該叢書的輯刻乃出於一種保存文獻的目的；其他如〔明〕毛晉《汲古閣合訂唐宋元詩五集》、〔明〕潘是仁《宋元四十三家集》、〔明〕李贄：《三異人文集》、〔明〕楊肇址《唐詩豔逸品》、〔明〕黃魯曾《編選四家宮詞》、〔明〕閔齊伋《會貞六幻》……等等，選輯題材豐富，各具特色，甚至有以選本作品作爲收錄對象，如〔明〕毛晉輯《詞苑英華》，收了《中興以來詞妙絕選》、《花間集》、《詞林萬選》等八種選本，或〔明〕不知編者《唐人選唐詩六種》，

〔註66〕詳見〔清〕永瑢、紀昀等撰：《四庫全書總目提要》，第五冊，卷一八九，集部，總集類四，頁88上～89上。

〔註67〕詳見〔清〕永瑢、紀昀等撰：《四庫全書總目提要》，第五冊，卷一九三，集部，總集類存目三，頁188上。

〔註68〕詳見〔明〕汪俊：〈唐氏三先生集序〉，收於〔明〕程敏政輯：《唐氏三先生集》（北京：書目文獻出版社，1988年），頁383下～384上。

收有《國秀集》、《河嶽英靈集》、《中興閒氣集》等六種選本。

　　若就編選意識、標準而言，叢書實與中國選本並無二異，同樣以「選」的概念作爲批評方式，展現編選者的主體行爲，唯在選輯範圍上，選本通常有其具體選錄範圍，部分叢書則未能知悉，另外，選本所收作品的最小單位可以是一篇文章、一首詩或一闋詞，然叢書所收作品的最小單位則必須是一部完整作品，這是吾人針對「選本」與「叢書」體制上的基本分判，然學界上關於兩者的確實分別仍有一部分是曖昧不明的，其中不乏有相重疊者，例如《叢書大辭典》以及《中國叢書綜錄》當中，包括〔明〕茅坤所編《八大家文鈔》、〔明〕俞憲所編《盛明百家詩》、〔明〕息機子所編《雜劇選》、〔明〕臧懋循所編《元曲選》……等，在「選本」的定義範疇內亦相符合。因此，兩者關係略可以下圖呈現：

圖一：選本與叢書關係示意圖

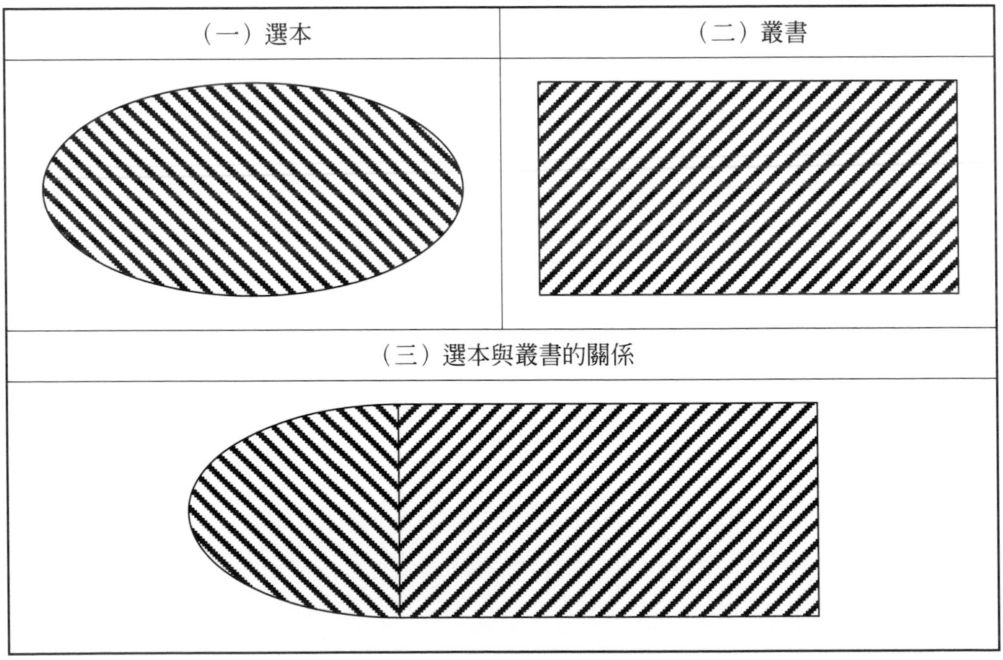

（一）選本	（二）叢書
（三）選本與叢書的關係	

圖一與圖二分別表示選本與叢書所涵括範圍，圖三則是兩者涵括範圍的疊合關係圖，以見彼此異同關係。

二、選輯就是創新

　　這些選輯作品，就其「選」的目的而言，可以是補救某種文壇流弊、建

立文學觀念、自娛娛人、商業利益、教育講學等；就其「選」的標準而言，或以風格、內容、題材而選，或以地域、時期而選，或以文體、觀念而選，又或以被選者身分、地位、性別、姓氏……等而選〔註 69〕。無論如何，當這些作品相互組合、拆解、包裝，重新構成另外一種新的文學語言／語境，的確是會引發某些獨特的思考。以前述《皇明十六家小品》一書爲例，據〔明〕何偉然的解讀：

> 析之各成一家言，合之共成一代言，以表當代色。〔註 70〕

換言之，這一部組合十六位優秀作家作品的著作，〔明〕陸雲龍試圖透過選本凝聚的集體力量，使這些作品被彰顯、被注意、被標榜，以此揚棄「文必秦漢」的復古觀念，另外建立文學的新典範——「成一代言以表當代色」，而讀者在閱讀的過程中，循著編選者安排的模式，必然逐漸受其影響，直至符合編選者期待的閱讀視野；另一方面，選集所收錄的屠隆、徐渭、王思任、董其昌……等明代小品作家作品，他們創作之初恐怕也只是各抒性靈的「一家言」，未必具有任何先驗的創作基礎，然而，〔明〕陸雲龍卻以「當代之鑑」的原則安置它們，如此一來，不論這些作品原來是爲諷世、爲謔人或爲自娛，終將折射成時代心聲的光譜，收束在「成一代言以表當代色」的概念之下，資爲鑑照。這也驗證了「選輯」所涵括之作家生命再生、文本再詮釋的意義，儘管內容概爲他人作品，然而，隱伏於背後的，卻是一套龐大堅實而且清晰的創作意識。

　　是故，於此文風氳氲下，《夷門廣牘》的內涵自然也須從這視角理解。

　　據〔明〕張獻翼在〈夷門廣牘序〉裡所說：

> 逸之有文有學，非隱非淪，上下三千年，縱橫一萬里，追蹤前良成
> 一家，撰製苞蓄既富，探汲不竭。〔註 71〕

即使《夷門廣牘》以中國上下數千年作品資爲選輯，收錄書籍百餘種，內容豐富、諸體雜備，然終究是「追蹤前良成一家」，它們體現的仍是周履靖的主體編創行爲，無法分別審視，因此叢書內包括《文章緣起》、《異域志》、《許負相法》、《促織經》……等等，雖然原是各自獨立的專書專文，可是，當〔明〕

〔註 69〕詳見鄒雲湖：《中國選本批評》，頁 283～284。

〔註 70〕詳見〔明〕何偉然：〈皇明十六家小品序〉，收於〔明〕陸雲龍：《皇明十六家小品》，頁 147 上。

〔註 71〕詳見〔明〕張獻翼〈夷門廣牘序〉，收於〔明〕周履靖編：《夷門廣牘》，頁 9下。

周履靖基於某種選編意識，使書籍經由汰劣存優並立牘歸納後，這些作品就無法簡單看待，它們的存在是「經過挑選」的，它們的意義是「互爲影響、建構」的，並以此蘊生新的文本內涵，例如〔漢〕劉熙的《釋名》，本是一部利用同聲相諧的方式稱名辨物的訓詁名作，內容依不同主體分爲二十篇，後來〔明〕郎奎金輯《五雅全書》，逕將它改名作《逸雅》，與《爾雅》、《小爾雅》、《廣雅》、《埤雅》合刻，並稱「五雅」〔註72〕，按中國傳統的目錄學分類而言，該書歸於經部小學類大致沒有疑義，然而，〔明〕周履靖卻將它與《詩品》、《談藝錄》、《詩源撮要》等作品同輯於「藝苑牘」內，顯然編者意不在其「訓詁」的經學意義；又如《玉函秘典》本來是道藏中用作趨吉避邪的各種咒語神符、神靈精怪圖介紹，包括「咒煉三魂法」、「驅除三尸咒」、「幽精像」、「上尸彭琚像」等，性質上偏屬民俗宗教範疇，然〔明〕周履靖卻將它視作一條條的尊生語錄，與《胎息經》、《天隱子》、《唐宋衛生歌》等作品同輯入「尊生牘」內，或如《逸民傳》卷末，又額外補入「周履靖」一條；或者是《神仙傳》、《續神仙傳》與《集仙傳》等，原本都是道藏洞眞部的仙籍記載，〔明〕周履靖歸之於「招隱牘」，與《香案牘》、《梅墟別錄》等並列，恐怕多少也帶有一種標舉離塵出世的理想人格典範，提供作爲人們企慕的對象，使心靈能夠臻至某種閒逸、隱退美好狀態的意義。

　　由此看來，叢書內的原始文獻經過編者在意義上巧妙「移植」、「歸類」後，擺脫原始語境，某種程度上就是創造新的定義與與詮解，這頗符合（法）德希達（Jacques Derrida）討論文本所提出「舊詞新用法」的邏輯：編纂的雖是舊有、希罕或幾被遺棄的書籍，但透過巧妙的結合創造了新的意義，給定這些作品被特徵化的方式，即使隻言片語也是一種文學形式，進而促生一種新的文學概念。〔註73〕

　　綜觀明代諸作品，會發現這幾乎成了當時文人共同的編創觀念，例如〔明〕李清在〈與徐述之〉云：

〔註72〕　《四庫全書總目提要》云：「別本或題曰《逸雅》，蓋明郎奎金取是書與《爾雅》、《小爾雅》、《廣雅》、《埤雅》合刻，名曰『五雅』，以四書皆有雅名，遂改題『逸雅』，以從類，非其本目」詳見〔清〕永瑢、紀昀等編撰：《四庫全書總目提要》，第一冊，卷四十，小學類一，頁822下。

〔註73〕　德希達進一步表示，它（指文本）保留了舊名，以作爲一種「參與的槓桿」，同時在他有意轉化的言語／文字這一等級對立命題上留下一個操作把手。詳見（美）喬納森‧卡勒著，陸揚譯：《論解構》（北京：中國社會科學出版社，1998年），頁122～123。

其一爲錢岱《晉書纂》本，從陳臣忠《晉書詮要》中出，而今遂掩
詮要爲纂；其一爲陳其愫《經濟文輯》本，從張文炎《經濟文抄》
中出，而今遂掩文抄爲文輯，亦云盜矣。若二子者，果潛心二書，
汰蕪增華，或仍其名，或書其實，則精神所湛露，雖曰附見，原自
孤行，且安知不後來者居上，如孔子刪詩訂禮，而傳刪傳訂，獨不
傳作，幾令作者掩錢是也。〔註74〕

〔明〕李清認爲，《晉書纂》與《經濟文輯》雖然是纂鈔他書而來（甚至同意
這是一種竊盜行爲），可是若能潛心研究並汰蕪存菁、仔細校對，「雖曰附見，
原自孤行，且安知不後來者居上」，即使是附庸作品，仍有超越原作的可能；
另外，〔明〕鍾惺〈二十一史撮奇序〉亦云：

若夫采輯古人之辭事，勒成一書，要使覽者忘其事辭之出於古，若
我所自著之書，而原文又無所刪潤，尋常口耳，忽成異觀。此合述
作爲一心，聯古今爲一人者也。〔註75〕

竟陵派的閱讀觀，每每被評之爲俚率、僻澀、破碎、魔鬼〔註76〕，也正因爲
如此，才能從書籍中看到不同於凡俗的細節、讀出不一樣新意；他們認爲：
采輯古人辭事以成新書，「覽者忘其事辭之出於古，若我所自著之書」，就是
要使古書翻新，創造出不一樣的意義，舊作品得到新詮解，「使作者與讀者之
精神心目爲之潛移而不知」〔註77〕，老文本頓時有了新風貌，「忽成異觀」。

　　循此推敲，〔明〕周履靖纂輯、刪節古人或當代作家作品而成《夷門廣
牘》，在選錄、編輯的過程中，卻又不斷地進行重構、嫁接、補充，一步步改
變原書主體，使文本頓生新風貌〔註78〕，換言之，貫串在《夷門廣牘》編輯

〔註74〕 詳見〔清〕周亮工：《賴古堂尺牘新鈔三選結鄰集》（台北：廣文書局，1994
　　　　年），卷六，頁116。
〔註75〕 詳見李先耕、崔重慶標校：《隱秀軒集》（上海：上海古籍出版社，1992年），
　　　　卷十六，頁244。下引此書皆同此一版本，不另出詳註。
〔註76〕 例如〔清〕錢謙益：「以俚率爲清眞，以僻澀爲幽峭。作似了不了之語，不知
　　　　求深而彌淺；寫可解不可解之景，以爲物外之象，不知求新而轉陳。無字不
　　　　啞，無句不謎，無一篇章不破碎斷落。……原其初豈無一知半解，游光掠影，
　　　　居然謂文外獨決，妙處不傳，不自知其識之墮於魔而趣之沉於鬼也。」詳見
　　　　錢謙益：《列朝詩集小傳》（台北：世界書局，1985年），丁集中，「譚解元元
　　　　春」條，頁572。下引此書皆同此一版本，不另出詳註。
〔註77〕 詳見李先耕、崔重慶標校：《隱秀軒集》，頁561。
〔註78〕 （法）羅蘭·巴特曾表示：「作品可有多元意義。但只需要擴大一點史學的眼
　　　　光，就能把這單一的意義演爲多元意義，把封閉的作品化爲開放的作品了。

脈絡下的「選擇」、「改編」與「補充」，其實就是一種重構文本形象的「再創造」行爲，如《茹草編》一書，乃〔明〕周履靖編選前賢古書中關於各種藜藿葵蔬之載，合成一套茹草大全，〔明〕彭輅曾說：

> 周子居常習草，旁蒐廣索得百有餘種，視庾有加悉爲圖而詠之成一
> 編。……其爲是編，姑以標其長往退避濩落蕭條之思。〔註79〕

意味了〔明〕周履靖編著《茹草編》恐意不再實用，而是採審美的態度，由《毛詩》、《周禮》、《爾雅》、《楚辭》、唐詩……等典籍中刪選摘抄，重新依己意組織架構新秩序而成茲編，因此，它的完成不再僅是嘉言奇語的選錄，更有著編者悅賞心境的寄託，誠如曹淑娟針對晚明選本小品的研究所指：「這些經過『選刊』的書籍，除了某些商業利益上的考量外，就消極面而言，『編選』具有汰劣存優的功能，尤其古今所創作積累的書籍，必然無法一一盡善，『選編』就是先爲人們作去蕪存菁的工作；另外，就積極面而言，這種經過編者篩選調整的作品，不再僅僅是合刻雜抄的單純意義，它的價值絕非所選作品的優劣精粗，而是選擇所投注的主觀意圖，過程中既有讀書磨練的效益，又自然顯露了選者的性情器識，而使選本成爲另一種創作成品。」〔註80〕〔明〕周履靖選輯《夷門廣牘》的意義，也應該要從這裡理解。

三、一種批評的文本

一如前述，叢書既是以「選擇」作爲其創作本質之一，往往就會涉及到價值優劣的判斷，並產生諸如哪些書可以入選？哪些書必須汰除？選後又代表什麼？作品與作品如何編排？……等問題，顯然，這種「以述爲作」〔註81〕

作品本身的意義也在改變中，它不再是一歷史事實，而是一人類學的事實了。因爲任何歷史都不可能把它完全表達。……作品同時包含多種意義，這是結構本身使然，並不是因爲讀者閱讀能力的不足，因此它是象徵性的：象徵並不等於形象，它就是意義的多元性本身。」詳見氏著：《批評與現實》（台北：桂冠出版社，2004年），頁44～45。下引此書皆同此一版本，不另出詳註。

〔註79〕詳見〔明〕彭輅：〈茹草編序〉收於〔明〕周履靖編：《夷門廣牘》，頁470上～470下。

〔註80〕曹淑娟又進一步地說：「此一『選』義的積極論點，實與晚明尊重讀者的風氣爲一體的展現，晚明文人頗多承認讀者擁有相當大的自由去認識、詮釋、評價作品，即主動去掌握作品，而非被動地爲作品所掌握。」詳見氏著：《晚明性靈小品研究》，頁71～74。

〔註81〕意指「將選輯視爲創作」。語見〔明〕鍾惺〈二十一史撮奇序〉，收於李先耕、崔重慶標校：《隱秀軒集》，頁244。

的創作活動，編纂者是在編排剪輯當中展示自己的文學觀或性情，而讀者與作者也以不同的姿態參與其中，表達意見、彰顯自我，某種程度上，叢書就是一種批評的文本〔註 82〕。故以下，筆者將分由「編纂者」、「讀者」與「作者的作品」三個層面，探察《夷門廣牘》的批評方式。

　　就「編纂者」而言，他一方面是叢書內各部作品的第一重讀者，另一方面也是叢書完成的樞紐，扮演著將各種作品傳予讀者的中介角色。首先，他得進行作品的閱讀，此即第一重讀者義，復依心中主觀的選輯標準與宗旨，通過選、刪、增、補、改、編等具體批評行為，選擇收錄作品並按特定順序、架構排列，讀者透過這種排列自可領會編纂者的選輯／批評意圖，從而彰顯叢書的價值，此即編纂者所扮演的中介角色〔註 83〕。在《夷門廣牘》中，〔明〕周履靖曾就明確地表達了他的批評步驟：

　　　　爰手次尋繹，除諸野史叢譚，語涉譏毀，則寧捨旃，以遵闕遺之志。

　　　　其餘擷菁茹華，都為一百餘卷。〔註 84〕

在徵訪編次書籍的過程裡，周氏劃下了兩重編纂原則：首先，「除諸野史叢譚，語涉譏毀，則寧捨旃，以遵闕遺之志。」大凡對於朝廷、人身有所毀謗者，寧可捨棄不錄，這或許是為避免文字災禍導致叢書遭遇禁燬的考量，屬於政治選錄原則；其次，未涉譏訕者，「擷菁茹華，都為一百餘卷。」汰選擷取菁華，編作一百餘卷，此乃文藝選錄原則〔註 85〕。而在「擷菁茹華」的過程中，其實還牽涉有多種批評方式，如：

〔註 82〕　（法）羅蘭・巴特說：「其實批評的念頭應自編纂者開始的：不必給本文加上己見使其『走樣』（deformer），只須引述，亦即剪接就可，一個新的可理解性自然而生：這可理解性或多或少是可被接納的，但又不是法定的，批評家只是個評論者，他就是不折不扣的評論者（這已足以讓他大顯身手了）：因為一方面他是一個傳遞者，他傳送歷史材料，另一方面他也是一個操作者，他把作品的因素重新分配，以便增加某種可理解性，亦即某種距離。」詳見氏著：《批評與現實》，頁 73～74。另外，本文將叢書視為一種批評文本，主要是受到楊玉成：〈閱讀邊緣：晚明竟陵派的文學閱讀〉（中研院文哲所專題演講，2003 年 9 月 19 日）一文的觀念啟引，嘗試思考晚明一種解構閱讀譜系的延展（本文著力於叢書），特此向楊教授致謝。

〔註 83〕　詳見鄒雲湖：《中國選本批評》，頁 9。唯敘述上依叢書本身而略有變動和詮解。

〔註 84〕　詳見〔明〕周履靖：〈夷門廣牘敘〉，收於氏編：《夷門廣牘》，頁 1 下。

〔註 85〕　關於〔明〕周履靖編輯《夷門廣牘》的收書原則，〈明代叢書的繁榮〉一文也略有談到，可資參考。該文收於曾貽芬、崔文印：《中國歷史文獻學史述要》（北京：商務印書館，2000 年），頁 475～490。

　　（一）「增補」，即補足原來所欠缺、不足者，它服膺於「補充」的邏輯，性質是額外的，形式則是鑲嵌於正文之末，無法取代正文，也不能單獨存在，彷彿一種文本的「寄生物」，依附於寄主──《夷門廣牘》內的各種作品而存在〔註86〕。其增補方式有時是編者個別補充，如〔明〕陸樹聲的《茶寮記》，原書僅列了人品、品泉、烹點、嘗茶、茶候、茶侶、茶勳等七種品茗事宜，而周履靖於卷末另又補充了龍坡山子茶、聖楊花、湯社、乳妖……等十八種相關材料，〔明〕韓奕公編《易牙遺意》，全書共兩卷，內容分爲醯造、脯鮓、蔬菜、籠造……等十二類，臚列各種食品烹調食用之法，不過，國家圖書館藏兩種《夷門廣牘》（版本編號五、六），則有〔明〕周履靖續增之作一卷，額外收錄多種烹調料理；有時則引渡其他書籍代爲補充，如《握奇經解》一卷，文末另附了〈握奇經續圖〉與〈八陣總述〉二文，而《種樹書》文末則另附《農桑撮要》一卷。編者不斷地以各種方式侵占文本並繁衍擴大，某種程度上，成了編纂者「發聲」的一條途徑，彷彿要告訴讀者：「我知道的比文本還更多呢！」企圖在叢輯的活動中，置入一己之見，使讀者在閱讀的過程中，時時見到編者才華的展現，同時也增加了叢書的完備性與豐富性。

　　（二）「選編」，如〔明〕茅坤爲〔明〕周履靖妻子〔明〕桑貞白批選之《香奩詩草》，據其〈香奩詩草序〉所言：

　　　嘗讀詩至關雎以下，竊感古之后妃能於琚瑀環珮之間，矢音特達以
　　　□桑，洲之風化并江漢，傳之至今爲騷人。正始秦以後，婦人能詩
　　　者，漢有班姬、曹大家，唐有惠妃，千百年間，寥寥數人，音微如
　　　線，彤管所載若空谷之音耳！嘉禾周逸之得其婦桑氏月窗著《香奩
　　　詩草》如干卷，余手誦之……其櫛句比字音，爽潤清大，較上□唐

〔註86〕關於文本中寄主與寄生物的關係，（美）希利斯‧米勒曾研究指出：「引文在主要文本的構造體內是一個異己的寄生物呢，還是包圍並纏繞住引文的闡釋性文字是寄生物、因而引文成了寄主？寄主養育著寄生物，使它得以生存，但同時又被它扼殺，正如人們常說的，批評扼殺文學。或問，寄主和寄生物能夠幸福地共同居住在同一文本的住宅之內，互爲依存或分享食物嗎？」又說：「『寄生物』這個詞中隱含著一個思想的或是語言的或是社會組織的奇異的系統。沒有寄主就沒有寄生物。寄主和有點邪惡或說具有顛覆性的寄生物是同坐在食物旁邊的同桌食客，共同分享著食物。」詳見氏著：〈作爲寄主的批評家〉，收於王逢振、盛寧、李自修編：《最新西方文論選》（廣西：新華書店，1991年），頁156〜159。

人，下較宋元，而矢志屬詞。不詭閨貞之範，蓋簪珥間所絕少者，
豈雅慕團扇東征豬作而興者乎？古稱國風好色而不淫，若香奩者，
庶幾於是又可傳矣！〔註87〕

自古以來，在以男性爲主宰的文學史中，雖有諸如班婕妤、曹大家、謝道蘊……
等等，在文學創作上，立下不凡的表現，然而女性的聲音始終微弱，這並不
意味她們缺乏才學，而是不被重視；〔明〕茅坤主張香奩詩歌有若國風「色
而不淫」、「溫柔敦厚」之傳統，當具可傳可誦的價值，故在序文中傳達其選
編《香奩詩草》企圖，「若香奩者，庶幾於是又可傳矣」，欲藉桑氏諸作以傳
香奩之音，續構文學史上女性的「聲音」，其他如《唐宋衛生歌》、《海外三珠》、
《占驗錄》等書同樣如此，藉由選編傳達某種主題或觀念。

　　（三）「刪改」，其實也是延續「寄生物」的觀念，只是編者這次喧賓奪
主地吞噬寄主，而以新的面貌呈現，例如《蘭譜奧法》，實際上就是由〔宋〕
趙時庚《金漳蘭譜》其中一節次選錄而來，編者卻刻意另訂新名，使人誤以
爲新書，表面上頗有新人耳目之效，然而也示範了明人割裂古書的陋習。

　　其次，就「讀者」而言，《夷門廣牘》的讀者閱讀反應，主要見於兩處：
一爲叢書彙整編訂前，部份個別刊行作品所留下的名人雅士的序跋，一爲萬
曆二十五年（1597）前後，〔明〕劉鳳、〔明〕黃洪憲、〔明〕張獻翼與〔明〕
何士抑等人爲《夷門廣牘》所作的序文〔註88〕。其中或有考訂書籍之原由者，
如〔明〕袁福徵所作〈籟紀後序〉，從該書乃王叔齋「遭罹南戈，既貴而窮，
流離播徙」〔註89〕所編，談論至內容「名目幽佳，輸（疑作抒）情婉戚」、「一
字一鳴，一言一血，文多遒古」（同前註），並讚譽〔明〕周履靖摭拾於咀之
功，〔明〕胡震亨所作〈禽經序〉不但論述該書內容，並指陳編者刊印上的

〔註87〕詳見〔明〕茅坤：〈香奩詩草序〉，收於〔明〕周履靖編：《夷門廣牘》，頁 1288
　　　　上～1289 上。

〔註88〕傳統理解中的序跋多是作爲著作章節結構的說明，屬於「論」之一型，如〔明〕
　　　　徐師曾《文體明辨》就說：「小序者，序其篇章之所由作……序……言其善敘
　　　　事理次第有序若絲之緒也。」然而，它也可以是一種文學批評、文化的「符
　　　　碼」，對作品提出詮解的大好場域，如〈蘭亭集序〉、〈春夜宴從弟桃花園序〉
　　　　等，循此，我們不妨也可以將《夷門廣牘》內諸他序，視爲是讀者據個人生
　　　　命經驗發抒的一種具體反應。關於中國序跋特質，可以參閱柯慶明：〈「序」「跋」
　　　　作爲文學類型之美感特質的研究〉，收於臺灣大學中文系編《鄭因百先生百歲
　　　　冥誕國際學術研討會論文集》（台北：臺大中文系，2005 年），頁 17～45。

〔註89〕詳見〔明〕袁福徵：〈籟紀後序〉，收於〔明〕周履靖編：《夷門廣牘》，頁 102
　　　　上。

疏漏：

> 是書不著撰人名氏，《唐志》始作師曠，當由篇首「於野」二字所誤，
> 又茂先，西晉人，而注多引陳代典籍，由踈漏可笑矣。〔註90〕

經其考訂後，認爲作者並非〔周〕師曠，此乃後人受「於野」二字所誤，且
註者雖標爲〔西晉〕張華，然註文卻多引陳代資料，亦是一大謬誤；或有
闡述一己之文學觀念者，如〔明〕周紹濂所作〈茹草編跋〉，由山林高廟之別
談起：

> 跋茹草編曰：「服紈袴者，不足與談鶴氅荷衣之風；嗜膏粱者，不足
> 與語草根木實之趣。」〔註91〕

認爲獨味茹草可達世清虛明之境，其他如〔明〕皇甫百泉、〔明〕侯一元、
〔明〕吳惟貞等人所作之〈茹草編跋〉，也分別由茹草引申至品性高潔、茹草
飲食助養生、離世隱逸等議題，另外，〔明〕張敉所作〈序泛泖吟〉，由阮籍
《詠懷詩》之「託物以諷，緣情而感和平之體罔乖，沉鬱之氣悠遠」〔註92〕
談起，並以此比擬周履靖詩作；或有描寫周履靖生平性格、生活往來者，如
〔明〕翁正春所作〈鴛湖倡和後跋〉，便由其性格「高情慷慨」、「怡心翰墨」，
談至生活「鷗鷺與居，則與和靖孤山幽致寧有殊哉！」〔註93〕另外，〔明〕
彭輅所作〈梅塢貽瓊勗周子〉，則由〔明〕周履靖遁世離俗的趣尚，談至詩風
頗有曹劉陶謝之味，並勉勵其砥礪精進，終至與古哲並轡；到了萬曆二十五
年（1597）前後，〔明〕劉鳳、〔明〕黃洪憲、〔明〕張獻翼、〔明〕何三
畏等人，閱讀著《夷門廣牘》成稿，並分別由書名、書籍內容、編者性格、
編者生活等面向發聲，熱烈地表達對《夷門廣牘》價值的肯定與期待。這些
序跋題識者，憑著各自所屬生活經驗、學識見聞、文學理念、交遊往來等因
素，在文本的邊界，不斷地陳述著「自我話語」，並展現了他們的閱讀批評能
力，有時應聲讚和，有時卻又提出謬誤，五花八門的聲音紛呈紙上。

　　值得一提的是，〔明〕周履靖曾增刪改編各種作品，而序跋題識者又以

〔註90〕詳見〔明〕胡震亨：〈禽經序〉，收於〔明〕周履靖編：《夷門廣牘》，頁 765
　　　　下。

〔註91〕詳見〔明〕周紹濂：〈茹草編跋〉，收於〔明〕周履靖編：《夷門廣牘》，頁 534
　　　　上。

〔註92〕詳見〔明〕張敉：〈序泛泖吟〉，收於〔明〕周履靖編：《夷門廣牘》，頁 1260
　　　　下。

〔註93〕詳見〔明〕翁正春：〈鴛湖倡和後跋〉，收於〔明〕周履靖編：《夷門廣牘》，
　　　　頁 1247 下。

讀者立場依附於這些改編過的文本邊緣發聲，論述己見，形成一種寄生的寄生，頗有影響後來讀者閱讀理解之勢，換言之，文本的主體像是一種不穩定的結構，隨時都有被翻轉的可能，彷彿構成一種解構式閱讀〔註94〕。稍後，〔明〕陳繼儒所編選之《梅顛稿選》更是這種讀者觀念的實踐，該選集乃編者刪選周履靖生前作品並依文體分卷排列而成，〔明〕錢應金〈梅顛稿選敘〉說：

> 先生著述滿千卷，悉已行世，諸子恐其汗漫，復求眉公先生定為此
> 選，譬之梅花是亦千齡之冰片、瓣葉之玉麟也。〔註95〕

後人看似存輯周氏生前著作，避免汗漫，實際上則是再由他千餘卷作品中進行新的組織，「譬之梅花是亦千齡之冰片、瓣葉之玉麟也」，以此創造新義。於是，從〔明〕周履靖所編《夷門廣牘》發展至〔明〕陳繼儒編選之《梅顛稿選》，我們發現到：創作主體將永遠飄盪在閱讀者心中，無定式，而晚明人往往將這種閱讀行為理解為一種「重估價值」的創造過程〔註96〕，並認為是文本得以繼續存活於後人閱讀過程的方法。〔註97〕

〔註94〕〔法〕德希達曾對這種解構閱讀表達看法：「『解構』總是對寄生現象這種牢不可破的邏輯很關注。作為一種話語，解構總是一種關於寄生物的話語，解構本身就是寄生於寄生生物主體的一種寄生手段，是一種『有關寄生物』的話語，是一種以『超級寄生物』的邏輯為基礎的話語。」詳見〔法〕德希達：〈毒品的修辭學〉，收於氏著，何佩群譯：《一種瘋狂守護著思想——德里達訪談錄》（上海：上海人民出版社，1997年），頁183。

〔註95〕詳見〔明〕錢應金〈梅顛稿選敘〉，〔明〕陳繼儒選：《梅顛稿選》，收於《四庫全書存目叢書》（台南：莊嚴文化事業有限公司，1997年），子部，第一八七冊，頁337上。

〔註96〕就如同〔明〕張鼐在〈重編文選序〉所說：「《史記》之前無史，《騷》之前無《騷》，《南華》之前無《南華》，皆意所創也。《選》以前未有《選》也，亦意所創也。……斯又非昭明氏之書，而新甫之書也。」可見無論是選集或選集的選集，都可以是一種創作。詳見氏著：《寶日堂初集》，收於《四庫禁燬叢刊》（北京：北京出版社，2000年），集部七十六冊，第十二卷，頁315。

〔註97〕曹淑娟曾指出，這種以述為作的文學活動，其實還牽涉到二重作者與同一段語言文字的關係：采輯古人辭章，以我之心目上與古人印合，建立第一重作者與讀者關係，然後以此印合我與古人性靈之辭章，招徠讀者復以其性靈來相契印，則是第二重作者與讀者關係，因而得以「合述作為一心，聯古今為一人」。就讀者而言，此經真切性的肯定，就解除（但不必然）與原作者或作品其他部分的既定關係，而重新存活於其解讀之中。詳見氏著：〈體道與審美的綜合經驗——《醉古堂劍掃》〉，《國文天地》第九卷第九期（1994年2月），頁25。

　　最後，就「作者的作品」而言，它是整部叢書的主體，然而，一方面受到編者纂輯影響，內容與意義一概籠罩在編者選輯意識與方法上，另一方面則受到讀者閱讀理解的影響，創作主體終究是存活在讀者的解讀過程，如此一來，使它沒有實際，「發聲」的權利。然則，這一沉默的主體，其批評方式主要體現在作家的聲譽傳揚上，舉例而言，〔明〕彭輅〈閒雲稿序〉：

> 周子號梅墟山人，學晉人書肖之，頃寫黃庭道經二帖，深得逸少華意。集以閒雲館名，吾嘉自項上林元淇、戚符卿元佐、僧正念方澤相繼云：「正今詩苑零落，纔不過四五同志。」余故每見少俊能詩者，云：「此吾嘉鳳皇也，堪爲世瑞而數數稱述。」周子於吾黨由楊敬之之於項斯云。〔註98〕

在《夷門廣牘》完成前，《閒雲稿》就曾先行刊刻傳布，〔明〕彭輅大概是該書第一時間的讀者，引文中藉其閱讀反應的嘉勉，彷彿是爲〔明〕周履靖的作品背書，告訴其他人：「此吾嘉鳳皇也，堪爲世瑞而數數稱述。」之後，隨著《夷門廣牘》選錄刊行，像是一種免費的宣傳策略，招致更多讀者的同聲附和，使其聲名得以馳騁文壇。因此，叢書內的作品看似無聲、被動，其實它們參與的是文學傳播的批評途徑，藉由書籍的發行、流通，標榜著作者的創作才華與聲譽，進一步地說，《夷門廣牘》猶如一座訊息散佈的平台，透過〔明〕周履靖的選擇、認可後，使這些作者與作品隨之遞傳於讀者口耳間，引起迴響，有時更讓許多恐不爲人知曉的作品得以見聞於世，存載於文學史上，如《群物奇制》、《益齡單》即是顯例。

第四節　結　語

　　清代學者面對明人的刻書成就時，總是毫不客氣地痛加貶抑，以叢書爲例，四庫館臣就常是以「敗壞士風」、「踳駁不倫」、「荒誕不經」、「刊版拙劣」等負面口吻評定其價值。

　　固然在形制、體例上，明代叢書有其不完美處，但卻不應就此一味地抹煞其存在價值，加上歷來學界對於叢書的研究路徑尚以版本目錄、文獻考據爲夥，筆者以爲，固然文獻版本的探源溯流是一切研究的基石，仍應本此基礎繼續拓展新的研究視域，因此，本章試圖再進一步思考：叢書既是編纂者

〔註98〕詳見〔明〕彭輅〈閒雲稿序〉，收於周履靖編：《夷門廣牘》，頁 1100 上～下。

憑藉個人主體意識所進行的圖書工程，其中必然也會導入個人的價值判斷標準，相應於文學作品的編輯，它呈顯了什麼文學信息？又，積澱於編纂者的思維方式、學識涵養、社會環境、時代風潮、審美態度、經驗價值……等因素，形塑成的文學特質為何？經本章針對《夷門廣牘》作初步討論後，得出二種文本的文獻意義：

其一，叢書具有文獻資料整合的價值；《夷門廣牘》內收錄多種不同類型的作品，一方面既因它們多是罕為人知的邊緣文類而具有搜殘存逸、輔助明代史料文獻的意義，二方面則可作為文獻訂補與斠讎的資料庫，是文獻學家進行不同版本間校勘、釋疑時的重要材料來源；另外，無論是叢書類目的「辨義」分類或叢書內各個作品內容所呈現的「並列式清單」、「階級式清單」，都是實踐文本形式、內容序列化的重要手段，使得紛繁的書目與豐富的內容都能獲得層次井然的安置，為中國圖書的「分類」作了有意義的示範。其二，就其編纂過程而言，叢書與中國選本有著共同的批評角度——「選」，這種「以述為作」的選輯方式，既是一種創新，也是一種批評的文本；就編者而言，《夷門廣牘》乃〔明〕周履靖依憑特定選輯概念與選錄標準所完成的，哪些書要選？哪些書必須汰除？為何要選？如何增刪訂補？……種種的問題，一概都得經由他來認定，顯然，這套叢書具有極強烈的個人批評意識；就讀者而言，他們在《夷門廣牘》內批評的聲音，主要體現在各部作品的序跋上，或讚揚、或糾謬，甚至有藉機發表一己文學觀點者，使得五花八門的聲音躍然紙上；就作者的作品而言，它可說是整部叢書的主體，然而受到編者選輯與讀者解讀的雙重影響下，似乎顯得被動、沉默，然事實上，它所參與的文學傳播的後設批評途徑，藉由書籍的發行、流通，標榜著作者的創作才華與聲譽，透過《夷門廣牘》的刊行，遞傳於讀者口耳間，引起迴響、注意，甚至使許多恐不為人知曉的作品得以見聞於世。

由此看來，明代叢書雖然因形制上脫誤、竄改、排訂不精等因素，造成後人的撻伐訴病，並對其成就持以否定態度，然而，我們若能暫且拋開這一切的成見，試從不同的文獻視角重新審視，如此一來，既能免陷傳統定論的泥淖，又能開拓其研究格局，使明代叢書獲得嶄新的價值意義。

第參編　《夷門廣牘》中的文人生活體系

第參編 《夷門廣牘》中的文人生活體系

引 言

　　明代中期以後，中國叢書的發展脫離宋、元萌芽階段，無論是「質」或「量」皆較以往更爲成熟，然而，叢書的成帙除了是多種文獻古籍的集合、累積外，同時也雜揉有編者個人的纂輯旨趣，因此，我們無須再想當然爾地全然歸諸版本文獻的研究範疇，尚有許多課題值得思索：就纂輯動機而言，他們爲何要編？是爲了保存文獻？賺取營收利潤？或是傳遞某種文化理想？就纂輯方式而言，他們如何編成？是按郡邑？按氏族？按四部？這些纂輯方式又透露了哪些訊息？此外，叢書的內容又當該如何與時代脈絡縮結呢？例如〔宋〕俞鼎孫、俞經合輯之《儒學警悟》，據〔宋〕俞成跋語云：

> 凡舉子事業，人事之勸懲，間有出於己意，兼薈蕞也，然而或又得
> 於詩友之警咳者，議論賅博，識見超拔，大概爲儒學設，亦爲警悟
> 用。〔註1〕

可知，該叢書主要是爲宣揚儒學、資爲舉業或人事勸懲之用；此外，〔明〕沈節甫所輯《由醇錄》，其旨意在延續孔孟遺風，「信乎世道由此其醇也。」〔註2〕或者面對時代文風的頹靡不振，則有〔明〕胡維新所輯《兩京遺編》，

〔註 1〕 詳見〔宋〕俞鼎孫、俞經合輯：《儒學警悟》，收於嚴一萍選輯：《百部叢書集
　　　　成》（台北：藝文印書館，1966 年），之一，第一函，第一冊，頁 5 右～左。
〔註 2〕 詳見〔明〕沈節甫：〈由醇錄序〉，收於王重民：《中國善本書提要》（台北：

欲藉兩漢佳文良句的倡興以扭轉文學風氣〔註3〕。諸如此類的纂輯主旨，在在都說明了叢書尚存有持續開闢更多詮釋的力道，進而發現它們不同以往的歷史定位。

〔明〕周履靖所編《夷門廣牘》，既以「夷門」命其義，早已貞定它的核心旨趣——隱逸，若由其所收錄的書籍內容來看，則無論是文學批評、書契典藝等文房器物之辨、飲食材料與器皿的風雅講究……等等，顯然，主要訴求的可能閱讀對象大抵在仕紳文人階層，至於全書編纂的旨趣，書前序文雖未明言，然從周氏對書中各牘的解釋來看，大抵即是環繞在生活起居活動的架構與安排，包括園藝、風水、鑑賞、書畫、詩文、養生、飲食、游藝……等等，衡諸所規劃的內涵，頗與〔明〕伍紹棠〈長物志跋〉所描述者相類：

> 有明中葉，天下承平，士大夫以儒雅相尚，若評書、品畫、淪茗、焚香、彈琴、選石等事，無一不精。而當時騷人墨客，亦皆工鑑別、善品題，玉敦珠盤，輝映壇坫。若啓美此書，亦庶幾卓卓可傳者；蓋貴介風流，雅人深致，均於此見之。〔註4〕

引文中，作者視書畫品評、焚香剔石……等為「士大夫」、「騷人墨客」之生活雅趣，是一種「貴介風流」、「雅人深致」的體現，換言之，《夷門廣牘》不妨也可以看作是一套專為文人所設計之風雅生活指南，教導文人雅士如何開展專屬的生活文化，隨著細節紛披的規劃，彷彿是將「日常生活」轉化為無數的符碼，在彼此的排列組合中，架構起明代文人細緻而迷人的隱逸生活體系，尤其，當時所謂的「家無餘貲，盡斥以買書畫彝鼎，風流儒雅，竟日譚笑，無一俗語，可謂名士矣。」〔註5〕或「時之名士所謂貧而必焚香必啜茗，必置玩好，必交遊盡貴者也。」〔註6〕等言論，更迭相出，不絕如縷，使得這種名士式的生活模式並非只是〔明〕周履靖個人的偏好或標榜而已，事實

　　　　明文書局，1984年），頁418右。

〔註3〕詳見〔明〕原一魁後序，《兩京遺編》，收於嚴一萍選輯：《百部叢書集成》（台北：藝文印書館，1966年），之十一，第一函，第一冊，頁1左～4右。

〔註4〕詳見〔明〕文震亨：《長物志》，收於嚴一萍選輯：《百部叢書集成》（台北：藝文印書館，1966年），之三十一，《硯雲甲乙編》，第二函，第四冊，頁1右。

〔註5〕詳見〔清〕錢謙益：〈書王損仲詩文後〉，收於氏著：《牧齋初學集》（上海：上海古籍出版社，1995年），卷八十四，頁1768～1769。

〔註6〕詳見〔清〕孫枝蔚：〈埽齋記〉，收於氏著：《溉堂文集》（上海：上海古籍出版社，1979年），卷三，頁1143～1145。

上，這套用以辨識名士文人的風雅生活模式，大體上在明代中期以後便已形成某種特定價值的表徵〔註7〕，因此，《夷門廣牘》其實也可說是當時文人雅士的一種集體心靈映現。〔註8〕

要言之，本編立基於「叢書為某種文化特質」的想法，以「文人隱逸文化」為核心，依《夷門廣牘》諸牘所收書籍的基本性質，分為「起居」、「遵生」與「游藝」三種論述主題，並盡力從明代相關的文字記錄中，汲取任何可供依憑資證的吉光片羽，唯「閒適牘」與「觴詠牘」內諸書以及「招隱牘」之《梅墟別錄》、《梅塢貽瓊》等，屬於〔明〕周履靖個人長期累積以及友友題贈的詩文作品，大體所呈現的是一個實際園林經驗的影像，本論文擬於第肆編再作較全面性地處理，本編將不大量徵引討論。

再者，每一主題之內又可以涵括在如下三種討論面向當中：

一、「物質的生活」

以「物質」作為研究課題者，傳統上乃著落在人類學、考古學或藝術史

〔註7〕關於明清文人以賞玩閒雅生活作為名士辨別標誌的討論，詳見王鴻泰：〈閒情雅致——明清間文人的生活經營與品賞文化〉，頁74～77。

〔註8〕不過，必須說明的，這股慕隱風尚未必是入深山、居嚴穴、飲泉露的遁世絕塵，相反地，他們更多的是在山巔水涯或園林池石間，追求一套悠閒、逸致的生活模式，一方面既標榜文人雅士所特有的生活文化，另一方面還可以作為一種品味的宣示，因此，充其量，「隱」不過是這種「不體世道」生活的表層意象，「逸」才是他們真正的目的；「逸」是逸樂，也是閒逸，也就是追求一種精緻細膩的生活美學，並以這種山林逸風（文人生活文化）對比世俗紅塵（舉業仕進文化），突顯自我存在的「殊異性」與「優越感」，換言之，這種生活方式，既脫離了傳統隱居的苦澀，也沒有入世奔波的勞碌，而是在山林幽谷間，闢建一套不同於世俗的藝術化生活，我們可以總稱之為「閒隱生活」。關於明人閒隱觀念，可以參閱王鴻泰：〈明清間士人的閒隱理念與生活情境的經營〉，《故宮學術季刊》，卷二十四，第三期（2007年3月），頁1～44。文中有更精闢的論述說明。只是，這種標榜生活美學品味書籍的出現，除了可以是文人階層高雅文化的共相、品味的捍衛之外，隨著文學傳播的力量廣為週知後，許多有閒有錢卻未具相當的文化水準的新富人士，也能夠循著這些指導手冊的說明，模仿文人物質生活中的形貌，徒然妝點自我，造成一種品味價值的混亂，其中，「賞鑑家」與「好事家」的頡頏對於這種生活美學帶來什麼樣的衝擊，成了明代文化的另一道難題。關於當時「賞鑑家」與「好事家」之辨，可以參見〔明〕沈德符：《萬曆野獲編》（北京：中華書局，1997年），卷二十六，「時玩」條、「好事家」條與「假古董」條，頁653～655。或者〔明〕謝肇淛：《五雜俎》，收於《筆記小說大觀》（台北：新興書局，1988年），第八編，第六冊，卷七，頁3711～3713。

學者身上為夥，只是早期多用以證明社會結構或社會存在，基本上，「物質」往往是連帶的附屬品，缺乏獨立價值的呈顯，直至近年來，才逐漸擴充為一種象徵性、文化性溝通系統，使之可與歷史、社會脈絡相連結，誠如黃應貴所指稱的，物與物質文化研究最大的貢獻，也許不在物自身性質的探討上，而是對文化本身的探討，他並以台灣東埔社布農人種植經濟作物與培育水稻的經驗為例，說明人們如何透過「物」來建立一種新的生活方式與社會秩序〔註9〕；換言之，在人文意識或人文活動與周匝萬物的相揉交織中，足以模塑出另一種文化時空的面目，「物」彷彿是人們用以顯示自我形象的另類表徵，其中或為社會階層、或為族群、或為性別、或為權力、⋯⋯等等。明代中晚期，社會文化與四民階層的變動頻繁，「物」尤其是人們藉以具象化自我、辨析「我是誰」的最佳佐證之一，如《瓶史》、《石品》、《游具雅編》⋯⋯等的出現，都有其深刻的文化意義存在。本編便將秉此概念，追尋《夷門廣牘》背後所黏附的「新的生活方式」。

二、「生命的遵養」

　　生命問題的叩問，自古即是重要的討論焦點，無論是〔戰國〕莊子「死生，命也，其有夜旦之常，天也」的灑脫不羈〔註10〕，或如〔春秋〕孔子在「逝者如斯」感嘆中，表明對生命不常的無可奈何，由「生」與「死」所引發的生命意識，始終盤縈在人們心中，不斷辯證；一般而言，明人面對俗世生命的存在，大抵包括有生命體所能感知到現實時空中的自然，以及所能體認跨越時空的人文兩大範疇，對明代文人而言，前者主要是將生命個體置諸日常行住坐臥的生活細節中，後者則是由主體所喚起的各種人文風尚與情懷，兩者關係密不可分〔註11〕，於是，面對「生命遵養」的課題，產生有兩種認取路徑：一則是在具體的養護步驟與過程中，實踐「生命的遵養」，如日常衛生保健、飲食調養、導引按摩等，另一則強調精神層面的悅樂，希冀由

〔註9〕 詳見黃應貴：〈物的認識與創新──以東埔社布農人的新作物為例〉，收於氏編：《物與物質文化》（台北：中研院民族學研究所，2004年），頁443。另外，亦可參閱氏著：〈導言：物與物質文化〉，同前揭書，頁1～26。
〔註10〕 詳見〔清〕郭慶藩：《莊子集釋》，收於《續修四庫全書》（上海：上海古籍出版社，1995年），第九五七冊，卷三上〈大宗師〉，頁620上。
〔註11〕 詳見毛文芳：〈養護與裝飾──晚明文人對俗世生命的美感經營〉，收於氏著：《晚明閒賞美學》（台北：臺灣學生書局，2000年），頁299。下引此書皆同此一版本，不另出詳註。

心性的適意安樂以達致遵生的期待，諸如休閒游藝或習靜攝神等活動；其中，前者大致是「遵生」一章的分析主軸，後者則不限於此，包括「居室」、「休閒」皆有觸及。

三、「審美的視野」

法國思想家傅柯（Michel Foucault）曾經提出這樣的思考邏輯：

> 在當前的社會中，藝術已經變成只與物件有關的東西，而與個人和生活毫不相干了。……爲什麼不能使人人都把自己的生命變爲一件藝術品呢？爲什麼一盞燈、一棟房子可以是藝術品，而我們的生命不可以呢？……我們應當像一件藝術品那樣來組織自己，創作自己，安排自己。〔註12〕

其中的意旨即認爲，除了日常用品、工藝創作等具體實存之物可以是審美的對象外，我們的生命過程何嘗不可以是一種審美行動；此外，吾師毛文芳博士亦從西方著名藝術哲學家高達美（Hans-georg Gadamer）的「遊戲表演觀」，以及社會學家高夫曼（Erving Goffman）的「日常生活戲劇觀」的理論啓發中，詮釋晚明文人對生命的美感經營，她指出，晚明的閒賞文化，可視爲是文人所共同締造的大型藝術品，他們或點化爲美事美物的環境、或品味古董器物，藉此展現文人特有的丰姿與自我生命價值〔註13〕。換言之，所謂的「審美」除了是狹義的藝術作品鑑賞之外，同時亦泛指任何可表現出生活美感的具體行爲，諸如漁弋、品茗、鼓琴、清談、遊賞……等等，皆可資爲「美」的體道經驗，進而在其中寄託個人主觀情感以臻至更高層次的生命境界，某種程度上，我們可以說這種具審美經驗的生活方式，是立足在人的心靈世界，「所經營的生活世界，無非只是自我內心世界的外化表現」〔註14〕。這種審美的視野亦落實在本編討論之中。

希冀能藉此討論以探求〔明〕周履靖如何將一種隱逸的理想具現爲生活層面的規劃，進而理解他們（文人雅士）如何從中標榜自我的文化層次，唯

〔註12〕詳見（法）傅柯（Michel Foucault）與美國學者 Hubert Dreyfus 和 Paul Rabinow 的談話錄，韓立譯：〈性愛、倫理及其他〉，《當代》，創刊號（1986年5月），頁43。

〔註13〕詳見毛文芳：〈養護與裝飾——晚明文人對俗世生命的美感經營〉，收於氏著：《晚明閒賞美學》，頁323～349。

〔註14〕詳見羅中峰：《中國傳統文人審美生活方式之研究》（台北：洪葉出版社，2001年），頁110。

涉及領域極爲繁複，故關於較細部的執行過程將不擬詳加考究。再者，這三
種討論面向，或許尙無法完全涵蓋明代中後期文人所開展出的生活層面，但
至少是足以突顯其中的某些特點，使我們可以在「明代中後期的社會風氣丕
變」、「明代文人個性張揚」、「明代文人追求性靈雅趣」的論述云云，得到較
具體的體會。

第一章　起居：生活環境的佈設

第一節　前　言

　　在《金瓶梅》第九回〈西門慶偷娶潘金蓮，武都頭誤打李皁隸〉中，自西門慶與潘金蓮燒了武人的屍體後，次日，潘金蓮收拾家中一切細軟，隨著西門慶備妥的轎子、燈籠，順利地嫁入西門府。關於潘氏作房環境，書中曾這樣描寫：

> 西門慶娶婦人到家，收拾花園內樓下三間與他作房。一個獨獨小角門兒進去，院內設放花草盆景，白日間人跡罕到，極是一個幽僻去處。一邊是外房，一邊是臥房。西門慶旋用十六兩銀子，買了一張黑漆歡門描金床，大紅羅圈金帳幔，寶象花揀妝，桌椅錦杌，擺設齊整。〔註1〕

甚至在確定武松將被充配孟州道時，高興地與妻妾共同遊賞於芙蓉亭，書中詳細地描寫到他們當時的宴飲物品是：

> 香焚寶鼎，花插金瓶。器列象州之古玩，廉開合浦之明珠。水晶盤內，高堆火棗交梨；碧玉杯中，滿泛瓊漿玉液。烹龍肝，庖鳳腑，果然下著了萬錢；黑熊掌，紫駝蹄，酒後獻來香滿座。碾破鳳團，白玉甌中分白浪；斟來瓊液，紫金壺內噴清香。畢竟壓賽孟嘗君，

〔註1〕　詳見〔明〕蘭陵笑笑生著，秦修容整理：《金瓶梅》（北京：中華書局，1998年），第九回〈西門慶偷娶潘金蓮，武都頭誤打李皁隸〉，頁132。下引此書皆同此一版本，不另出詳註。

只此敢欺石崇富。〔註2〕

小說中的西門慶只是一個地方富豪家族子弟，卻憑恃著家中萬貫錢財，大肆鋪張，生活起居環境的陳設可謂極奢華之能事，或門掛龜背紋、或地鋪獅子滾繡球絨毛毯子、或廳擺泥鰍頭楠木椅。這樣的暴發戶在明代中晚期的江南一帶並不少見，他們多半經營計較著生活環境的華美，任何的帳、几、桌、椅、燈、廉、扇、衣等都務求縫彩繡金。相較於這種極富誇示炫耀意味的華屋高宇，多數的文人雅士一方面既無負擔這種豪奢室居的財力，另一方面，他們也不願與一般屠沽市販媚俗同流，故而提出另一番屋室的精緻與情韻之說，正所謂：「凡人安處，非華堂邃宇、重裀廣榻之謂也，在乎雅素潔淨耳。」〔註3〕或「宮室華膴而几案積塵，茅茨寥落而筆研精良，此富貴貧賤之異趣也。」〔註4〕意味了文人的生活，乃是以追求一種「蕭疏雅潔」的生活空間、清淡雋永的美感經驗為尚，關於他們生活，《長物志》曾有過類似描述：

古人製几榻，雖長短廣狹不齊，置之齋室，必古雅可愛。又坐臥依憑，無不便適。燕衍之暇，以之展經史、閱書畫、陳鼎彝、羅肴核、施枕簞，何施不可？今人製作徒取雕繪文飾，以悅俗眼，而古制蕩然，令人慨嘆實深。〔註5〕

又如〔明〕謝肇淛所說：

李德裕云：「以吾平泉一草一石與人者，非子孫也。」余謂富貴之家修飾園沼，必竭其物力招致四方之奇樹異石，窮極志願而後已。其得之也既難，則其臨終之時，必然流連眷戀而懼子孫之不能守也。豈知子孫之賢不肖？志趣迥別，即千言萬語安能禁其不與人哉？況富貴權力一旦屬之他人，有欲不與人而不可得者，其為惑滋甚矣！余治小園，不費難得之物，每每山行遇道旁石有姿態者，即覓人□歸，錯置卉竹間，久而雜遝，亦覺有郊坰間趣，蓋不惟無財可辦，

〔註2〕 詳見同上註，第十回〈義士充配孟州道，妻妾玩賞芙蓉亭〉，頁147。

〔註3〕 詳見〔明〕陳士元編：《歸雲外集》（臺北：漢學研究中心景照明萬曆十七序刊本），卷五〈謹寢處〉，頁4下。

〔註4〕 詳見〔明〕嶽元聲：《潛初子文集》（臺北：漢學研究中心景照明刊本），卷七〈語錄〉，頁9上。

〔註5〕 詳見〔明〕文震亨：《長物志》，收於嚴一萍選輯：《百部叢書集成》（臺北：藝文印書館，1966年）之三十一，《硯雲甲乙編》，第二函，第四冊，卷六〈几榻篇敘〉，頁1右。下引此書皆同此一版本，不另出詳註。

亦使他日易於救斷，不作愛想也。〔註6〕

指明時人一味地追求流行風尚，務求雕繪文飾，最終仍不免落於「俗眼」、「俗品」、「俗流」之譏，更何況居室修整的再華美，人的年壽終是有限，無法長久把握，甚至易主，過多的裝飾只是徒增慨歎，唯有在個人起居空間上適時地注入幽韻巧思，即使只是殘枝枯葉，也能別創靈活的居室逸趣。

本章即要從《夷門廣牘》內關於文人起居生活環境的規劃談起，例如「雜占牘」之立目主旨云：「五德之運既開，凡七之籌斯衍，而時日有向背，丘陵有牝牡，從來遠矣……物色兆啓乎龍顏，決若發覆，冥同可契，術雖纖細，寔開吉凶順逆之途，又可廢乎？」〔註7〕風水占卜之術看似毫末之技，卻也深刻地反應出人事生活的吉凶順逆，豈能輕視？「招隱牘」云：「至夫害馬對於帝師，楚鳳歌而傲聖，遁跡逃名，隱身絕俗……懷素棲託，曷以尙茲。」〔註8〕該牘則收錄有多種與文人隱逸生活相關的詩文，而「博雅牘」內更有多部作品涉及了文人生活用物的討論。因此，筆者匯合諸作品內容，並分爲「從安居之『宅』轉爲遊翫之『園』」、「起居生活的風水與擇吉占驗」、「居家擺設的物件」三組討論項目，依次觀察明代中葉以後，文人起居生活理念、生活節奏、物件擺設等相關面向，進而思考巾空間屬性所帶出的生活文化型態。

第二節　從安居之「宅」轉爲遊翫之「園」

居室，作爲人類起居活動空間的主要場所，基本上，它兼具「開放」與「私有」兩種性質〔註9〕，就其形制而言，可以有樹穴、磚屋、瓦房、園林、

〔註6〕 詳見〔明〕謝肇淛：《五雜俎》，收於《筆記小說大觀》（臺北：新興書局，1988年），第八編，卷三，地部一，頁3357～3358。下引此書皆同此一版本，不另出詳註。

〔註7〕 詳見〔明〕周履靖：〈夷門廣牘敘〉，收於氏編：《夷門廣牘》（北京：書目文獻出版社，1990年），頁3下。下引此書皆同此一版本，不另出詳註。

〔註8〕 詳見〔明〕周履靖：〈夷門廣牘敘〉，收於氏編：《夷門廣牘》，頁4上。

〔註9〕 王鴻泰曾指出，房屋雖然基本上屬於「內一私」的個人私有空間，但涉及對外表現的部份，包括一般人視野所及之諸種裝飾和屋宇格局，或作爲室內與戶外之間聯繫的廳堂等，已經不是完全屬於私人空間的性質，也具有「公」的社會性格。詳見氏著：《流動與互動——由明清間城市生活的特性探測公眾場域的開展》（臺北：國立臺灣大學歷史所博士論文，1998年），頁45。下引此書皆同此一版本，不另出詳註。

樓閣、苑囿等不同樣式；就其功能而言，可以閒適安居、可以開店設舖、可以讀書養志，甚且可以作爲權力象徵或者社交沙龍場所等，例如〔明〕宋孟顥「闢一室庋圖史其中爲藏修所，匾曰愼軒」〔註10〕，以居室資爲個人靜心閱讀、修身養性之處，或是〔明〕李西涯當國時，「其門生滿朝，西涯又喜延納獎拔，故門生或朝罷或散衙後，即群集其家，講藝談文，通日夜以爲常。」〔註11〕與知交朋儔師友相約於屋宅中談詩論文，享受「眾樂樂」的居室生活。

如果將居室的建築特性置於歷史發展脈絡下，則會發現，有明一代，文人的居室生活型態其實是難以統一觀照，〔明〕宋仲敏曾就明初居舍的精神指出：

> 誅茅結構，樸而不華。負郭而郊居，有琴書之娛，無市塵聲利之接。〔註12〕

顯然，明初文人居舍的卜築強調結構單純、質樸無華，僅爲個人閒暇自娛、安身立命的處所；可是，自明武宗正德以後，風氣卻爲之丕變，關於文人居室生活的建制，漸以園林別業型態爲夥，包括如〔明〕徐天賜的「東園」、〔明〕許玄祐的「梅花墅」、〔明〕范允臨的「天平山莊」、〔明〕鄒迪光的「愚公谷」、〔明〕趙宦光的「寒山別業」、〔明〕周履靖的「梅墟」等，無一不是茂林修竹、曲水流暢，不論居室景致、器物的佈置擺設或途徑動線的導引規劃悉能詳加考究，並適時地間雜主人的文心巧慧，顯見明代中後期文人的居室生活，已逐漸轉向藝術化經營〔註13〕。例如〔明〕周履靖〈白苧歌〉的描述：

> 荒墟三畝鴛湖邊，茅屋數椽心自便。繁梅帶雪映屋角，翠竹凝煙當牖前。主人散髮性踈懶，白晝掩卷臨窗眠。興來徐步松下石，展齒

〔註10〕 詳見〔明〕倪謙：《倪文僖集》，收於《文淵閣四庫全書》（臺北：臺灣商務印書館，1983 年），集部，第一二四五冊，卷十三〈愼軒記〉，頁 343 上。

〔註11〕 詳見〔明〕焦竑：《玉堂叢語》（北京：中華書局，1997 年），卷六〈師友〉，頁 195。

〔註12〕 詳見〔明〕龔斅：《鵝湖集》，收於《文淵閣四庫全書》（臺北：臺灣商務印書館，1983 年），集部，第一二三三冊，卷四〈白雲茆屋記〉，頁 657 上。

〔註13〕 吳智和的研究指出，明人的居室生活從洪武肇建發展至萬曆崇禎的危亂末世，已由原來儉樸質實的快意適志之居，逐漸趨向奢華享受的逸樂之居。相關討論可以參閱氏著：〈明人居室生活流變〉，《華岡文科學報》，第二十四期（2001 年 3 月），頁 221～256。

印破蒼苔色。盧堂寂寂響無喧，鵲噪應過素心客。牀頭有酒濃如潼，
釣來之魚長一尺。盤蔬漫剪園中葵，高歌共擬仙人宅。醉後詩成足
幾篇，篇篇欲作珊瑚赤。起舞皆下花狼藉，翩躚怳疑生兩腋。年來
何以充朝飱，紫霞英英手可摘。〔註14〕

卜築於鴛湖之濱的梅墟，是〔明〕周履靖用心經營的一方園林，園中有一白
苧溪穿流而過，四周則繁梅如雪、翠竹叢叢，交相掩映著閒雲館，暇日閒步
松林，或賞落花流水之機心、或適浮雲幽鳥之情趣，伴著葵蔬煙霞吟詩高歌，
彷彿化爲塵外遊仙，翩躚遨遊天地。即使〔明〕周履靖將這種生活形容爲「徑
幽無轍跡，長日掩柴關」〔註15〕、「久欲全踈拙，回棲野外林」〔註16〕的自足、
自適、自然世界，然而，園內松竹參差環繞，花石錯落有致，若非主人極其
巧思的安排設計，是很難成爲檇李十景之一。〔註17〕

　　顯然，明代中葉以後，文人對於住宅的意義，已由初期安身適志的格局
開創爲極具美感經驗的園居生活，彰顯一種超越實質功利價值的遊翫居室美
學。只是，「遊」與「居」向來就是一組尖銳的矛盾，前者屬於流動的活動狀
態，後者則是定址的生活型態，而明代文人竟能巧妙地將二者結合爲一，最
主要是得自他們對於山水庭園的攬勝之情，對此，曹淑娟就曾指出：

　　　親近山水景物爲晚明文人生活中的重要內容，在其不同場合、不同
　　　文類的撰作中，都可看到他們對此一好尚的記錄。山水遊記最爲普
　　　遍，在各家文集中幾乎皆可尋見；庭園記或者記園內因自然地形加
　　　以整治的景觀，或者寫園外藉以爲背景的山水之勝，都透露了造園
　　　者與撰文者的意向；另如在朋友往返的書信、山水畫卷的題跋、書
　　　序、日記等不同應用場合的文字中，都可發現晚明人透露其愛賞山
　　　水的心態，或記錄其遊覽山水的經歷。〔註18〕

所謂「快心娛志，莫過山水園林」〔註19〕，明代文人熱愛山水，欲將山巔水

〔註14〕詳見〔明〕周履靖：〈白苧歌〉，《閒雲稿》，卷一，收於氏編：《夷門廣牘》，
　　　頁 1113 上。

〔註15〕詳見同上註，頁 1112 上。

〔註16〕詳見同上註，頁 1108 下。

〔註17〕詳見〔明〕李日華：〈梅墟先生別錄〉，《梅墟別錄》，上卷，收於〔明〕周履
　　　靖編：《夷門廣牘》，頁 920 下～921 上。

〔註18〕詳見曹淑娟：《晚明性靈小品研究》（臺北：文津出版社，1988 年），頁 220。

〔註19〕詳見〔明〕祁彪佳：〈林居適筆引〉，《祁忠敏公日記》，收於氏著：《祁彪佳文
　　　稿》（北京：書目文獻出版社，1991 年），頁 1039。

湄之景悉攬己身，故有如《帝京景物略》追記一地之景、《新鐫海內奇觀》輯刻各地風景名勝者、《遊喚》收錄一系列遊記小品，以文字書畫記取自然風光，尤有甚者，則是透過園林的實際建築，須彌納於芥子，將天地間的花木水石一一攝取園中，遊園即是泛覽山水，「徜徉日翫山間勝，一任金烏西復東」〔註20〕，藉此滿足文人在園「居」的同時，也享有山水「遊」覽之樂。以下，筆者將綜合〔明〕周履靖作品及其他相關明人文集，分為三重面向來解釋這種遊翫園居的內涵。

一、花木泉石皆入我園

明人有言：「夫天下之樂，莫過於山水、泉石、煙雲、花竹、魚鳥之物。會於心而觸於目，以供遊賞之適，臨眺之娛，使人神志舒暢，意態蕭散，無一毫塵累，足以動其中。」〔註21〕草木可以是耳目之娛，溪山則是身心之適，在山光水韻間，或覽白雪之飛，或延明月之照，足以暢人心志、舒人意態，然而，真正的佳山秀水通常多在崇崗螯壑間，要能像〔明〕徐霞客這般「登不必有徑，荒榛密箐，無不穿也。涉不必有津，衝湍惡龍，無不絕也」〔註22〕的人畢竟還是少數，有時更因個人生性疏懶〔註23〕、體力孱弱，而無法登絕步險、眺觀四方，即使是城郊風光或水路發達的名勝風景，受到時間、經濟等因素的限制，也未必能夠時時拜訪，因此明人逐漸開展出另一種通變之則——花木泉石皆入我園。

據〔明〕周履靖〈巖壑吟五十韻〉的描繪：

> 樹梅白苧鄉，結屋逼桃李。蒿草繞間籬，頹垣補綠枳。……軒後挺
> 松杉，堂前羅桃李。翠竹長嫩枝，清流迴故址。幽花屋角榮，奇石

〔註20〕 詳見〔明〕周履靖：〈和貫休山居十詠〉其七，《山家語》，收於氏編：《夷門廣牘》，頁 1251 下。

〔註21〕 詳見〔明〕金幼孜：〈清省居記〉，收於氏著：《金文靖公集》（臺北：文海出版社，1970 年），卷八，頁 627～628。

〔註22〕 詳見〔清〕潘耒：〈徐霞客遊記序〉，收於〔明〕徐宏祖：《徐霞客遊記》（北京：商務印書館，1996 年），頁 1。

〔註23〕 〔明〕周履靖就常在文中表示自己性格疏懶，不喜操持繁務或極心從事，例如〈秋日園居擬次皮陸臨□裏倡和十首〉其五：「鳥鳴心傍枕，客至懶披衣」、〈偶題〉：「自適丘園性，因成懶與踈」，或者一首題名「懶」的作品：「春來頻伏枕，高臥與雲居。樹密鳴禽好，林幽過客踈。梧風吹榻爽，松月映杯虛。賸有籠鵝興，黃庭久不書。」三詩分別詳見氏著：《閒雲稿》，收於氏編：《夷門廣牘》，頁 1135 上、1138 上、1111 下。

臨胸峙。暄風搖古幹，微露浥新蕊。斜日上松巔，好鳥鳴樹底。石
階封莓苔，空庭馥蘭蕙。枝頭吐紅葩，沼面浮赤鯉。紫燕繞湘簾，
豐草眠麀麂。垂楊繫小舟，絕境辭駃騠。山鶴舞花陰，頹簷下馴雉。
叢叢半畝蔬，鬱鬱幾株梓。芳梅作比鄰，也雲共棲止。山家事事幽，
林藪處處美。〔註24〕

只此一園，便涵容了池沼、竹徑、奇石、湘簾、石階、空庭、蔬圃、小舟、
松杉、幽花、蒿草、赤鯉、紫燕、蘭蕙、紅葩、麀麂、駃騠、山鶴……等等，
彷彿天地萬物皆可收束其中，如此一來，再也毋須勞心耗力地登山臨水，尋
訪佳景，寓目所及便是桃源，「卜居塵外室，山水日盤桓。薜荔裁春服，筼簹
製野冠」〔註25〕、「屋後青山光靄靄，門臨流水日滔滔。千竿脩竹搖清珮，幾
樹喬松響怒濤。」〔註26〕天地山川之美化爲方寸園林的松竹溪池；在實際栽
植花木、蓄養禽魚的勞動過程中，既能節其懶逸、騁耳目感官之趣，亦可藉
此悅賞自然萬物的勃然生機，而閒暇之時則可兀坐庭前，見松竹蒼然、照映
几席，聽流水涓涓、清音在耳，「意適幽懷喜，興至調郋麤」〔註27〕，顧眄之
間，皆能聊慰性靈，除卻煩穢之思，誠如〔清〕李漁所言：「是我之一生，叫
謂不負花鳥，而花鳥得予，亦所稱一人知己，死可無恨者乎。」〔註28〕園居
生活瞬時超越傳統居室生活中「藏身庇護」的實用價值，增添了更多怡情悅
性、可供清玩的精神意義。

　　當然，也有學者以爲：明清園林「化須彌於芥子」的創建方式，主要延
續自唐宋園林「壺中天地」的藝術手法，表現爲「天人合一」宇宙模式的特
點，是中國古典園林藝術境界的基本空間原則，並指出這種格局的強化是因
中國古代宗法集權社會日益式微的結果所致〔註29〕。站在中國園林文化發展
史的立場來看，這樣的觀點自然甚有啓發性，點出其中所涵括的重要命題，

〔註24〕詳見〔明〕周履靖：〈嚴壑吟五十韻〉，《山家語》，收於氏編：《夷門廣牘》，
　　　　頁 1256 上。
〔註25〕詳見同上註，頁 1254 上。
〔註26〕詳見同上註，頁 1252 上。
〔註27〕詳見〔明〕周履靖：〈嚴壑吟五十韻〉，《山家語》，收於氏編：《夷門廣牘》，
　　　　頁 1256 下。
〔註28〕詳見〔清〕李漁：《閒情偶寄》（杭州：浙江出版社，1985 年），卷六〈頤養部〉，
　　　　「行樂第一」類，「看花聽鳥」條，頁 302。下引此書皆同此一版本，不另出
　　　　詳註。
〔註29〕詳見王毅：《中國園林文化史》（上海：上海人民出版社，2004 年），第六、七、
　　　　十二章。

只是，相較於形而上的思辨問題及禮法制度，明人努力在狹小空間中創造出紛紜萬化的景物體系，更強烈而直接的目的應是對於自然山水的翫賞生活的追求，試圖要在與大自然親近相感的過程中，獲得一種人與山水間冥契共融、恬淡自適的身心狀態，如：

> ◎屋後有圃數畝，構庵其中，左圖右書，畦而蔬，沼而魚，花木成
> 列，朝出耕，暮歸其居，香一篆，酒一壺，其樂於於。〔註30〕
>
> ◎鳴禽之音，間關在耳，而清風時至，明月滿樓；看飛鳥於雲際，
> 聽流泉之涓涓⋯⋯余也創爲小築，百年之間，聊以居身而適志。
>
> 〔註31〕

我們參諸明人相關文獻的記錄後，都可發現這種意圖是顯而易見的。

二、幽棲吾自適，何解世人知

園林的構建原本只是物質層面的意涵，一花一盆的擺置不過是自然景觀與人工建制和合相匯的結果，然它不同於自然山水具有永恆流遞的穩定性與超越性，其意義通常得來自於園主或遊園者的當下體會始得彰顯，誠如楊鴻勛的研究指出：「景象只有被詩情畫意之類的情趣和自然的乃至生活的思想、哲理所掌握，同時與園居方式相融匯，方能眞正實現完美的園林藝術價值。」〔註32〕換言之，人事經驗的詮釋將是決定園林藝術價值的重要因素〔註33〕。試讀二詩：

> ◎溪深屋靜絕塵氛，寂寂松愡靄白雲。獨抱孤琴眠短榻，從教世事
> 杳無聞。〔註34〕
>
> ◎自甘巖穴下，嘯傲一壚間。白雲寄幽躅，丹藥駐頹顏。慮澹何希
> 世，身閒且對山。半生空碌碌，倦鳥已知還。〔註35〕

〔註30〕 詳見〔明〕王襃：〈作息庵記〉，收於〔明〕王應鍾編：《王養靜全集》（臺北：漢學研究中心景照明萬曆十六年序刊本），卷一，頁81下。

〔註31〕 詳見〔明〕許孚遠：〈德清山館記〉，收於氏著：《敬和堂集》（臺北：漢學研究中心景照萬曆二十二年序刊本），頁9。

〔註32〕 楊鴻勛：〈中國古典園林藝術結構原理〉，《文物》，1982年第十一期，頁54。

〔註33〕 〔明〕鄭元勳：「是唯主人胸有丘壑，則工麗可，簡率亦可。」詳見氏著：〈園冶題詞〉，收於〔明〕計成：《園冶》，《續修四庫全書》（上海：上海古籍出版社，1995年），史部，頁25上。

〔註34〕 詳見〔明〕周履靖：〈山居十二絕〉其九，《山家語》，收於氏編：《夷門廣牘》，頁1257下。

〔註35〕 詳見〔明〕周履靖：〈寫懷七首〉其六，《閒雲稿》，卷二，收於氏編：《夷門

詩中指明瞭幽居梅墟足以淡化世俗名利的掛礙，「慮澹何希世」、「從教世事杳無聞」，使人甘心自守一方園地，伴隨著蒼雲與飛鳥，時而搗煉丹藥，時而調弄古琴，享受不爲俗務牽絆的清幽與愜意。在這裡，〔明〕周履靖以「何希世」、「絕塵氛」、「世事杳無聞」三組否定性詞彙對比於巖穴、慮澹、身閒、寂松、靄白雲等山林意象，劃別出兩類生活空間，其中，園林自是外於一般俗世紅塵的界域，有著遺世絕俗的超然意味，那麼，卜築梅墟當然可以視爲是〔明〕周履靖所開展出不同於現實社會的另類活動場域。這種詮釋內涵在下面三首詩中有史清楚的表達：

◎生平性癖在煙霞，欲賦閒居興自賒。買斷溪南三畝宅，數椽茅屋傍梅花。〔註36〕

◎山林有清況，茲復載陽時。奮巢喧乳燕，新水漲平陂。地響心逾靜，人閒日更遲。幽棲吾自適，何解世人知。〔註37〕

◎五十方知處世難，何如拂袖隱青山。幽深茅屋翠微裡，掩映松杉碧靄間。枝上流鶯時恰恰，簷前瀑布日潺潺。憑誰浪說長安麗，我亦無心一躋攀。〔註38〕

〔明〕周履靖雖一再地強調自己性癖煙霞，寧與風月松泉爲友侶，可是，詩中卻又反稱：「五十方知處世難，何如拂袖隱青山」，顯然，幽棲泉壑的生活可能是一種退守的生命姿態，而牽動詩人下此決定的因素，恐怕來自某種不得不然的緣由，對此，他雖未明言，然「憑誰浪說長安麗，我亦無心一躋攀」一句倒可提供我們作某種思考：據《梅墟別錄》的傳略所知，〔明〕周履靖年輕時曾有過一段專力制舉的學習過程，後來因身體屢弱，不堪忍受科考體制的禁錮，加上當時科舉仕進日益蹭蹬坎坷，於是選擇放棄舉業仕途不再攀附青雲，轉而投身山水，另覓一道新的生命出口〔註39〕；就此而言，園林創造的空間乃至園中諸景，其意義不僅是實有的存在，更是流駐於每個與〔明〕周履靖有著同樣境遇的文人心中，安歇或補償他們現實人生中蹇澀

廣牘》，頁 1124 下。

〔註36〕詳見同上註，卷三，頁 1132 上。

〔註37〕詳見同上註，卷二，頁 1128 上。

〔註38〕詳見〔明〕周履靖：〈和貫休山居十詠〉其一，《山家語》，收於氏編：《夷門廣牘》，頁 1250 上。

〔註39〕關於周履靖生平傳略，詳見〔明〕汪顯節編：《梅墟別錄》，收於〔明〕周履靖編：《夷門廣牘》，頁 916 下～950 下。

困頓的心靈，提供另一種生命情境的寄託，於是，「地響心逾靜，人閒日更遲」，天地間的聲響可以毫不干擾園主心靈的安閒靜謐，就連時光也都不再是物理性意義，使園林的時空境界超越現世的意義，進入審美範疇，無怪乎在他們的詩文作品中，時有逸群拔俗之語，諸如「臨野水，看閒雲，世事百不聞」〔註40〕、「眷我草堂，誠天地間一樂土也」〔註41〕、「欲知逃世網，脩竹是吾廬」。〔註42〕

學者王鴻泰在探討明清園林文化時，曾就其美學意涵指出：「園林可以說是相對於『世俗世界』之另一『美學世界』的表徵與具體化，它的空間形式的建構過程就是美學意涵的具體化過程，而其空間形式也常成為各種美學活動的場所。」〔註43〕所論甚是。

當〔明〕周履靖及其他相類境遇的文人選擇退離現實世界的生活位序後，紛紛致力於個人小宇宙的經營：

> 思曠卜巖居，松間搆草廬。徑幽多鳥跡，林寂少巾車。紉服裁蘿薜，
> 開樽茇野蔬。靜看雲去住，自喜俗情踈。〔註44〕

然而，除了實際土木工程的運作規劃外，園林的卜築亦強調其主體藝術價值的構設，包括園林景物結構與要素的配置、樓閣亭榭造型的設計、乃至整體園林建築所架構起的雋永意境等，悉具文人主觀的思維意識或理想的寄寓，使得園內花木盆盂的擺置都是有意味的安排，換言之，「園林」作為生活層次提升的表徵，不僅具有「世俗世界」居家住宅的純粹義，它同時也是文人美感經驗的具體落實。

三、園池不閉門，雅賞賦文心

園林竣工後，非但是園主可居、可遊、可賞的天地，有時也是遊人參觀

〔註40〕 詳見〔明〕敖英：《東谷贅言》，收於《四庫全書存目叢書》（台南：莊嚴文化事業有限公司，1997年），子部，第一〇二冊，下卷，頁427下。

〔註41〕 詳見〔明〕王褒：〈山中草堂記〉，收於〔明〕王應鍾編：《王養靜全集》，卷一，頁51下。

〔註42〕 詳見〔明〕周履靖：〈春日南園雜興八首〉其三，《閒雲稿》，卷一，收於氏編：《夷門廣牘》，頁1108上。

〔註43〕 詳見王鴻泰：《流動與互動——由明清間城市生活的特性探測公眾場域的開展》，頁67。

〔註44〕 詳見〔明〕周履靖：〈夜宿松林石室，極談其山中行住坐臥之樂，以成四律，亦或能遂其巖穴之勝耳〉其二，《山家語》，收於氏編：《夷門廣牘》，頁1258下。

造訪的新景點，以〔明〕周履靖闢建的梅墟爲例，其位置座落於鴛湖之濱，緊鄰著嘉興秀水縣府〔註45〕，雖然免去喧囂繁雜、市聲鼎沸的城市擾攘，別開蕭然高隱之致，「明月照茅屋，涼風吹布袍。經句不到市，閉戶讀離騷」〔註46〕，卻因水陸交通極爲便利，仍舊召喚了許多知音同人紛至遝來：

〈徐潤卿見訪〉

相逢徐穉興偏豪，巖壑誰稱二隱高。萬樹梅花供弄笛，一庭蕉葉助揮毫。月明孤鶴臨軒舞，風細瑤琴倚石操。莫謂村家少兼味，牀頭喜有舊松醪。〔註47〕

遊賞文人因梅墟的幽疏景致而翩然來訪，賞園的同時，也與主人吟詩頌句相助興，「萬樹梅花供弄笛，一庭蕉葉助揮毫。」人、物彼此融情相感，使得花竹琴石彷彿也能應和歌詠，唱成一首又一首動人的詩句。此外，梅墟也經常是方外羽士相與談禪說偈的地方，如：

◎〈盧臺王羽士同二三方外見過四首〉其一

青谿來逸客，振策到柴扉。拂塵談玄爽，焚香裊篆微。雲林堪卒歲，薇蕨可充饑。長笑辭歸去，千山英落暉。〔註48〕

◎〈盧臺王羽士同二三方外見過四首〉其三

身在終知幻，心虛始悟真。養雞逢甲子，抱犢守庚申。鼎內陰陽合，壺中日月新。他時龍虎伏，搭筏度玄津。〔註49〕

竹樹林塘可呈道趣，花香鳥語可發幽襟，伴著園內菊英芳蓀、雲松芰荷，往往多能引動各種法喜禪悅之思，正如〔明〕馮夢禎所言：「青山白雲，性之所適；益以法喜禪悅之樂，一官何有？」〔註50〕在山水煙嵐間焚香習靜，既有參悟佛禪宏旨之樂，又能玩味性靈雅趣，使人心神涓潔流盪、快意自適。

除了文友詩客因園林的佳勝麗景而前來遊訪，就連園主似乎也頗樂於與

〔註45〕詳見〔清〕穆彰阿編：《嘉慶重修一統志》，《中國古代地理總志叢刊》（北京：中華書局，1986年），第十七冊，頁14024～14025；譚其驤主編：《中國歷史地圖集》（上海：地圖出版社，1982年），第七冊，「元、明時期」，頁68～69。
〔註46〕詳見〔明〕周履靖：〈寫懷七首〉其五，《閒雲稿》，卷二，收於氏編：《夷門廣牘》，頁1124下。
〔註47〕詳見同上註，卷四，頁1145上～下。
〔註48〕詳見同上註，頁1144上～下。
〔註49〕詳見同上註，頁1144下。
〔註50〕詳見〔明〕徐渭：〈丘園・馮夢禎〉，《古今振雅雲箋》，收於《四庫禁燬書叢刊》（北京：北京出版社，2000年）集部，頁58下。

人分享，「柴門傍流水，不厭客來尋」〔註51〕，經常在往來書信或者詩歌作品中招攬友朋前來賞玩：

◎〈招王山人〉

不見王瑨久，春來思若何。杖頭沽酒值，谷口採芝歌。月照青蘿館，風晴白苧阿。林間饒尹蕨，待爾一相過。〔註52〕

◎〈期友過梅墟觀梅〉

停午期君汎海槎，駕湖東去是吾家。逢人莫問梅花里，強畔初開幾樹花。〔註53〕

所謂「獨樂樂不如眾樂樂」，園囿再美，如果僅是獨倚庭室、獨自餐臥，不免也顯得形單影隻、相憐共楚，「少友朋聚合之歡，撫膺躑躅，寧無怨哉？」〔註54〕因此，明人築園多半是會期盼朋儔時時相訪，擺一茗、置數几，雜坐劇談，領略園中的嬌花媚柳。由此看來，〔明〕周履靖雖屢言僻居梅墟以脫世塵，卻似乎又顯得不甘寂寞，許多詩歌總或隱或顯地透露出自己對與友伴的企慕之情，除了上引二詩，其他諸如〈幽窗睡起招城南知己〉：「漫寄城南舊知己，可無佳興赴春期？」〔註55〕〈寄謝子仁〉：「何時共秉東窗燭，白酒黃花續勝期？」〔註56〕〈寄懷友人〉：「相逢未卜知何日，忽動相思淚滿巾。」〔註57〕獨居燕坐一園無如有朋為伴，或談文說藝、聯詩綴句，或攜罇捧罍、連牀對酌。甚至這些來遊訪客也都各據自己遊園經驗，紛紛留下清濁高低不一的聲音，如〔明〕劉鳳〈賦得周生行贈從遊逸之〉、〔明〕鄭翰卿〈種梅歌〉、〔明〕張之象〈過周子別業閒雲館〉、〔明〕陸元厚〈梅花歌贈逸之周君〉、〔明〕徐春門〈秋日過梅墟山人閒雲館〉……等等，諸體備然，後來，〔明〕汪顯節將這些題贈詩文整理為六卷，並題為《梅塢貽瓊》，收於〔明〕周履靖所編《夷門廣牘》內，是後人研究〔明〕周履靖及其他相關文

〔註51〕詳見〔明〕周履靖：〈城南〉，《閒雲稿》，卷四，收於氏編：《夷門廣牘》，頁1146下。

〔註52〕詳見同上註，卷一，頁1117上。

〔註53〕詳見〔明〕周履靖：〈期友過梅墟觀梅〉，《千片雪》，下卷，收於氏編：《夷門廣牘》，頁1220下。

〔註54〕詳見〔明〕趙懷鈺：《趙旬龍先生文集》（臺北：漢學研究中心景照明刊本），卷七〈怨寂論〉，頁15。

〔註55〕詳見〔明〕周履靖：〈幽窗睡起招城南知己〉，《閒雲稿》，卷一，收於氏編：《夷門廣牘》，頁1112上。

〔註56〕詳見同上註，卷一，頁1115下。

〔註57〕詳見同上註，卷四，頁1146上。

人遊園經驗的重要文獻。〔註58〕

園居生活的空間闢建，原則上，應是作爲個人日常起居的活動場域，性質偏屬「私人性」，然一旦因不同緣由而引領遊人趨前參訪，並且不閉門戶地提供遊賞，主客之間或題詩唱和、或啣杯賦觴，那麼，這樣的生活空間恐怕將會逐漸轉爲一種文化的「公共領域」，尤其若再配合傳播機制的運作，無形中，園林也將成爲一道新穎的社交途徑。〔註59〕

另外，值得一提的是，〔明〕陸樹聲也曾以親身經驗，就明人園林別業的居住型態提出另一種詮解，云：

> 余治適園，經始於歲之丙辰，園延袤不二畝，以其小自適。余挾而主之者越三紀矣。然余以多病，日杜門以棲息也，間或兼旬一往，或月一至焉。蓋歲計之，凡園居者僅十之一，故園雖設而所謂日涉者無幾焉。夫以余之適來適往者暫也，而園之設日以爲常也。常者曰住，不住者曰暫。住者名之爲主，不住者名之爲客。則雖謂園爲主，而余爲之客，無不可者。且夫環余園而左右者，又皆易主矣。

〔註60〕

在陸氏的認知中，園居生活乃是相對於一般的家居生活而言，所謂：「常者曰住，不住者曰暫」，他以「住」與「暫」解釋這樣的差異，前者是日常起居的活動空間，應當具有「恆常久住」的特質，後者則是一種暫時性的棲止休閒之所，多是作爲遊憩娛性之用；然而，何以園居生活是暫時性呢？陸氏進一步表示，園林卜築事畢，園主則旬日一往、或月餘一訪，往往「日涉者無幾」，「我」雖是主卻形同遊訪之客，加上在時間與空間的有限性前提下，園林不免終要面對兩重問題：園林就荒與園林易主〔註61〕，如此一來，無論人事行爲或自然景觀都突顯了當下的園居經驗無法長久把握，故以「暫」涵攝

〔註58〕關於〔明〕周履靖及其他相交遊文人的遊園經驗的詳細情形，後文將有專章深入討論，此處不擬詳述。

〔註59〕例如〔明〕陳繼儒、〔明〕趙宧光、〔清〕李漁、〔清〕袁枚……等等，經常都是以個人園林作爲一種人際傳播的媒介，不斷地在文壇藝林中積累個人聲譽。

〔註60〕詳見〔明〕陸樹聲：〈適園遣客記〉，收於杜聯喆輯：《明人自傳文鈔》（臺北：藝文印書館，1977 年），頁 256。

〔註61〕關於明人如何回應這兩種問題的討論，可以參閱曹淑娟：〈小有、吾有與烏有──明人園記中的有無論述〉，《臺大中文學報》第二十期（2004 年 6 月），頁195～238。

其性質。

　　姑且不論這種觀點是否具有當代普遍性，然而，明中葉以後熾盛的園居生活型態迥異於傳統居舍的意義，應確爲當時人們共同的體會。

　　綜上所論，明代中葉以後文人的園居生活，既是要在園中極力創設紛紜萬化的景觀，以此滿足身心感官的玩賞恬適，又賦予園林超越物質層面的人文意義，是一種生命情境的寄託，同時也招納了一批知音同好前來遊覽，使得園林原有的「私密性」瞬時化爲「公共領域」。循此觀之，傳統觀念中，居室乃安身立命的棲居之所，至此已悄然質變，不僅重視精神層面的舒泰自適，並集自娛與公娛於一體，使之轉爲可居、可遊、可玩、可賞的複合式居家生活型態。〔註62〕

第三節　起居生活的風水與擇吉占驗

　　人本心理學之父馬斯洛（A. H. Maslow 1908～1970）在《動機與人格》一書中，曾依人的身心需求向度提出所謂的「需求層次論」，並將生理需求、安全需求、愛與隸屬需求及自尊需求四種歸於人的基本需求，是因個體在生活中因身體上或生理上有所缺失、擔心而產生的，其中，「安全需求」乃指希望受到保護、免於威脅、獲得安全的保障，也就是一種冀福忌禍、好生惡死的生活態度，是人的普遍天性；換言之，如何配合各種時間流程及空間場合變化，使得身心在面對不同際遇或存在場域時，皆能保有安適和樂的平靜狀態，成了人們生活中的重要課題，並且衍爲風水、雜占、曆法等種種中國特有的風俗文化。

　　以下，分就「風水」與「擇吉占驗」兩部份，解析《夷門廣牘》所安排的相關內容及其文化意義。

一、風　水

（一）關於「風水」的理解

　　風水，又可稱爲「堪輿」，是一種藉由江河流勢、群山起伏等地理概念，

〔註62〕關於相類似的私園公用討論，可以參閱熊月之：〈晚清上海私園公用與公共活動空間的拓展〉，收於黃克武、張哲嘉編：《公與私：近代中國個體與群體之重建》（臺北：中央研究院近代史研究所，2000 年），頁 149～176。

對人們居住環境進行理性選擇的行為規範，它關注的是人與自然環境之間如何能合諧共存，正如同〔唐〕司馬承禎《天隱子》所言：

> 吾所居室，四邊皆牕戶，遇風即闔，風息即闢。吾所居座，前簾後屏，太明即下簾以和其內映，太暗則捲簾以通其外耀。內以安心，外以安目，心目皆安，則身安矣。〔註63〕

配合外在自然環境的變化（風息與採光明暗），決定居室內部空間（牕與簾）的調整，以此安適人的身心；或如《葬經》：

> 天光下臨，百川同歸，眞龍所泊，孰辨玄微？〔註64〕

眞龍眞人，萬水同歸一源，以求達到「萬物並育而不相害，道並行而不相悖」之天人合一的境界。反映於「起居生活環境」，則體現在三種層面上，包括有對基址的選擇、居處佈置型態的處理以及在上述兩種層面的基礎上添加某種圖形、符號，以滿足人們趨吉避凶的心態。

　　在中國風水所建立的龐雜理論系統中，經常附會有龍脈、天壺、穴位……等術語，或者光怪陸離、巧合偶然的歷史傳說故事，將風水之學渲染得極具神秘色彩，因而每每招致不少中國傳統文人的批判，例如〔漢〕王充《論衡》強力掃蕩各種符瑞、災異、天人感應之說、〔唐〕呂才《敘宅經》論辨各種世俗不合理的居家觀念、〔明〕項喬〈風水辨〉反對陰應之說等；然事實上，誠如現今許多建築或地理環境相關研究領域的學者所表示，中國的風水原理仍有一定程度的科學根據〔註65〕，因為它本來不過是人們追求自我與天地合諧相融的一種自我完善手段，並以建築方位的觀念配合地質、水文、氣象等相關知識，諸如宅院的方正和合、居室內的動線規劃、屋舍建築的地理位置、週遭環境的佈置……等等，進而導入哲學、科學、美學的思考，因此，多數文人雖未了然其中的實證精神，卻又無法絕然專斷其為妄論，例如〔晉〕嵇康與阮侃辯論所作的〈難宅無吉凶攝生論〉云：

〔註63〕詳見〔唐〕司馬承禎：《天隱子》之「安處章」，收於〔明〕周履靖編：《夷門廣牘》，頁213下。

〔註64〕詳見託名青烏子所作：《葬經》，收於〔明〕周履靖編：《夷門廣牘》，頁700上。

〔註65〕例如美國生態設計學專家拖得就說：「中國風水具有鮮明的生態實用性」；享譽全球的美國生土建築學家吉·戈蘭尼認為：「中國的住宅、村莊和城市設計，具有與自然合諧並隨大自然的演變而演變的獨特風格」詳見劉沛林：《風水：中國人的環境觀》（上海：上海三聯書店，1995年），前言，頁2。下引此書皆同此一版本，不另出詳註。

吾怯於專斷，進不敢定福禍於卜相，退不敢謂家無吉凶也。〔註66〕

又，〈答釋難宅無吉凶攝生論〉亦云：

> 藥之以病，其驗又見，故君子信之。宅之吉凶，其報賒遠，故君子
> 疑之。〔註67〕

既難認同卜相災異之說，卻又不敢肯定家宅毫無吉凶禍福可能，故「疑之」，採取既不反對亦不完全認同的消極態度，對未知領域留下最大的彈性空間，甚至有文人轉將風水之術視爲生活文化的一環，與儒家愼終追遠、明仁厚德之說相結合，逐漸去其迷信外衣，導向積善修德、安身適志之業。〔註68〕

（二）風水的文化意識

漢寶德在《風水與環境》一書扉頁即言：

> 風水是中國通俗文化相當重要的一部分，它代表中國人對自然的看
> 法，自明代以來，已成爲中國的建築原則，今天建築家認爲功能的
> 部份，也都和風水息息相關。因此，研究風水，可增進我們對民族
> 文化、行爲模式的瞭解。〔註69〕

換言之，風水理論的設計即是瞭解人類行爲心理與文化活動的重要途徑之一，那麼，所謂的「地靈人傑」，或許並非眞是土地具有靈性，可以助人豐財聚寶，而是懂得運用環境資源，以獲取最好的生活品質，誠如《釋名》對屋宅的解釋：「宅，擇也，言擇吉處而營之。」〔註70〕因此，如何透過對環境的認知能力選擇適當居住場所，成了風水文化的內核。

《夷門廣牘》主要安排的風水相關內容——《黃帝宅經》與《葬經》，恰

〔註66〕 詳見〔晉〕嵇康：〈難宅無吉凶攝生論〉，收於〔清〕陳夢雷等編：《古今圖書
　　　　集成》（台北：漢珍圖書經銷，2004 年）網路版，卷六八○〈藝術典‧堪輿部〉，
　　　　頁 1。下引此一電子版本皆同此註，不另出詳註。

〔註67〕 詳見〔晉〕嵇康：〈答釋難宅無吉凶攝生論〉，收於〔清〕陳夢雷等編：《古今
　　　　圖書集成》，卷六八○〈藝術典‧堪輿部〉，頁 6。

〔註68〕 例如〔明〕徐善繼〈地理人子須知序〉云：「擇地一事，人子愼終切務也。孔
　　　　子有卜宅兆之訓，孟子謂比化者無使土親膚，程子有避五患之戒，朱子謂必
　　　　愼必誠，不使稍有他日之悔。……試以生事死，葬禮之大焉，且事死如事生，
　　　　而葬必慮夫親魄之安危。又天性有不可解者，豈惟拘之於彼術家所謂禍福之
　　　　說哉？」將風水所談災異禍福提高至孝道人倫的層次。詳見氏著：《地理人子
　　　　須知》，收於《古今圖書集成》，卷六八一〈藝術典‧堪輿部〉，頁 1。

〔註69〕 詳見漢寶德：《風水與環境》（天津：天津古籍出版社，2003 年），頁 1。

〔註70〕 詳見〔漢〕劉熙：《釋名》，收於《四庫全書薈要》（長春：吉林人民出版社，
　　　　1997 年），經部，第二十二冊，卷五〈釋宮室〉，頁 608 下。

好各代表了陽宅與陰宅兩種相地法則，固然葬法與宅法自是不可混爲一解，然其理法精神卻又不乏互通相契之處〔註71〕，因此，以下將以此二書爲主，從生活應用的原則觀察諸此風水內容的行爲模式，思考其背後可能涵蓋的理性內涵。至於，其中所兼雜之玄奇理論、抽象概念或專業術語等，則不擬細辨。

1. 有機的自然環境觀

在風水學上，一般認爲：天、地、人三者皆是由「氣」組聚而成，所謂「天地成於元氣」、「人之生，氣之聚也」，彼此間有著共同本源，能夠相知互感〔註72〕，換言之，山川大地其實就是一個有機的個體，有生命、有脈動，可與人體的氣場穴位相貫通，物物同感，互爲呼應。《黃帝宅經》便是循此而論：

> 宅以形勢爲身體，以泉水爲血脈，以土地爲皮肉，以草木爲毛髮，以舍屋爲衣服，以門戶爲冠帶。若得如斯，是事儼雅，乃爲上吉。
>
> 〔註73〕

以人身類比於住宅乃至周圍環境，人有呼吸、脈搏、生命，居室環境相應於天地自然，亦有屬於它的運作軌跡，又言：「夫宅者，乃是陰陽之樞紐，人倫之軌模。……故宅者，人之本；人者，以宅爲家。」〔註74〕居室住宅不僅可以提供人們一個居止安身的處所，同時也承載著宇宙自然的運行規律、服務人類生存的人倫之道，安居其間，或祭祖、或娛樂、或學藝、或養生、或社交，無不關係到天地陰陽的運作、社會人倫的互動，揭示出「天人合一」的文化意義，指明居室環境的安排就如同人們對自我身心的照顧一般，唯有求得合諧安適，才能眞正達到「居惟求安」。同時，並展現在兩部分：

一方面要求「因地制宜」。中國土地幅員遼闊，各方地形、水文、氣候皆不盡相同，所謂：「俯視天地，以制度量，察陸陵、水澤、肥墈高下之宜，立

〔註71〕《黃帝宅經》就表示：「居若安及家代昌吉，若不安吉門族衰微。墳墓川崗並同茲説。」詳見託名黃帝所撰：《黃帝宅經》，上卷，收於〔明〕周履靖編：《夷門廣牘》，頁689下。

〔註72〕詳見劉沛林：《風水：中國人的環境觀》，頁9。另外，《葬經》亦云：「地有佳氣，隨土所生；山有吉氣，因方而止。」詳見託名青烏子所作：《葬經》，收於〔明〕周履靖編：《夷門廣牘》，頁701下。

〔註73〕詳見託名黃帝所撰：《黃帝宅經》，上卷，收於〔明〕周履靖編：《夷門廣牘》，頁692下。

〔註74〕詳見同上註，頁689下。

事立財，以除飢寒之患。」〔註75〕惟有配合客觀環境才能獲得盎然生機，例如中國整體地勢脈絡是由西北漸次向東南降低，屋舍也當順此地勢而構築，防止破壞原來植被；中國位處北半球，氣候上北面多寒風，南面多陽光，屋舍方位鼓勵採「座北朝南」闢建，防寒避風之外，又能增加居室空間的明亮度、提升人體免疫力；另外，中國西北一帶氣候乾旱少雨，東南一帶則潮濕常雨，造就了迥異的地質景觀，建築材料自然也需因應不同環境而有不同選擇，如雲貴一帶居民取石砌屋、黃土高原的居民則鑿土穴而居。二方面則是要能「地盡其利」。即不作任何逾越土地供給能力的開發，例如丘陵山坡地不宜栽種淺根性植物，以免造成土質鬆軟、植被外露沖蝕，影響屋宅地基；與其開鑿地下井水，毋如建宅於流動的河水池湖之旁，能夠藏聚生氣、享有福祉，誠如《葬經》中的相地法則：

> 水流不行，外狹內闊；大地平洋，杳茫莫測；沼沚池湖，真龍憩息，情當內求，慎勿外覓，形勢彎趨，生享用福。〔註76〕

水，向來就被視爲人類生命延續的重要本源，無論是農耕灌溉或日常飲用維持生機都少不了它，固然真龍之說未必可信，然臨流而居既可享有源源不絕的水資源，並保持居室適宜溼度、排水通汙便利，又能避免破壞地質水文，可謂風水上的最佳選擇；因此，所謂的「地盡其利」並非鼓勵吾人竭盡所能的搜括自然資源，而是主張能在保持生態環境的最高原則下，努力墾殖一處可以安身棲息的居住環境。

　　一如前文所言，受限於先民知識水準的不足，風水學上爲了說明某些自然界難以理解的現象，常會使用諸多玄奇奧妙的抽象概念比附，由今觀之，它們事實上都是生活經驗累積下所歸納的總結，例如《黃帝宅經》云：「拆故營新，爻卜相伏，移南徙北，陰陽交分，是和陰陽者，氣也。」〔註77〕或是《葬經》云：「氣乘風散，脈遇水止，藏隱蛇蜒，富貴之地。」〔註78〕翻修屋舍或尋覓良地何以得依陰陽和合或選擇靠山臨水、藏風聚氣之勢，才可以庇

〔註75〕詳見陳麗桂校注：《淮南子校注》（台北：國立編譯館，2002 年），第二十卷〈泰族訓〉，頁 1436。下引此書皆同此一版本，不另出詳註。

〔註76〕詳見託名青烏子所作：《葬經》，收於〔明〕周履靖編：《夷門廣牘》，頁 699 下～700 上。

〔註77〕詳見託名黃帝所撰：《黃帝宅經》，上卷，收於〔明〕周履靖編：《夷門廣牘》，頁 692 下。

〔註78〕詳見託名青烏子所作：《葬經》，收於〔明〕周履靖編：《夷門廣牘》，頁 699 上。

蔭子孫、吉星高照，風水學上自有其特殊解釋，然而，若由生活實際經驗來看，環山負水自成一閉合式空間，不但可以阻擋多日寒氣，亦因山水包覆使人產生安全感，再者，配合自然環境生態選擇最適當的屋宅型態經營，居處其間，身心知覺安詳康福，思想行爲正面，遇事也自然具備應付的能量。因此，有機的自然環境觀可說是自然地理環境的分析，並指導人們如何相容適應，而這或許也正是何以風水學被視爲是一門中國古老科學的因緣所在。

2. 居室格局的規劃

在風水學的討論中，除了有對理想自然生態環境追求的安排之外，也針對居家格局的規劃作出優劣評判，包括門與門不可相對、廁所不宜安設於居室正中央、天井不得如一字型、住宅宜用陽木作興建材料、住宅樑數以單數爲宜……等等，依照不同的房屋結構分析其宜忌法則，例如《黃帝宅經》：

> 宅有五虛令人貧耗，五實令人富貴：宅大人少一虛，宅門大內小二虛，牆院不完三虛，井竈不處四虛，宅第多屋少五虛：宅小人多一實，宅大門小二實，牆院完全三實，宅小六畜多四實，宅水溝東南流五實。……〔註79〕

依據居家院落的構造型態分爲「虛」、「實」兩類，虛者呈現人丁稀落、宅院落魄空盪、生氣不旺之象，居處其間，容易耗人精神、缺乏動力，實者因空間格局的比例關係，呈現了人畜興旺、宅院格局完密、蘊含勃勃生機，居處其間，則能使人養精蓄銳、怡悅性情，具有富貴之象。又，虛者往往被歸類爲「凶宅」，而形成的媒介則稱爲「煞氣」，並依不同因素而有各種名稱，如穿堂煞、懸針煞、孤獨煞等，實者則是「吉宅」，通常是具有良好感官感受的環境格局。其他如「天門守陽宜平穩，實不宜絕高壯，犯之，損家長大病頭項等災。」〔註80〕「天德及玉堂之位宜開拓侵修，令壯實，大吉。」〔註81〕等，或是〔明〕高濂《遵生八箋》引〔唐〕李淳風《宅經》云：「修築垣牆，建造宅舍，土無所沖之方人家即有災殃，宜依法禳之吉。」〔註82〕在人們趨

〔註79〕詳見託名黃帝所撰：《黃帝宅經》，上卷，收於〔明〕周履靖編：《夷門廣牘》，頁 691 下。

〔註80〕詳見同上註，下卷，頁 694 下。

〔註81〕詳見同上註，頁 695 下。

〔註82〕詳見〔明〕高濂：《遵生八箋》，收於《文淵閣四庫全書》（臺北：臺灣商務印書館，1983 年），第八七一冊，卷七〈起居安樂箋〉，頁 514 下。下引此書皆同此一版本，不另出詳註。

吉避凶的先驗心理定式下，指導著居室的格局擺設。

禁忌的設置，當然不乏會有令人難以理解的條目，例如住宅大門正對別人屋角主凶、以生辰八字計算住宅開門時間、廁所的建置忌採乾亥壬子癸方、屋宅房間數以單數為宜、天井附近的門必須長年關閉養氣、樓梯不可設置於房屋格局正中央……等等，按理，住宅門向或樓梯建置都需依照房屋格局而定，廁所則以潔淨為第一要務，實不應拘泥任何方位、數量之說。然而，如果風水格局的產生，是先民在實際生活過程中累積的經驗，那麼，應當還是有其合理之處，例如《天隱子》：

> 何謂安處？曰：非華堂邃宇、重裀廣榻之謂也，在乎南向而座、東
> 首而寢、陰陽適中、明暗相伴。屋無高，高則陽盛而明多；屋無卑，
> 卑則陰盛而暗多。故明多則傷魄，暗多則傷魂，人之魂陽而魄陰，
> 苟傷明暗則疾病生焉，此所謂居處之室尚使之然，況天地之氣有元
> 陽之攻，肌淫陰之侵體，豈可不防慎哉！〔註83〕

除了座北朝南可以採光取暖、通風順氣外，屋宅的高低也影響了居住品質：建置過高，屋舍受光度愈強，往往會使空間顯得燥熱難耐，長期居住更會傷及視覺神經；建置過低，屋舍受潮度愈強，不但屋內視覺受到影響，也容易孳生病媒蚊蟲，侵害人體產生疾病。因此，在風水術中常可見到關於屋舍地基高低的討論，其原由大抵來自於此。另外，風水學上又說，住宅不宜建在廢井之上，否則家中會有破敗之象，按：廢井若不填實，房屋地基恐有傾圮之慮，加上井下地氣略偏潮濕，人們久居其上，也可能會患有關節風濕之疾；屋宅建於湖銅巷衖內，陰盛陽衰，不利家中氣運，按：胡同巷衖的空間格局往往顯得侷促，就安全性而言，發生火災不易逃生，就心性而言，胡同的格局自成一封閉系統，彷彿與人隔絕，居處其間，性格可能也較易導致孤僻不合群的心態；床頭不可朝西，風水學認為佛家稱西方為死後的極樂世界，唯有死者安寢才可朝西擺設，按：此種附會之說本來並無依據，然現今醫學觀念已指出，地球乃是自西向東運轉，如果長期頭朝西面而睡，容易致使血液向頭流沖，影響身體循環系統；床下不宜堆置物品雜物，否則睡臥難安，按：物品雜亂易生黴菌蟲害，寢居自然易感不舒適；風水學上認為門能聚氣，因此，一棟獨幢屋宅至少須有二門，並利用羅盤指引吉方，引氣入屋，按：吉

〔註83〕詳見〔唐〕司馬承禎：《天隱子》之「安處章」，收於〔明〕周履靖編：《夷門廣牘》，頁213下。

方之說雖無依據，然營設雙門至少可以促進空氣流通，且屋內發生災害，也才有較多的逃生出口。

屋宅宜忌之法紛雜多樣，所探討的格局面向亦極為細密，由此顯見古人對於居家住宅環境的重視，但我們需進一步探問的，這些法則是否具有脈絡可循呢？事實上，吉凶的判斷卻常是見仁見智，少有定律，甚至出現南轅北轍的解讀方式，如關於宅大門小的居室格局，《黃帝宅經》認為是吉象，〔明〕王居榮《陽宅十書》中卻顧慮到空氣無法順通、居者進出不便、外觀也不甚美觀，於是列為忌式。因此，我們很難有系統地歸納出吉凶格局概況，筆者僅就其宜忌法則的合理內核略分三類：

一為「輪廓象徵類」，如「屋宅之地，龍驤虎步，物業滋川，財集倉庫，子孫忠孝，天神祐助。」〔註84〕或「公侯之地，龍馬騰起，面對玉圭，小而首銳，更過本方，不學而至。」〔註85〕等，主要是古人觀察地理環境後，無法確切道明優劣者，採象形之法描繪其狀以定其徵侯，其中又以玄武、朱雀、青龍、白虎之形最為理想〔註86〕，其他如獅、象、牛亦屬吉象，如果住宅附近的地理形勢屬之，通常便是風水上所言「吉星之地」；另外，《遵生八箋》也有引〔宋〕王洙《地理新書》云：「宅西不宜種柳。」〔註87〕因柳葉形貌下垂，頗有疲憊乏力之態，又西方頗具逝世之想，故忌之。以物象解釋地理環境雖有牽強附會之虞，然吉獸之說卻可以帶給居住者心靈感受上的安心舒泰，可謂是一種趨吉避凶的延伸方式。

一為「健康安全類」，這一類型是風水宜忌法則的最大宗，而前文談及風水格局規劃的合理內涵時，也多屬於此類，其他尚包括「舍居就廣，未必有歡」〔註88〕、「凡宅……有高樓大數皆不利，宜去之，吉。」〔註89〕或如《陽

〔註84〕詳見託名黃帝所撰：《黃帝宅經》，上卷，收於〔明〕周履靖編：《夷門廣牘》，頁 692 上。

〔註85〕詳見託名青鳥子所作：《葬經》，收於〔明〕周履靖編：《夷門廣牘》，頁 701 上。

〔註86〕《葬經》云：「玄武垂頭，朱雀翔舞，青龍蜿蜒，白虎馴俯。」「玄武」即龜蛇，徵表穴場後面之主山漸降而下，具擁護之勢；「朱雀」係指穴場前面的案峰、山水，似鸞鳳飛舞，情意親切；「青龍」指左側之龍砂，要環抱顧穴，如蜿之順，如蜒之繞，不可突兀僵硬、反背倔強；「白虎」係右側之虎砂，喻猛虎受人馴服，則低頭俯伏，無蹲踞之兇惡。詳見張淵量主講，張耀德註：《葬經圖解》（中壢：三太出版社，1998 年），頁 130～134。

〔註87〕詳見〔明〕高濂：《遵生八箋》，收於《文淵閣四庫全書》，第八七一冊，卷七〈起居安樂箋〉，頁 512 上。

〔註88〕詳見託名黃帝所撰：《黃帝宅經》，上卷，收於〔明〕周履靖編：《夷門廣牘》，

宅十書》中提醒住宅避免建於廟宇附近，以防慶典吵雜，干擾居家生活品質；圍牆上不宜開大窗，否則即是朱雀開口，容易招惹口舌是非。古人創立風水之學，無非是希望生活過得更舒適祥和，對於環境的考慮也多著墨於如何能使生活穩順安泰，因此，「健康安全類」蔚爲風水學之大宗，的確有其合理的發展背景。

一爲「美觀類」，有學者曾指出：中國風水理論並不是純粹探討環境優劣的知識，其中尚包含著一種景觀美學成份，可謂是「技藝的藝術化與藝術的技藝化的合體」〔註 90〕；換言之，風水理論除了作爲居家的營建考量外，也強調住宅中「美」的感受，要能「間架整齊，入眼好看」。例如《葬經》云：「草木鬱茂，吉氣相隨，內外表裡，或然或爲。」〔註 91〕就風水學的說法，草木繁茂之地生氣旺盛，可以護蔭地脈，成爲富貴垣局，然合理的推知，樹木除了可以障蔽寒氣外，更能綠化環境、平衡屋宅色調，造成居住空間的層次感，具有美化生活之效，並使人感官舒暢怡悅。〔註 92〕

綜上所論，居家風水的形成，大抵來自古人對於環境吉凶意識的體認，一方面既追求生活環境能與自然山川和諧相融，另一方面又致力於生活空間的安適，這些無疑是企圖透過對居家環境的理解以防止災變、創造安居的生活空間；不過，它除了是先民對於生活的體驗外，有很大程度其實是在滿足人們的心理需求，如：

> 人之福者，喻如美貌之人；宅之吉者，如醜陋之子得好衣裳，神采猶添一半。若命薄宅惡即如醜人更又衣弊（敝），如何堪也。故人之居宅大須愼擇。〔註 93〕

頁 691 下。

〔註 89〕詳見同上註，頁 692 上。

〔註 90〕詳見蓋光：〈中國古代風水理論的生態化與人居環境美〉，《管子學刊》，2005年第三期，頁 108。

〔註 91〕詳見託名青烏子所作：《葬經》，收於〔明〕周履靖編：《夷門廣牘》，頁 700下。

〔註 92〕英國著名科學史研究專家李約瑟曾指出：「在許多方面，風水對中國人民是有益的，如它提出植樹木和竹林以防風，強調流水近於房屋的價值。雖在其他方面十分迷信，但它總是包含著一種美學成份，遍佈中國農田、民居、鄉村之美，不可勝收，都可藉此得以說明。」詳見氏著，何兆武譯：《中國科學技術史》（上海：上海古籍出版社，1990 年），卷二〈科學思想史〉，頁 390。

〔註 93〕詳見託名黃帝所撰：《黃帝宅經》，上卷，收於〔明〕周履靖編：《夷門廣牘》，頁 693 上。

以宅之吉惡喻如人之衣裳，覓得良居能添人神采、暢人心懷，否則即如醜人衣敝，將影響一家氣運，換言之，風水也是人類的心理需求在屋宅構築上的體現；再者，趨吉避凶向來是人類普遍的心理原則，環境認知能力不足的時代裡，人們除了憑靠經驗選擇適當的住宅空間外，風水學上所歸納的「吉兆」與「凶兆」成了最佳的參考來源，使人們可以循從風水學的宜忌法則規劃居家環境，創建一套形局佳、氣場好、環境和諧的宜人處所，或者利用象徵性手段，在家中配掛龍、虎、龜、雀、牛、象等靈獸圖，以達到避邪遠禍之效。雖然其中仍不免間雜了穿鑿附會的迷信論點，但卻不乏有維護自然生態環境、追求理想居家生活環境的積極意識，使得「趨吉避凶」成了居家風水永恆的文化意識，而這或許也正是古代文人所以熱烈參與風水之事的重要因素。

二、擇吉占驗

　　一般而言，所謂的「堪輿」大抵是指風水學，然而，學者分析指出：「堪」為天道，「輿」為地道，因此，「堪輿」之意應是涵括各種天文地理方術的總稱﹝註94﹞；換言之，關於居家生活的宜忌法則，除了吉地凶方的檢視外，也包括了良辰吉日的占驗，或其他相關人生運勢吉凶判斷，而中國歷史上更不乏有擇吉卜卦以幫助決疑、指導行事的事例，例如《晉書・戴洋》中有過一段記載，晉元帝剛登帝位不久，梁國人便欲起兵造反，打算驅逐當時太守袁宴：

> 梁城峻嶮，約欲討之而未決，洋曰：「賊以八月辛酉日反，日辰俱王，辛德在南方，酉受自刑，梁在譙北，乘德伐刑，賊必破亡。又甲子日東風而雷西行，譙在東南，雷在軍前，為軍驅除。昔吳伐關羽，天雷在前，周瑜拜賀。今與往同，故知必克。」約從之，果平梁城。﹝註95﹞

因梁城地勢險峻難攻，使得晉國主將祖約對於是否進討始終無法決定，後經戴洋卜算時辰吉凶，建議祖約在甲子日進軍討伐梁國較有利，祖約從其言而順利平定兵禍；另外，《國語・晉語》載秦穆公欲助重耳奪回政權，請董因占

﹝註94﹞詳見（日）渡邊欣雄：《風水——氣的景觀地理學》（臺北：地景出版社，2000年），頁2。

﹝註95﹞詳見〔唐〕房玄齡：《晉書》（台北：鼎文書局，1975年），卷九十五〈列傳・戴洋〉，頁2471～2472。

卦吉凶，判斷時機是否成熟〔註96〕，《史記・日者列傳》載司馬季主駁斥宋忠、賈誼譏笑卜卦爲低賤行當，認爲卜筮必法天地、象四時、順乎仁義、分策定卦，如同周文王演爻而天下治，實有正面意義〔註97〕，即使是科技發達的現代，依然存有剋擇涓吉的習慣，尤其農民曆或占星曆，更是詳細地將每日宜忌、沖害、化合完整臚列，整合日常活動並規劃爲有意義的生活模式，顯見擇吉占卜在人們的生活中，與風水同佔重要位序。

《夷門廣牘》所收《黃帝授三子玄女經》、《探春歷記》、《祿嗣奇談》、《靈笯寶章》、《許負相法》、《四字經》、《土牛經》、《天文占驗》……等等，爲數不少的雜占類書籍，談論的內容即是中國擇吉占卜之術，以下，筆者將分就「關於『擇吉』的理解」、「《夷門廣牘》中的擇吉占驗」與「擇吉占驗的文化意義」三部份討論，藉此理解「擇吉」在日常生活中所扮演的角色，進而思考它們在文人生活中的意義。

（一）關於「擇吉」的理解

擇吉，顧名思義便是謀取吉祥、平安、順遂，避開凶禍、危險、阻礙，因此透過各種媒介以卜算生活宜忌的活動，包括如龜卜、測字、星盤、面相、占夢、生肖、六壬、五行八卦、奇門遁甲……等等，皆可歸屬於「擇吉文化」的範疇；不過，若依其內涵，則又可以劃別爲「擇吉術」與「占卜」兩類，前者即是今日籠統所指的擇吉，藉由陰陽五行、干支方位之說，導引出刑、沖、化、煞等時間觀念，歷史典籍中或有稱之「擇日」、「涓吉」、「諏吉」者，亦即民間常言的「選日子」、「占吉凶」、「挑選黃道吉日」，後者則是利用夢、龜、面相、豬、牛、羊等物象，推言各種「預兆」、「兆頭」，以此資爲吉凶判斷的參考。〔註98〕

人類的生命本質原來係指追求延續生存的一切活動，然而，生活中總不免有許多突如其來、無力抵抗的災禍、危機，影響了一個人的行事成敗甚至威脅生命，以致先民結合神秘的星象徵兆之說，發展出各種納吉避禍的活動及叢辰論，祈求能得到事情吉凶的指示或個人運途的掌握，誠如〈唐明皇論〉

〔註96〕詳見〔周〕左丘明撰，〔吳〕韋昭注：《國語》（臺北：漢京文化事業有限公司，未註明版年），卷十〈晉語〉，頁362。

〔註97〕詳見〔漢〕司馬遷：《史記》（臺北：德興書局，1982年），卷一二七〈日者列傳〉，頁873下。

〔註98〕詳見吳明修：《擇日學精義》（臺北：武陵出版社，1985年）。

所言：

> 夫人生天地間，造化皆由命數；八字超群，不貴則富，五行衰絕，
> 非貧則夭。……古人云：天陰雨落難定，便是神仙也有差別，旦夕
> 時刻且將月運長短定，推言之，萬無一失矣！知命君子自宜參詳，
> 非其人莫與知也。〔註99〕

又，〔清〕陳鶴仁《擇吉會要》進一步地提出「造命」的觀念：

> 夫選擇而謂之造命，謂以後之福澤由此而基焉，則轉移之權在我，
> 人巧可以代天工也。〔註100〕

循此可知，一個人天生的命格定勢固然已由運轉不息的上天決定，並劃別出貧富衰貴等不同運途，但卻未必就得一概地聽天由命、逆來順受，因為人具有「選擇」的意志，可以藉由不同的「化兇」、「制煞」等轉移機制迎福化災，換言之，「造命」之說乃承認人的命格雖有先天上的缺陷，但卻能透過後天擇日納吉方式補救解消，因此，擇吉活動可說是「改天命」、「代天工」的一種權宜之計，再加上冀福避禍一向就是中國人普遍的文化心理，使得「擇吉」成了人們生活中重要的活動內容，凡事都希望透過占驗卜卦以預測未來、掌握吉凶，無論婚喪喜慶之日的挑選、起居坐臥之生剋、開業進貨合宜與否、科考應試是否金榜題名……等等，概皆如斯。

擇吉文化大抵肇始於早期巫術儀式，先民透過各種拜火、祭祀、歌舞等活動祈禱祖靈庇祐，此後，人們開始運用星辰行進軌跡、風雨天象變化，甚至是面相或夢境，歸納出各種吉凶徵兆，使人懂得循吉兆而行、避凶兆之災，並衍為若干擇吉占術，可是「一方面，擇占數術的推導系統龐大，難以完全註記人類活動的大小事項，另一方面，它們內容大多艱深晦澀，一般人很難掌握，不易普及。」〔註101〕於是，又逐漸將體系龐大、演繹繁複的擇吉理論化約為便捷的日常宜忌法則，直接推演相應的生剋制化，主事者僅須按著年、月、日或相符資料檢覽即能獲知吉凶，使擇吉行為能夠更具體地落實於民眾的生活中，誠如〔明〕周履靖引〈黃石公望空四字數序〉所言：「此數不用籌

〔註99〕詳見〔唐〕德行禪師：《四字經》，收於〔明〕周履靖編：《夷門廣牘》，頁 741
　　　　上。
〔註100〕詳見〔清〕陳鶴仁：《擇吉會要》（台南：大正書局，1985 年），頁 184～
　　　　185。
〔註101〕詳見劉道超、周榮益：《神秘的擇吉》（臺北：書全出版社，1994 年），頁 37
　　　　～38。下引此書皆同此一版本，不另出詳註。

度，只要望空信口一時辰，即於此時下尋，斷無弗應驗。」〔註102〕使用上一目了然，極爲方便，其他如《黃曆》、《農民曆》、《探春歷記》、《天文占驗》、《質龜論》等皆屬此類簡易的擇吉著作。而這種發展方式的必然性，一般認爲有兩要素：

> 首先，中國是一個自然崇拜和多神崇拜的國家，從天到地，從動物到植物，從一座巍峨的山峰到一小塊土塊，從死去的祖先到活著的尊者賢人，都可以成爲崇拜的對象，都具有不可捉摸的神力並作用於人世。
>
> 其次，早在先秦，我國就具有了「天人感應」觀念，後經漢代董仲舒發揚光大，愈使「天人感應」、「天地人合一」觀念深入人心，不僅成爲中國哲學的精髓，更成爲古代中國人不可擺脫的思維方式。〔註103〕

在趨吉避凶的先驗心理定勢下，人們自然時時都要卜筮吉凶，並相信擇吉能夠爲人帶來幸福安樂，否則容易沖犯禁忌，導致禍端，同時，因多神崇拜的信仰力量，使得中國擇吉文化的發展可謂是無物不可占驗，任一事物皆能參引天人感應之說，並配合深奧抽象的理論知識，據以推斷吉凶、預測未來。

（二）《夷門廣牘》中的擇吉占驗

循上可知，擇吉是一種趨吉避凶的心態，而因應不同占測媒介所進行之擇吉活動則是它的具體內涵，因此，本節筆者將就《夷門廣牘》所收十餘種占驗數術之書，大別爲「擇吉術」、「占卜」兩類，並進一步地梳理其中內容。〔註104〕

1. 擇吉術

中國傳統的擇吉術大抵是由「陰陽五行」與「天干地支」的理解開始，

〔註102〕詳見〔明〕周履靖編校：《黃石公望空四字數》，收於氏編：《夷門廣牘》，頁761下。

〔註103〕詳見劉道超、周榮益：《神秘的擇吉》，頁40。

〔註104〕關於擇吉占驗中複雜的卜筮原理，許多相關研究都已有詳盡解說，諸如鄘良：《三才大觀：中國象數學源流》（北京：華藝出版社，1993年）、吳明修：《擇日學精義》、劉道超、周榮益：《神秘的擇吉》等，然而，本文討論擇吉占驗的主要旨意乃其生活與文化的意義，因此，本小節側重於區辨擇吉活動中不同的占卜類型與內容，裨利後文關於擇吉文化的分析。

其中，陰陽五行是萬物組成的性質和元素，《易傳‧繫辭》有謂：「一陰一陽之謂道，繼之者善也，成之者性也。」《老子》亦云：「萬物負陰而抱陽，沖氣以爲和。」以「陰」「陽」概括世間萬物，它們是在「道」的原則下的兩種物質條件，彼此是相生相成而又相反的存在，少了陰也不會有陽，兩者的關係互爲體用，以維持事物正常發展，例如天與地、日與夜、動與靜、男與女、內與外……等等；五行之說亦然，據《尙書‧洪範》的記載：

> 水曰潤下，火曰炎上，木曰曲直，金曰從革，土爰稼穡。潤下作
> 鹹，炎上作苦，曲直作酸，從革作辛，稼穡作甘。〔註105〕

以金、木、水、火、土作爲宇宙萬物生成的五種基本元素，水爲潤下之物，其味鹹；火爲炎上之物，其味苦；木爲曲直之物，其味酸；金爲從革之物，其味辛；土爲稼穡之物，其味甘；到了戰國時代，鄒衍創發了「五行相生相剋」的理論，以此解釋《尙書‧洪範》所言五行在天地間的運作情形，例如土生金、水生木、土剋水、火克金，乃至漢代董仲舒更以五行配合天人感應之說解釋人事關係〔註106〕；另外，天干地支則是古人用來計日的單位，天干有十位，地支有十二位，兩相搭配循環，週而復始，以至無窮。〔註107〕

　　由此看來，陰陽五行或天干地支原來不過是先民用以解釋世界萬物的紛呈現象，或是說明天人交相感應的哲學觀念，可是，數術家卻將兩者結合運用，視爲擇吉術的理論根據，並摻雜了各種應驗沖忌之說，包括某某年月日的干支與五行排組會產生某種煞氣、某某節氣易剋某種命格等，使之成爲一套既神秘又複雜的擇吉活動知識，例如《四字經》，其內容乃「先賢定其數、分其詳，推定數字，校訂陰陽，包羅造化草木分於四季。」〔註108〕書中依全年時節分爲一百類項，每類之下各依十二時辰推其命格壽夭，如乙壬申時生者，命格占語爲「花林鷺蝶」，戊癸卯時生者，命格占語爲「黃花晚節」；另外，《黃石公望空四字數》全書依時辰分爲十二類，每類之下又有十二種項目，每項各再以四字斷其吉凶，以子時爲例：

〔註105〕詳見《尚書正義》，收於周何編：《十三經注疏分段標點》（台北：新文豐出版社，2001年），第二冊，卷十二〈洪範〉，頁447上。

〔註106〕關於陰陽五行的理論體系的詳細說解，可以參閱鄺芷人：《陰陽五行及其體系》（臺北：文津出版社，1988年）。

〔註107〕關於天干地支的理論體系的詳細說解，可以參閱劉道超、周榮益：《神秘的擇吉》，頁68～73。

〔註108〕詳見〔唐〕德行禪師：《四字經》，收於〔明〕周履靖編：《夷門廣牘》，頁741上。

求財	紅日映蓮／信音	寶舟順風／婚姻	鸞鳳和鳴／行人		
	淺水行舟				
參謁	樓頭望月／失脫	鏡裡尋頭／逃走	水裡撈針／謀求		
	獨坐觀蓮				
詞訟	泥中鬪獸／疾病	衰容再整／文納	海納細流／六甲		
	豹變龍翔〔註109〕				

子時占婚姻乃鸞鳳和鳴，鶼鰈情深，子時占脫逃如水裡撈針，困難重重，子時占詞訟相關事宜如泥中鬪獸，纏訟難解；而《探春歷記》與《土牛經》則以干支理論配合節氣之說與蓄牛原理，資為農務栽植的宜忌參考。

2.占　卜

擇吉活動除了利用陰陽五行、干支計日之說以推卜人事宜忌壽夭外，尚可以透過其他物象以測吉凶，種類繁多，無物不可占驗，較之擇吉術更具迷信色彩，然內容簡明易懂，人人皆能據以操作推卜，如《夷門廣牘》所收的《許負相法》、《天文占驗》、《質龜論》、《占驗錄》、《靈笈寶章》、《祿嗣奇談》、《握奇經》等，便含括有面相、天象、星相、龜卜……等等。概述如下。

《許負相法》是以人的容貌特徵占測福祿貧賤之徵，全書共分十六篇，由眼、鼻、口、耳、唇，乃至胸、腹、手、腳、聲音皆可推察；《天文占驗》以天象占測氣候，全書分為天、雲、風、日、虹、霧……等自然現象與十二月份氣候特徵兩部分，可以資為個人生活參考；《質龜論》則是藉由燒烤後的裂紋測定行事吉凶；《占驗錄》分別收錄了七種占卜法，包括鬼谷子享卜、夢占、燈花占、噴嚏占……等等；《靈笈寶章》與《祿嗣奇談》屬於符咒類型的占卜，前者教人圖寫七星符咒，以七星移動情況占驗吉凶，後者則收錄了多種祈祿占訣與符文；《握奇經》則是關於軍事上用兵擺陣的討論。這些占卜內容除了一部分屬於術士的無稽之談外，其中仍不乏有服膺於合理原則者，例如《天文占驗》裡：

　　◎【占天】：朝看東南黑，勢急午前雨；暮看西北黑，半夜看風雨。
　　〔註110〕

〔註109〕詳見〔明〕周履靖編校：《黃石公望空四字數》，收於氏編：《夷門廣牘》，頁761下。
〔註110〕詳見〔明〕周履靖校編：《天文占驗》，收於氏編：《夷門廣牘》，頁752下。

◎【占風】：秋冬東南起，雨下不相逢；春夏西北風，夏來雨不從。
〔註111〕

◎【占虹】：虹下雨垂，晴明可期；斷虹晚見，不明天變。〔註112〕

◎【占潮】：月上潮長，月沒潮漲；大訊潮光，小訊月上。〔註113〕

所談徵兆其實正是現今所知「氣象學」的內容，先民雖然未必對占卜理論有太多瞭解，卻因關心占卜結果的影響，故藉由天象的占驗調整了自我的生活作息，使人事行為與自然的節奏相契合；是以，「占卜」這門古老的學問，吾人不必因其迷信玄奇的外衣而全然揚棄，反而應該以實事求是的精神，穿透占卜方術的表面現象直揭本質，汲取其中有用的生活經驗，才能突顯「占卜」的正面價值。

綜合以上兩類內容可知，占驗擇吉的目的大抵是在推算各種生活事理的吉凶善惡，而決定行事的項目則以健康壽夭、婚喪禮俗、宗教儀式、建築營造為最大宗，其他諸如移徙、入宅、開市、安機械等亦十分流行〔註114〕。不過，進一步來看，擇吉活動有時未必一味地循著占測內容「按圖索驥」即能迎吉遠禍，在實際運用上，主事者有時尚須懂得權衡取捨，例如當宜忌吉凶同時並存於一天之中，行事依從就必須有所斟酌，對此，《協紀辯方書》的建議是：

　凡吉足勝凶，從宜不從忌；凡凶吉相抵，德喜之事仍忌。若不足勝凶，則從忌不從宜。〔註115〕

吉凶事宜雖參半出現，若吉神力量遠勝凶神，則從宜不從忌，若凶神力量遠勝吉神，則從忌不從宜，若兩二者力量相近，則仍從忌；或者卦象顯示出門主凶兆，然事出急迫無法迴避，則可搭配相應符咒化煞，不必完全遷就占驗結果，如《玉匣記通書》所載「出門應急擇日符咒」即有此效用。

無論如何，擇吉的目的終究是為了使人能掌握未知的運途，並據此作出合宜的判斷，它與一個人從出生、成長、結婚到死亡都息息相關，甚至觸及

〔註111〕詳見同上註，頁753上。
〔註112〕詳見同上註，頁753下。
〔註113〕詳見同上註，頁754上。
〔註114〕詳見李亦園、莊英章：《民間現行曆書的使用及其影響之研究》，（臺北：台灣省政府教育廳委託中央研究院民族學研究所，1984年），頁29。
〔註115〕詳見〔清〕允祿等編著：《欽定協紀辯方書》，收於王雲五主持《四庫全書珍本》（台北：臺灣商務印書館，1974年），卷十，頁73左～74右。

到整個家族的興衰，因此，也有學者把中國擇吉活動視爲一種「生命禮儀」(The Rites of Passage)的學習〔註116〕，加上趨吉避凶本是人類心理共同的願望，因此，如何從中探掘古人的文化思維，都是吾人亟待思考的課題。

（三）擇吉占驗的文化意識

1. 有機的時間觀

人類有兩種認知時間的方法：一是客觀的，一是主觀的。客觀者，指運用數學式的方法去認知，即把時間當作連續線，可無限延長，也可無限切割；主觀的，指人之身爲自己，以及一個社會份子，對時間的主觀感受〔註117〕。進一步來說，前者指的是一種物理性、連續性的時間觀念，尤其是鐘錶的發明與應用後，更將「時間」具現爲分秒累積、精確標示的意義，例如八點十分爲首節上課時間、公車每十分鐘發一班次、十月二十二日與某人有約、五月十五日前必須完成報到手續……等等，人們的生活時間感受落實在機械式的定義；後者則是一種人類主觀情感的經驗感受，將日常生活的各種活動化爲不同質量的「時間」區塊，舉例而言，「除夕」爲一年之末，標誌著全家團圓聚餐迎接新年的佳節，「旅遊季」表示某一段旅遊活動特別旺盛的時期、「寒、暑假」則代表結束一個學年度，準備迎向新的學習階段的預備期，或是沙漠地帶的民族，因環境關係的反應而將一年區分爲乾季與濕季，而一週未必就謹代表七個單位的天數，也能夠分成「工作天」與「休息日」兩類……等等，雖然主觀性的時間感受排除精確的計時根據，日期與日期間也不一定連續，但它所寓含的生活導向卻極爲強烈，能夠使人有效地掌握日常節奏，也唯有如此才能眞正瞭解「時間」對人的意義何在〔註118〕，因此，筆者將這種有意味的時間概念稱之爲「有機的時間觀」。

擇吉占驗的行爲內涵便具有此一特質，而它的「時間」又有何意義呢？

〔註116〕詳見 Van Gennap, Arnold：《The Rites of Passage》(Chicago: The University of Chicago Press)，pp.12。

〔註117〕詳見羅正心：〈中國擇日行爲之象徵意義〉，《慈濟大學人文社會科學學刊》，創刊號（2002年6月），頁14。下引此文皆同此一版本，不另出詳註。

〔註118〕例如：我們說某某人今天二十歲「生日」，卻不說某某人在二十年前的11月10日出生；我們說某某人「大學畢業」後就出國深造了，卻不說某某人2006年6月12日以後就出國留學深造；我們說某某人「產後」體重明顯劇增，卻不說某某人1998年3月23日以後體重遽增。「生日」、「大學畢業」、「產後」的說明比起純粹日期的精確描述，顯然更具意義。

　　誠如前文所述，擇吉活動是以陰陽、干支、五行、八卦、天文星象……等精微的卜筮原理，推演出一系列的命格宮位與相應措施，把個人的生命與宇宙自然運行的規律同作解釋，並藉由時辰的沖煞化合安排種種的人事活動；這種時間邏輯又可分成「命」、「運」兩類，所謂的「命」即一般俗稱的「八字」，乃擇吉家依據每個人出生時的干支位置，配合陰陽五行的流通和合所推算的時間點，是註定而無法更易的，如果陰陽和諧、氣場運行得宜便是「好命」，陰陽沖剋、五行偏頗則是「壞命」，誠如《四字經》的占語：「破雲對日」、「浮萍雨露」、「寒潭卜釣」、「猛虎出林」、「黃鐘入律」……等等〔註119〕，即是據不同命格所下的占語；而「運」卻是人可以把握、改變的選項，《四柱八字命運學》便解釋：

> 八字命運乃與生俱來的人生基本藍圖，如建築設計圖或結構圖，還須靠後天人為力量去裝扮、修飾、彌補或創造等等，而論命最積極的意義在於「知命順命、知運掌運」，以趨吉避凶、掌握先機或防患未然。〔註120〕

換言之，命格的好壞只代表了個人先天運勢的優劣條件，但並不保證一個人從此吉星高照或厄運纏身，還必須配合後天的彌補或維繫（＝「運」）才能決定其生命格局，而擇吉活動所規劃之種種宜忌兆象，便是為了助人趨吉避凶、防患未然以修飾人生命格，例如《占驗錄・占夢》：

> 【虛靜成夢】孫真人〈調神論〉云：「凡夢皆緣於魂魄窒於軀躰不能流通，夜則魂魄虛靜，神將告以方來吉凶而夢生焉。半夜前夢，其事應在遠；夜半後，其事應在近。」〔註121〕

以夢告知「方來吉凶」，其他諸如行事上的神煞宜忌、面相解析、天文星宿占測、符咒化凶……等皆然。

　　循此觀之，擇吉活動顯然視「時間」為是一種有機的存在，並且可以為人所感知：由出生時刻所劃下的「八字」、「命格」，乃至後來的生命歷程處處依循擇吉數術，在特定時刻從事特定活動，以求能夠保持原先具有的八字之吉或化解八字之凶，正所謂「知命順命，知運掌運」，唯有瞭解自身先天所具備的條件優劣，才能順勢掌握，如此一來，「時間」不再是純粹客觀的存在，

〔註119〕上舉四例詳見〔唐〕德行禪師：《四字經》，收於〔明〕周履靖編：《夷門廣牘》，頁 741 下～742 上。

〔註120〕詳見李鐵筆：《四柱八字命運學》（臺北：益群書店，1994 年），頁 114。

〔註121〕詳見〔明〕周履靖輯：《占驗錄》，收於氏編：《夷門廣牘》，頁 757 上。

反而因擇吉占驗而具有某種價值或信仰，並且依此繁衍出一套嚴密的生活邏輯，這就好比是學校的行事曆，按著年度重要紀事標舉其時間與內容，以此呈顯學校生活的重要活動，並要求全校師生共同遵守，以裨利校務的運作；另外，學者羅正心則將這種活動視爲一種「象徵行爲」，他指出：

> 所有在特殊時間所舉行的活動，對當事人都具有非常價值：使一個
> 人或家族、社群由某地位過渡到另一地位。擇日行爲是行動者策略
> 性的運用時間，保證了此活動與超自然世界的整合，使得此一過渡
> 情況，以及行動者，或是參與者趨吉避凶。〔註122〕

凡此，皆可謂是擇吉占驗的時間意義所在。

2.「和氣相生」的生命態度

擇吉占驗的內容當然不乏有荒唐離譜之說，如《許負相法‧相行》：

> 凡相形（行），須行十步即喚迴（回）頭，須看左轉必有官職，右轉
> 無官職又無衣食行；作龜行必主聰明行；作鹿行、馬行必主辛苦行；
> 不低昂，富貴之相行；步兩踵相，衣食早衰。〔註123〕

或是《占驗錄‧占羽毛蟲類》：「蝙蝠飛入床帳，主妻病；若自死者，主口舌。」〔註124〕「蜻蜓落人加器械、儀仗上，吉。」〔註125〕這些占驗的內容，由今天看來不過是古人道聽塗說的迷信言論，可是竟能在中國傳承千年之久，筆者認爲這恐怕也與中國文化上「和氣相生」的生命特質有相當程度的關聯。〔註126〕

擇吉活動雖然演繹的是一套繁複高深的數術理論，不過，細究其中義理，一言以蔽之，即是追求「和諧共存」的宇宙秩序，例如陰陽二氣須是相依相

〔註122〕詳見羅正心：〈中國擇日行爲之象徵意義〉，《慈濟大學人文社會科學學刊》，創刊號（2002年6月），頁26。

〔註123〕詳見〔漢〕許負：《許負相法》，收於〔明〕周履靖編：《夷門廣牘》，頁739上。

〔註124〕詳見〔明〕周履靖輯：《占驗錄》，收於氏編：《夷門廣牘》，頁759上。

〔註125〕詳見同上註，頁759下。

〔註126〕例如《周易》便能體現這種把自己與宇宙天地是做混沌一體的文化意識，在與天相合中求得生存的幸福，同時獲得美的感受，使天地之序與人倫關係二位一體，賦予自然以人倫色彩：「天尊地卑，乾坤定矣。卑高以陳，貴賤位矣。動靜有常，剛柔斷矣。方以類聚，物以群分，吉凶生矣」；在社會生活上則追求一種天人合一、人人和同，在階級社會中又與統治階級的政治相融匯。詳見袁濟喜：《和──審美理想之維》（南昌：百花洲文藝出版社，2001年），頁1～2。

存、互爲轉化的狀態；五行運動須達彼此相生相勝，維繫萬物平衡發展；干支系統中更有所謂刑、沖、化、害、和之說；凡此，皆十足展現一種「唯有中和諧調才能嘉生繁祉」的生命特質，正如《淮南子·氾論訓》所說：「天地之氣，莫大於和。和者，陰陽調，日夜分而生物。」〔註127〕因爲陰陽二氣的融合相契，萬物的生成才能繁茂美好，或是《莊子·知北遊》：「天不得不高，地不得不廣，日月不得不行，萬物不得不昌。」〔註128〕天地日月的運轉與萬物的昌盛，都是一種自然而然的和諧歷程，沒有半點牽強、衝突，而這種觀念落實在社會生活中，則啓示了「和氣相生」、「以和爲美」的處世哲學，誠如《荀子·禮論》所言：

> 天地以合，日月以明，四時以序，星辰以行，江河以流，萬物以昌，
> 好惡以節，喜怒以當，以爲下則順，以爲上則明，萬變不亂，貳之
> 則喪也，禮豈不至矣哉！〔註129〕

天地和合融匯、日月明亮朗潤、四時依序循環、星辰按軌運行、江河分支順流、萬物生生相成……等等，荀子以天地之序與人倫禮義之序同置並論，從「天和」推演至「人和」以證明天與人可以互爲感知，這不僅體現了宇宙自然的秩序性和規律性，同時也說明自然向人生成的倫理意義，因此，人們若欲追求和諧美好的生活內容，就得先建立起「天人合一」的生活觀念。

　　回視擇吉占驗活動。古人認爲天象的變化與人間的禍福盛衰具有密切的關聯性，因此，在崇敬天神的思想基礎上，將天象的位移變動視爲是人事活動的各種預兆，於是，擇吉的內容便依循陰陽五行、干支星宿等設計了一系列的宜忌法則，教人何時應當避忌，何時適合納采迎吉，例如《探春歷記》依太歲六十甲子與節氣計算物苗豐凶，另外，也有透過二十八星宿的機祥寓意配合五行之氣以判斷日時吉凶者：

　　◎【房宿·爲日·爲兔】房宿值日事難成，辦事多般不吉慶，安葬
　　　　多有不吉利，起造三年有災殃。

　　◎【奎宿·屬木·爲狼】奎宿值日好安宿，一切修造大吉昌，葬埋

〔註127〕詳見陳麗桂校注：《淮南子校注》，卷十三〈氾論訓〉，頁924。
〔註128〕詳見〔清〕郭慶藩：《莊子集釋》，收於《續修四庫全書》（上海：上海古籍出版社，1995年），第九五八冊，卷七下〈知北遊〉，頁26下。下引此書皆同此一版本，不另出詳註。
〔註129〕詳見〔清〕王先謙：《荀子集解》（臺北：藝文印書館，2000年），卷十三〈禮論〉，頁595。下引此書皆同此一版本，不另出詳註。

婚姻用此日，朝朝日日進田莊。〔註130〕

或者有以八卦方位定奪優劣空間、以天干地支的相沖相合配對每日宜忌等，某種程度上，即是企求人們生活節奏能與宇宙自然的脈動相感知，彼此和氣相生，進而達到「天地與我並生，萬物與我爲一」、「萬物皆備於我」的生命境界。

三、小　結

　　星相堪輿術不僅是民間百姓愛談，就連文人也都津津樂道：

相法堪輿，三代前已有，惟星命起於唐之李師中，來自西域，在今日士大夫，人人能講，日日去講，又大有講他人命者，講著甚的。

〔註131〕

顯見，命相之學對晚明文人而言，是人人能講，日日在講，甚至經常藉此批斷他人命格，不過，也有不少人則對這種玄奇奧秘之說提出反駁，如〔明〕張居正所作的〈葬地論〉，便是針對中國傳統葬術所提出的批駁，如《葬經》裡有謂：「有藏於杏冥，實關休咎。」〔註132〕意味祖先葬地選擇的吉凶關係到舉家香火的衰敗，對此，〔明〕張居正便反駁道：

夫人死枯木朽株耳，雖不化，奚益？戰死之人，脂膏草野，肉飽烏鳶，而其子孫亦有富貴顯赫者，安在其能貽子孫之禍乎？且體魄無知，亦無安與不安也。〔註133〕

他認爲，人死之後不過同枯木朽株腐化，即使不化，亦無益於後代子孫，且人的體魄也只是一具沒有知覺的軀殼，又如何能關係到他人的安與不安呢？更何況許多戰死荒野的兵卒，其後代子孫亦不乏有富貴顯赫者，這不正好強烈地駁斥了風水的迷信無知嗎？此外，稍晚的《儒林外史》也有一段相關故事，記載某兩位寒士請風水先生張雲峰爲祖先擇葬時，對他說道：

我們只要把父母大事作了歸著，而今拜託雲翁，並不必講發富發貴，

〔註130〕參引自聯合報廣告部編：《2006 年開運農民曆》。

〔註131〕詳見〔明〕朱國禎：《湧幢小品》，收於《筆記小說大觀》（臺北：新興書局，1978 年），第七編，卷二十五，「星相堪輿」條，頁 4856。

〔註132〕詳見託名青烏子所作：《葬經》，收於〔明〕周履靖編：《夷門廣牘》，頁 698 上。

〔註133〕詳見〔明〕張居正：〈葬地論〉，《新刻張太岳詩文集》，收於《四庫全書存目叢書》（台南：莊嚴文化事業有限公司，1997 年），集部，第一一四冊，卷十五，頁 504 下～505 上。

只要地下乾暖，無風無蟻，我們愚弟兄就感激不盡了。〔註134〕

擇葬的要求僅需環境得宜，避免先人遺體遭受風吹蟲嚙即可，而不追求得能庇蔭子孫大富大貴的龍脈水口，顯然，兩兄弟擇葬的內涵側重於家族倫理的孺慕之情，而非個人榮華祿位。

因此，《夷門廣牘》內所收雜占類書籍的意義應當如何看待呢？雖然風水或擇吉之所以受到民眾熱烈愛戴，有一大部分因素是來自於人們「趨吉避凶」的心理定勢，可是，作為一種文人生活方式的理解，它又體現了什麼意義？尤其，仕現今所知的幾種民間日用類書或農民曆中，已可見有玄埋數術內容的相關記載，顯然擇吉占驗並非文人專屬，那麼，究竟文人如何認取其內涵呢？筆者認為其中的差異應該是在「理性思維」之有無，一般民間百姓受限於自身文化的認知涵養，恐怕多是「循法操作」而已，無法作出更多的思考與反省；至於文人，由前文分就《夷門廣牘》的內容以及相關文化論述的參證後，事實上他們應已體認到，若排除其中包覆的迷信外衣，「風水」與「擇吉」其實擁有極為強烈的生活意識，透過宇宙山川的地貌物態及運行規律，啟示著人們居止活動應有的節奏步調，「勘查自然，順應自然，有節制地利用和改造自然，選擇和創造出適合人的身心健康及其行為需求最佳建築環境」〔註135〕，企求循此以達至「天人合一」的和諧相生之境，尤有甚者，更將風水擇吉活動轉化成為一種人處世的睿智，如〔明〕李詡〈論堪輿〉一文所引「陽宅三十六吉祥相」：

> 陽宅有三十六祥，居家尚義理，一也；子孫耕讀，二也；儉勤，三也；無峻宇雕牆，四也；六婆不入門，五也；無俊僕，六也；每聞紡織，七也；能睦鄰族，八也；早完官稅，九也；庭除灑掃，十也；門外多士君子，十一也；閨門嚴肅，十二也；尊師重醫，十三也；宴客有節，無長夜之飲，十四也；不延妓女至家，十五也；不暴殄天物，十六也；居喪循禮，十七也；交易分明，十八也；女人不登山人廟，十九也；祭祀必恭必敬，二十也；幼者舉動稟命於家長，二十一也；故舊窮親在座，二十二也；閽人謙婉，二十三也；家僮無鮮衣惡習，二十四也；不喜爭訟，二十五也；不信禱賽，二十六

〔註134〕詳見〔清〕吳敬梓：《儒林外史》（臺北：聯經出版社，1993 年），第四十五回〈敦友誼代兄受過，講堪輿回家葬親〉，頁 426。

〔註135〕詳見亢亮、亢羽編著：《風水與建築》（天津：百花文藝，1999 年），頁 7。

也；不聽婦人言，二十七也；寢興以時，二十八也；不聞悉笑罵詈，
二十九也；婚娶不慕勢利，三十也；田宅不求方圓，三十一也；主
人有先幾遠慮，三十二也；務養元氣，三十三也；座右多格言莊語，
三十四也；能忍，三十五也；常畏清議，畏法度，畏陰隲，三十六
也。右三十六祥，全者鬼神福之，子孫保之。不然下手速修，所謂
移門換向趨吉避凶之眞訣也。〔註136〕

這篇妙文雖談陽宅之吉祥兆象，卻不從陰陽數術著手，而是由生活處世上的
智慧詮釋，包括「無峻宇雕樓」可避免過度鋪張浪費、「六婆不入門」免去口
舌災殃、「宴客有節，無長夜之飲」飲食節度有益延年、「寢興以時」以遵生
養氣……等等，將爲人處世的種種美德視爲是個人吉凶禍福的決定因素，其
他或如「儉勤」、「尊師重醫」、「祭祀恭敬」、「不慕勢利」……等等，亦復如
斯，如果眞能確實完成，就已得「移門換向趨吉避凶」，不必惑於陰陽之術，
此正如〔宋〕倪思父所言：「住場好不如肚腸好，墳地好不如心地好。」而這
或許可說是明代文人對於風水雜占作品的深層關懷。

第四節　居家佈設的物件

物品實際的價值通常都來自於它所具備之功能性與技術性用途，同時，
這也是物品爲人所認識的最具體面，可是，需求與使用背後所涉及的心理象
徵或社會意涵卻經常爲人忽略。對此，人類學家在民族志的研究經驗或可資
爲參考：從許多相關的研究來看，他們經常是排除物品用於維持生活的先驗
性價值，轉而從不同部落／族群、不同階層／地位、不同對象／性別等面向
的生活用物進行考察比較，探索「物品」與他們的關係何在？並發現到，物
品實具有相當程度的社會意義，可使文化的各個範疇得到有效彰顯，例如（英）
Hoskins 從排灣族人的祭祀用物，發現到其中隱含有個人過去與人生記憶的表
徵，具有某種程度的支配性〔註137〕；（美）Evans-Pritchard 的研究指出，牛對
努埃爾人而言，是確立社會成員地位的媒介〔註138〕。將這種觀念放至今日的

〔註136〕詳見〔明〕李詡：《戒庵老人漫筆》（北京：中華書局，1997 年），卷六〈論
　　　　堪輿〉，頁 245。
〔註137〕詳見 Hoskins, Janet：《Biographical Objects: How Things Tell the Stories of
　　　　People's Lives》（London: Routledge, 1998）。
〔註138〕詳見 Evans-Pritchard：《The Nuer in The Political Institutions of a Nilotic People》

生活中亦然：服飾作爲蔽體、保暖、美觀的功能是眾所周知，但多了流蘇、錘鍊可能就是流行的象徵，手機是近代通訊聯絡需求下的產品，如果同時又兼具照相、錄影、聽音樂的功能，則就顯得時髦；家中放置盆花水景除了可以清新空氣外，整體的視覺心理也多了一份典雅清幽；換言之，物品除了功能性意義外，它也可以是某種非功能性的意識形態建構，藉此呈顯出一個人的品味、一群團體的地位、一陣潮流乃至一種形象特質等。

　　以這角度觀察明代文人居室物件的安排，將會是有意義的。

　　中國傳統文人對於居室環境的營構，莫不講究雅致別趣，如何使之雋永有味向來就是他們生活中重要的課題，試舉數例：〔東晉〕謝靈運〈山居賦〉：「羅曾崖於戶內，列鏡瀾於窗前。」〔註139〕〔唐〕白居易〈香爐峰下新置草堂，即事詠懷，題于石上〉：「何以洗我耳？屋頭落飛泉。何以淨我眼？砌下生白蓮。左手攜一壺，右手挈五弦。」〔註140〕或〔宋〕蘇軾〈阮郎歸〉：「碧紗窗下水沉煙，棋聲驚盡眠。微雨過，小荷翻，榴花開欲燃。」〔註141〕另外，〔明〕陳寰也曾經這樣形容東湖錢公在虞山讀書堂的生活環境：

> 未第時，厭囂擇靜，乃即虞山之東南麓……山川景物闟奇獻秀，素軒碧牖，掩映於松林竹石間，使人志清意脫，恍若夢入異境，不在人世中也。〔註142〕

又如〔明〕周履靖〈春日南園雜興八首〉其一：

> 幽居無一事，長日掩柴扉。桑柘春前綠，鶯花雨後肥。川光搖夕霽，嵐氣帶雲飛。日暮溪南寺，鐘聲出翠微。〔註143〕

他們或者在山崖水際與溪雲爲伴侶，或者在樹影流輝下築設素軒碧牖，或者在荷塘水煙間修造園林，然後創造了可以「淨我耳、淨我眼」、「恍若夢入異

（Oxford: Clarendon Press, 1940）。中譯文詳見羅鋼、王中忱編：《消費文化讀本》（北京：中國社會科學院出版社，2003年），頁55～56。

〔註139〕詳見顧紹伯校注：《謝靈運集校注》（台北：里仁書局，2004年），頁461。

〔註140〕詳見〔唐〕白居易〈香爐峰下新置草堂，即事詠懷，題于石上〉，收於〔清〕乾隆本《全唐詩》（北京：中華書局，1986年），第十三冊，四三○卷，頁4746。下引此書皆同此一版本，不另出詳註。

〔註141〕詳見〔宋〕蘇軾：〈阮郎歸〉，收於唐圭璋編：《全宋詞》（北京：中華書局，1998年），頁298上。下引此書皆同此一版本，不另出詳註。

〔註142〕詳見〔明〕陳寰：《琴溪陳先生集》（臺北：漢學研究中心景照明刊本），卷二〈錢公讀書堂記〉，頁32下～33上。

〔註143〕詳見〔明〕周履靖：〈春日南園雜興八首〉其一，《閒雲稿》，卷一，收於氏編：《夷門廣牘》，頁1108上。

境，不在人世中」，使得起居生活的環境不僅是作為個人修藏遊息之所，同時也隱含了某種文化品味的傳達，換言之，居室的物質條件或空間設計，除了是實質層面的擺設意義外，在建置的過程中，更因當下的環境與文人主觀情感相融合一，而營造出「覺灑性靈」的氣氛結構，那麼，無論是書畫、琴劍、禽魚、松竹……等，可謂是文人生活體系中的一道道象徵符碼，可以據此以描繪出理想的生活世界〔註144〕，誠如〔明〕文震亨所表示：

> 位置之法，繁簡不同，寒暑各異。高堂廣榭，曲房奧室，各有所宜。
> 即如圖畫鼎彝之屬，亦需安設得所，方如圖畫。雲林清閟，高梧古
> 石中，僅一几一榻，令人想見其風致，真令神骨俱冷。〔註145〕

房舍、器物畢竟只是「無情之物」，何以「僅一几一榻，令人想見其風致」呢？文氏以為：文人發揮巧思靈慧，由多元的物件所交織而成的生活單元，因為陳列得宜，故能「方如圖畫」，使人不禁勾勒起一幅「環樹松梧，鬱鬱蒼蒼；奇石疊堆，古意盎然」的林下風致，並感神骨冷然；同樣地，環繞在這些詩文敘述底下的符號，展列了一套代表文人雅士的生活範型，某種程度上，他們以「物」圈圍出的符號輪廓，彷彿正向讀者宣示著：「這就是文人雅士的形象特質。」於是，「物」成了一種品味的指稱，並緊緊地包覆著他們的生活。

《夷門廣牘》內涉及居家擺設物件的篇目，大抵有《格古要論》、《群物奇制》、《墨經》、《禽經》、《相鶴經》、《魚經》、《種樹書》、《菊譜》……等等，細閱諸書自可體會〔明〕周履靖對於居室規劃的旨趣，不過，當初他編寫此書時，主要是以彙整他人書籍作為編輯主軸，因此，在文人居家生活物類的佈置與設計上，並不似《屏居十二課》、《清秘藏》、《巖棲幽事》或《長物志》等來得全面而完整，無法具體地呈現他心中的設計藍圖。因此，本節不擬具現周氏所試圖創建的居室典型，轉而探問：生活物類除了實用功能上的認知模式外，究竟這些「物」在文人生活中尚具備何種意義呢？是否可以從中傳遞自我形象？傳遞了什麼形象？凡此問題，其實都是我們在討論文人文化上

〔註144〕（美）亞伯納・柯恩曾表示：象徵符號可以是物品、動作、關係、甚至是語句。象徵符號往往代表多重意義，可以喚起人們的感情衝動，進而趨使人們採取行動……可以是一種文化特質。詳見氏著，宋光宇譯：《權力結構與符號象徵》（臺北：金楓出版公司，1987年），頁34～35。

〔註145〕詳見〔明〕文震亨：《長物志》，收於嚴一萍選輯：《百部叢書集成》之三十一，《硯雲甲乙編》，第二函，第四冊，卷十〈位置篇敘〉，頁1右。

所值得詳加思考的，同時，這種思考亦須落實在具體的物質內涵的解析，才能獲得深度的理解。

對此，筆者將先處理其中關於「物」的實用功能，次就「物」的非功能性討論，據此觀察《夷門廣牘》如何藉「物」以傳達文人的生活價值。

一、功能性

物的實用功能乃落實在生活運用上，其中所涉及者，包括有樣式、材質、顏色、用途……等，以資為文人日常的認識與指南，依其性質不同，約可分為「文房器用」、「蔬果禽魚」及「其他日常用物」三類。以下分點討論。

（一）文房器物

文房書齋可謂是文人生活中關係最為密切的活動場所，運用得宜自可使人清心樂志，因此，陳設其中的物品良窳自然會是他們熱切關懷的面向，尤其自明代以後，工藝製作技術漸趨純熟，無論是在形制的製作、品級的汰選、質地的考究……等等，皆較前代有顯著地進步，品評鑒賞之作更如雨後春筍般紛紛湧現，《夷門廣牘》中便列有不少相關篇幅的論述，以「墨」為例：

◎凡和煤當在淨密小室內，不可通風；傾膠於煤中央良久，使自流，然後眾力急和之，貴潤澤而光明，初和如麥飯許，搜之有聲乃良膠；初取之，和下等煤，再取之，和中等煤，最後取之，和上等煤。〔註146〕

◎凡墨擊之以辨其聲，純煙之墨其聲清響，雜煙之墨其聲重滯；若研之以辨其聲，細墨之聲膩，麤墨之聲麤，麤謂之打研，膩謂之入研。〔註147〕

第一條論及製墨過程裡傾膠和煤的步驟，首先，必須保持空間的潔淨密閉，以防煤煙受風影響品質，其次，在傾膠後，等其自流即刻和煤，由裡至外分別以下等煤、中等煤、上等煤和之；第二條則是透過擊墨之聲以辨別墨之精良，其中，聲清而響為純煙之墨，屬上等材質，聲重而滯為雜墨，屬下等材質。有時候，若因為個人的使用習慣不當，使墨浸漬其他雜質而色敗，則可「以水煮熱黃臘塗之，如磨用時，去臘包，色則如故。」〔註148〕

〔註146〕詳見〔宋〕貫晁之：《墨經》，收於〔明〕周履靖編：《夷門廣牘》，頁204下。

〔註147〕詳見同上註，頁207上。

〔註148〕詳見〔明〕周履靖編：《群物奇制》，收於氏編：《夷門廣牘》，頁194下～195上。

也有討論各種奇石珍寶者，如：

◎【紅絲石】此石類土瑪瑙，質麄不潤，白地紅紋路，並無雲頭等
花，亦可鉅板嵌臺桌。大者五、六尺，不甚值錢。〔註149〕

◎【烏石】出山西澤潞深山中，其色純黑如漆，細潤如玉，堅甚利，
刀刮不動，多相帶用亦難得。〔註150〕

石因具有古樸淳厚的特質而深受文人喜愛，文中就此二石之外觀、質地、紋
路、大小、擺設等鉅細靡遺地羅列，使人瞭解物性，並供置几案以爲摩挲把
玩或作思緒的想像馳騁，如〔明〕汪有彥「賦性淡介，平生無他慕，惟於石
欣然好之，每出入遇石之適意，坐視相忘，弗忍捨去，或持以歸藏如寶玉」
〔註151〕，而宋代蘇軾所提倡的「怪石供」更在明清文房中盛行不衰，諸如齊
安石、蜀江石、雨花臺等五色紛瑩的小石均成爲書窗水盤中的勝品〔註152〕，
顯見奇石已成爲文人生活中「可以興、可以遊」的清玩小物。

另外，還有不少內容是與文房器用相關的「生活應用常識」，諸如：

◎臘梅樹皮浸硯水磨墨有光采。

◎絹布上寫字，用薑汁磨及粉則不暈開。

◎畫上若粉被黑或硫磺熏了，以石灰湯蘸筆洗二三次，則色復舊。

◎冬月硯凍，入酒磨墨不凍。〔註153〕

以簡易、便捷、可行的「小偏方」，提供文人面對不同用具使用問題的解決方
式。其他如銅器汙損毀裂如何清理、書畫墨寶如何保存、古琴法帖如何辨其
真偽……等，書中皆有詳盡的說明。

（二）蔬果、花木與禽魚

不只是室內文房器物的辨明與認識，在居室外，灌植蔬果、栽蒔花木、
或蓄養禽魚也是文人生活中受到重視的活動，從中領會一種充滿活潑生機的
自然幽趣，如〔明〕袁小修就這樣描寫長安里內的杜園風光：

〔註149〕詳見〔明〕曹昭明編：《格古要論》，下卷，收於〔明〕周履靖：《夷門廣牘》，
頁 185 上。

〔註150〕詳見同上註，頁 185 下。

〔註151〕詳見〔明〕黃福：《方山要翰》（臺北：漢學研究中心景照明嘉靖刊本），卷一
〈贈愛石汪翁序〉，頁 19 上。

〔註152〕詳見蔡玫芬：〈文房清玩——文人生活中的工藝品〉，收於《中國文化新論：
美感與造型》（臺北：聯經出版社，1982 年），頁 644。

〔註153〕詳見〔明〕周履靖編：《群物奇制》，收於氏編：《夷門廣牘》，頁 194 下～195
上。

> 園周圍可二里許，有竹萬竿，松百株，屋六楹；門外有塘，塘下有
> 田二百畝，蓄大魚，可待賓客，雜果可食，篠簜荊棘，刈東西生，
> 刈西東生，可代一年薪；去車湖半里許，湖畔繞水草，可以養牛
> 馬；若夫聽松濤、玩竹色，奇禽異鳥，朝夕和鳴，則固幽然隱者之
> 居也。〔註154〕

方園二里廣的杜園內，松竹奇禽環佈其中，包括池塘蓄大魚、湖畔養牛馬，並間植雜果以宴賓客，顯示了園主的經營美感。

　　不過，園圃生意的盎然律動，有時也取決於文人對於動植物習性、名稱、養護、栽種、擺設……等等是否用心，如《禽經》、《獸經》內對白腽鳥、竊玄、靈鵲、鶍雀、麝、獐、驢、黑犀、孟極……等鳥獸名稱、習性的辨明，或者《蠶經》對桑蠶成長形態的改變。又如《蘭譜奧法》中的「澆花法」：

> ◎用河水或陂塘水或積留雨水最好，其次用溪澗水，切不可用井水
> 凍了花。澆水須於四畔澆勻，不可從上澆下，恐壞其葉。
> ◎四月若有梅雨，不必澆；若無雨則澆；五月至八月須是早起五更
> 日未出時澆一番，至晚黃昏澆一番；又要看花乾溼，若溼不必澆，
> 若十分溼恐爛壞根。〔註155〕

澆花之水須用活水，包括河水、池塘水、溪澗水或積留未散的水為宜，井水一方面並無循環迴流，含氧量較差，二方面因地下濕氣重，容易凍傷花；另外，須就氣候乾濕以決定是否澆花，其中又以早晨五更日未出以及黃昏為最佳澆花時刻，且水須由花的四畔澆灌，以免傷害花葉。文中詳細地解說澆花注意法則。此外，《種樹書》中則完備地臚列各種草木盆植的栽種時節、種類、宜忌、用途等，如「苧葉治刀傷」〔註156〕、「午日不得鋤桑園」〔註157〕、「竹與菊根皆向上長，添泥覆之為佳」〔註158〕……等等。或如《群物奇制》所記載：

〔註154〕詳見〔明〕袁中道著，錢伯城點校：《珂雪齋集》（上海：上海古籍出版社，
　　　　1989 年），卷十二〈杜園記〉，頁 527。
〔註155〕詳見〔明〕周履靖校正：《蘭譜奧法》，收於氏編：《夷門廣牘》，頁 839 上。
〔註156〕詳見〔唐〕郭橐馳：《種樹書》，卷上，收於〔明〕周履靖編：《夷門廣牘》，
　　　　頁 823 上。
〔註157〕詳見同上註，頁 826 下。
〔註158〕詳見同上註，頁 828 下。

◎冬青樹上接梅，則開酒墨梅。

◎養牡丹、芍藥、梔子，並刮破皮火燒，以鹽擦之，插於瓶中，或用沸湯插之，亦開。

◎海棠花用薄荷水浸之則開。

◎銀杏樹不結子。於雌樹鑿一恐入雄樹一塊，以泥塗之，便生子。
〔註159〕

列舉各種新穎的培植方式，豐富園圃內花木景致。

此外，禽鳥遊魚的馴玩觀賞更是文人園居生活中的重要娛樂，若要豢養得宜，要點就在瞭解禽魚習性以及養護守則，例如：

◎白鰱乃魚之貴者，白露左右始可納之池中，或前一月或後一月皆不育。漁人攜於舟，若煎炙油氣觸之則目皆瞎。《京口錄》云：「巨首細鱗，池塘中多蓄之。」〔註160〕

◎（鶴）養以屋必近水竹，給以料必備魚稻，蓄以籠，飼以熟之食則塵濁而乏精采。〔註161〕

白鰱屬於嬌貴型的魚種，據載，其體態乃巨首細鱗，色澤亮麗，相當適合蓄養池中以供觀賞，不過，納養時節卻頗為挑剔，唯有在九月白露期間納之池中才可育養成功，而養鶴則須近水竹、備魚稻、建竹籠，活動於青松白石下〔註162〕；其他尚包括如魚池附近灑芙蓉可避水獺、池不宜過深使水偏寒、魚小則植小草……等等繁多的養殖事宜。另外，還有不少是透過動物特殊習性或本質所衍生的生活運用，如：

◎烏龜以香油抹眼，入水不沉。

◎竹雞叫，可去壁虱並白蟻。

◎蝸牛涎可去蠍毒。〔註163〕

〔註159〕詳見〔明〕周履靖編：《群物奇制》，收於氏編：《夷門廣牘》，頁196下～197上。

〔註160〕詳見〔明〕黃省曾：《魚經》，收於〔明〕周履靖編：《夷門廣牘》，頁790上。

〔註161〕詳見〔明〕周履靖校：《相鶴經》，收於氏編：《夷門廣牘》，頁788上。

〔註162〕〔明〕高濂在〈燕閒清賞箋〉的「養鶴要略」也有類似記載：「當居以茅庵，臨以池沼，飼以魚穀鱔鰍，勿以熟食飽其腸胃，使乏精采而塵倦仙骨。」詳見氏著：《遵生八箋》，收於《文淵閣四庫全書》，第八七一冊，卷十五〈燕閒清賞箋〉，頁770上。

〔註163〕詳見〔明〕周履靖編：《群物奇制》，收於氏編：《夷門廣牘》，頁198上～下。

其他包括雞可司晨、犬可守夜、貓可捕鼠、羊可取毛、馬可馳騁等，都是超越審美觀賞的實際運用價值。

（三）其他日常用物

除了上述兩類的說明外，《群物奇制》裡還收有不少生活中關於「物」的實際運用，例如「身體」類收錄有許多與生理衛生相關的知識，包括「指甲內有垢者，以白梅與肥皂一處洗之則自去」、「冬月唇燥裂痛，不可以津潤，只用香麻油抹之二三日便可」、「油手，以鹽洗之可代肥皂」、「腳跟生厚皮者，用有布紋瓦片磨之」……等等〔註164〕，教導文人平常身體清潔保養的各種方法；甚至也有簡單的日常醫藥常識，如「藥品」與「疾病」兩類所載：

◎巴豆、大黃同用則即能瀉，傷人。

◎服丹石不可食蛤蠣，腹中結痛病。

◎霍亂吐瀉不止，飲米醋半盞即止。

◎蜂叮痛，以野莧菜搗傅（覆）之。〔註165〕

某些食物藥品的性質迥異，同時食用可能導致身體不適，如引文中所列的巴豆、大黃以及丹石、蛤蠣，兩兩物性相剋，不可同食；另外，若遭蜜蜂叮咬或者染上霍亂而吐瀉不止，則可以分別以野莧菜及米醋做初步的急救處理。此二類乃是就日常物類特質與醫藥疾病的關係，提出簡單的應用原則。

「雜著」類則有與飲食材料相關的生活常識，試舉諸條：

◎密煎舖內用肥皂洗抹布拭盒子櫃上，則螻蟻不來。

◎伏中合醬與麵，不生蟲。

◎績麻骨插竹園四向，竹不沿出，芝麻骨亦可。

◎荷花煎湯洗鑞器。或用荷梗。〔註166〕

螻蟻好食，密煎舖內可以肥皂水擦拭盒櫃避之；績麻骨與芝麻骨釘於竹園周圍，可防止竹子沿長園外；另外，荷梗或荷花煎湯洗鑞器，具有極佳的效果。

綜合以上三類，筆者拈擬了「文房器物」、「蔬果、花木與禽魚」與「其他日常用物」三類，藉以導覽《夷門廣牘》所佈設的起居生活內容，這些內

〔註164〕詳見同上註，頁 188 上。

〔註165〕詳見同上註，頁 194 上。

〔註166〕詳見同上註，頁 199 下～200 上。

容大致是由「物」的實用功能展開論述，或從材質、或從名實、或從用途、或從式樣、或從養護法則……等，具體地鋪設一個環繞著「物」的實用功能的生活體系。不過，若從符號學概念來看，無論它們具有何種功能，每一件物都至少包含有一敘述性的因素存在，這意味了「物」的功能亦有其自身所代表的符號，就如同牛仔服適合工作穿（功能），但它同時也能讓人聯想到辛勤工作（符號），或者雨衣主要用來防雨避濕（功能），但它也可以具有雨天的象徵意義（符號），因此，任何事物的存在就不只是純粹實用層面的理解，也可以是一種抽象概念的表達〔註167〕。因此，接下來，筆者將就這些起居生活物件，進一步地釐析其中可能隱含的非功能性意義。

二、非功能性

現藏臺北故宮博物院的「園林清課圖」（詳見附圖二）〔註168〕，是明代仇英所繪，此畫爲絹本青綠界畫圖軸，全幅縱有八十二・八公分，橫有一百零六・五公分，並在畫面左上邊有仇英鈐印。畫中曲院迴欄的園林，背靠著層巒浮翠，四周則是古松修竹間相環繞、花蔓垂籬，臨窗有池塘，池裡荷葉片片、浮沼叢叢，庭中鹿鶴嬉戲活動；畫面下半部有童子數人，或烹茗、或負卷、或滌硯、或收棋局，同時還有兩位文人，一位捧卷閱讀，一位則閒踱石欄邊；畫面中間偏左則有別室婦女，或紡或織。另外，一幅題爲「山靜日長圖」的設色掛軸（詳見附圖三）〔註169〕，則是明代唐寅所繪，畫中自題道：

> 初夏山中日正長，竹梢脫粉午窗涼。幽情只許同麋鹿，自愛詩書靜
> 裡忙。

相較於〔明〕仇英「園林清課圖」的熱鬧豐富，此圖顯得清幽許多，畫中松影參差、落花滿徑，書齋中一人展卷靜坐，橋外溪邊則另有一人擲竿垂釣。雖然兩圖所呈現的動靜意態各異，不過卻同時都表達出「青山當戶，流水左右」的居住文化品性，〔明〕祝允明體察出「山靜似太古，日長如小年」

〔註167〕關於文化物的「功能──符號」論述，可以參閱（法）Roland Barghes（羅蘭・巴特）著，敖軍譯：《流行體系──符號學與服飾符碼》（上海：上海人民出版社，2000年），頁294～296。
〔註168〕本圖選自故宮博物院編：《故宮書畫圖錄》（臺北：故宮博物院，1989年），第七冊，頁259～260。下引此書皆同此一版本，不另出詳註。
〔註169〕本圖選自故宮博物院編：《故宮書畫圖錄》，第六冊，頁343。

的悠遠祥和〔清〕錢謙益則題云：「毫無一點塵俗味」、「佈景幽深，秀色可餐」。〔註170〕

　　析論此二圖，除了畫家構設手法以及佈局安排上稍有差異外，作者同樣旨在呈現文人園居的生活景象，只是令人好奇的，畫面空間如何透過視覺轉譯方式，傳達出「山靜似太古」、「毫無塵俗味」、「佈景幽深」的認知感受？眼前所見的花木禽魚、松竹泉石又如何可代表是文人超曠逸群的生活情景呢？且更進一步地問，明代中晚期以後的江南城市，物質充裕、社會流動活潑，構成一個典型的消費性社會，因此，許多手頭稍有餘裕的新富人士亦懂得添購文房書畫以妝點風雅，那麼，這些屢為文人視為風雅的生活物件如何能自別商業社會簇擁下的享樂消費呢？筆者認為，問題的關鍵應該是在「視覺思維」——即入眼之物所引起的心理感受；事實上，不同物品的擺設本來就容易牽動人們感官感受上不一樣的覺知，不過，要能強而有力地化為某種特定內涵，恐怕還必須導入兩種文化意識：一則是古今先哲前賢的經驗累積，一則是超越人與物的心靈相感，如同上引二圖，之所以能塑造出一種閒曠幽遠、隔世離塵的意象，通常也是讀者將這樣的生活景況聯繫了傳統隱逸氛圍所致。因此，若欲理解「物」如何提煉為文人的品味特質，尤須洞悉其中的深層意涵，而這些面向皆直指了「物」的非功能性論述。

　　以下，筆者便以《夷門廣牘》的作品為主，並旁及其他相關材料，分為「典故的形塑」以及「人與物的心靈感通」兩類項，探討「物」在明代文人生活中的意義。

（一）典故的回溯：以松竹、鶴鳥為例

　　典故的運用基本上就是一種文學修辭的手法，藉由過去的經驗以融入當下的情境，並從中導引出豐富的聯想與文化意涵。對此，德國「接受美學」派的姚斯（Jauss Hans Robert）在分析文本的審美經驗時曾表示，「典式或典範代表著一個確已發生的實際行動的示範能力，從而使某個可供模仿學習的形象得以明確的展現呈示出來」〔註171〕，試讀〔唐〕白居易〈北窗閒坐〉一詩所表達的境界：

　　　　虛窗兩叢竹，靜室一爐香。門外紅塵合，城中白日忙。無煩尋道士，

〔註170〕詳見故宮博物院編：《故宮書畫圖錄》，第六冊，頁344。
〔註171〕詳見 Jauss 著，顧建光等譯：《審美經驗與文學解釋學》（上海：上海譯文出版社，1997年），頁162。

不要學仙方。自有延年術，心閒歲月長。〔註172〕

詩中劃別了兩種生活世界：門外紅塵是日日忙，靜室閒坐則從容安逸，並意味了人若真能放下塵俗掛懷，臨流泉而漱齒濯足、撫松竹而共偃息於長林豐草間，自然毋須追尋佛道即是仙境；所烘染的文學意境，幾與前引兩幅畫作相謀合，在未經考證前，我們當然無法斷然認定兩幅畫作的藝術手法是否源自白詩，不過，相循增生的文化氣氛卻是不爭的事實。因此，在「物」的論述體系中置入前代無數積累的文化經驗，使「物」靠攏中國傳統的情志系統，形塑出文人特有的情感氛圍，這可說是明代文人對於物類關懷的重要手段。

1. 松　竹

松、竹向來是中國文化中十分重要的意象，無論文學、書畫、飾品、盆景植栽等，皆能見其蹤跡，並以蒼勁挺拔、足傲霜雪的特質，最是為人所稱道。

蒼松枝幹古拙盤曲，除了有觀賞價值外，枝茂葉密，鬱鬱蒼蒼，四時不改，頗有承露沐雨之姿，時為文人視作堅毅不撓、孤標特立的象徵，如數千年前，孔老夫子所指出：「歲寒，然後知松柏之後凋也。」〔註173〕莊子亦稱：「天寒既至，霜雪既降，吾知松柏之茂。」〔註174〕極力地讚賞松柏的韌性，〔明〕周履靖的〈詠松〉：

矯矯凌雲幹，亭亭偃蓋松。孤標持漢節，高爵受秦封。蒼雪飄春潤，寒濤浴晚峰。曾聞偓佺採，服食隱崆峒。〔註175〕

則是取其耿直強韌的生命特質，比附漢節情操的堅韌不屈，甚至引偓佺食松實而活逾百歲的傳說，喻為康壽長生之意〔註176〕；另外，綠竹以現今植物學、環境學的觀念來看，其釋放之豐沛芬多精，足以清新空氣、調節人的腦神經，

〔註172〕詳見〔唐〕白居易：〈北窗閒坐〉，收於〔清〕乾隆本《全唐詩》，第十三冊，四四八卷，頁5050。

〔註173〕詳見《論語注疏》，收於周何編：《十三經注疏分段標點》（台北：新文豐出版社，2001年），第十九冊，卷九〈子罕〉，頁211上。

〔註174〕詳見〔清〕郭慶藩：《莊子集釋》，收於《續修四庫全書》，第九五八冊，卷九下〈讓王〉，頁83下。

〔註175〕詳見〔明〕周履靖：〈詠松〉，《閒雲稿》，卷四，收於氏編：《夷門廣牘》，頁1141下。

〔註176〕相傳偓佺是上古一位採藥父，好食松實，體毛長逾數寸，能飛行；受服其松實者，皆三百歲。

不過，真正受到中國傳統文人青睞的，恐怕是它所比擬之君子風範：有以竹心之虛喻爲君子休休有容、有以竹節之直喻爲君子無所屈焉、有以竹竿之凌霄漢喻爲君子志節不汙；此外，植竹成林，除了伴隨竹風習習而享有悠然況味外，且夕與之相坐臥，或烹茗、或奏琴、或習靜，彷如與一君子賢士相晤對，同參天地萬物之機心，無怪乎〔唐〕韋應物這樣表示：

> 停車欲去繞叢竹，偏愛新篁十數竿。莫遣兒童觸瓊粉，留待幽人迴
> 日看。〔註177〕

也只有真正懂得竹、愛護竹的幽人，才能領會那份不可言喻的雅致；或如〔宋〕蘇軾所謂的：「可使食無肉，不可居無竹。無肉令人瘦，無竹令人俗。」認爲生活中與其無竹相伴，不如無肉可食，人瘦尚可肥，人俗則無可醫，幽人韻士「何可一日無此君」。〔註178〕

　　因爲種種歷史訊息所附加的節操品德，使得原來客觀的植物形象，在文人筆下衍生出堅貞、孤高、謙虛的主觀意態，聽松、看竹等雅事是時有所聞，更有不少文人逕藉松、竹爲名號以表彰個人心志，以明代爲例，如〔明〕文徵明有「翠竹齋」；〔明〕沈周室名爲「有竹莊」、「有竹居」，並自號「有竹莊土人」；〔明〕史敏自號「松泉」；〔明〕劉芳自號「柏泉」；〔明〕李璿有「柏庵」；〔明〕劉巡喻自居爲「竹素園」……等等；落實在他們的生活中，則因典故的想像而喚醒了歷史文化情感，如〔明〕周履靖的〈春日南園雜興八首〉其六：

> 種竹開幽徑，臨軒築小山。未成〈招隱賦〉，且樂考槃閒。對酒花相
> 笑，當歌鳥自還。悠然靜觀處，明月到柴關。〔註179〕

軒外開植竹徑，彷彿使人走進了蔣詡隱居的杜陵居處，憶思起當年關竹徑與羊仲、求仲從遊雅事〔註180〕，「未成〈招隱賦〉，且樂考槃閒」，居處此間，雖

〔註177〕詳見〔唐〕韋應物：〈將往滁城戀新竹簡崔都水示端〉，收於〔清〕乾隆本《全唐詩》，第六冊，一八七卷，頁1913。

〔註178〕〔明〕樂純言：「王子猷暫寄人空宅住，便令種竹，曰：『何可一日無此君！』夫寓居暫寄猶不可已，況家居乎？」詳見氏著：《雪庵清史》，卷五，收於《四庫全書存目叢書》（台南：莊嚴文化事業有限公司，1997年），子部，第一一一冊，頁523上。

〔註179〕詳見〔明〕周履靖：〈春日南園雜興八首〉其六，《閒雲稿》，卷一，收於氏編：《夷門廣牘》，頁1108下。

〔註180〕另外，如〔唐〕裴迪〈春日與王右丞過新昌里訪呂逸人不遇〉也同樣徵引過，云：「恨不逢君出荷蓧，青松白屋更無他。陶令五男曾不有，蔣生三徑杜

未必能重現當年場景，倒也樂得一身幽棲閒適，時而酌飲清酒、時而對花相笑、時而與鳥高歌，由古老的事典投射出不一樣的意義，於是，「松下堪逃暑，悠然坐夜分。風前移枕簟，竹外散氛氲」〔註181〕、「遊心惟竹素，抱甕汲寒澄」〔註182〕或「清齋理水絃，一曲松風幽」〔註183〕，紛紛跌進濃厚的歷史文化氣氛中。

2. 鶴　鳥

鶴鳥向來就與仙家傳說關係密切，《相鶴經》裡形容它「胎化而產爲仙人之騏驥」、「天壽不可量」〔註184〕，《爾雅翼》則曰：「鶴一起千里，古謂之仙禽，以其物爲壽。」〔註185〕於是，在世人訪道求仙的嚮往下，鶴無形中有了脫俗絕塵、仙風道骨的文化意涵，並進一步地與人的性格相比附，如〔魏〕阮籍〈詠懷〉詩：「雲間有玄鶴，抗志揚哀聲。一飛沖青天，曠世不再鳴。」〔註186〕寫詩人雖懷有高遠的理想抱負，卻因際遇不順而無法施展，彷若雲間一隻不被理解的玄鶴，雖孤掌難鳴卻也不攀附時流，或〔唐〕白居易〈感鶴〉：「鶴有不群者，飛飛在野田。飢不啄腐鼠，渴不飲盜泉。貞姿自耿介，雜鳥何翩翾。」同樣是以鶴喻人，寫其清高耿介有操守，不願與小人同流爲伍，然而，高潔的天性卻少有知音應和，故不時地顯露出寂寞難遣的孤獨感。

就因鶴具有遺世獨立、不同流合污的文化特質，故文人的蓄鶴、馴鶴生活，多少也帶有同情相感、詮釋自我的意味，如〔宋〕林和靖的「梅妻鶴子」即是典例，另外，據載〔明〕周履靖也豢有四鶴，平時或守柴扃、或翱翔霄漢〔註187〕，其侄子〔明〕李日華描述道：

相過。」收於〔清〕乾隆本《全唐詩》，第四冊，一二九卷，頁 1312。

〔註181〕詳見〔明〕周履靖：〈暑夜〉，《閒雲稿》，卷二，收於氏編：《夷門廣牘》，頁 1119 下。

〔註182〕詳見同上註，卷一，頁 1108 下。

〔註183〕詳見同上註，卷二，頁 1126 下。

〔註184〕詳見〔明〕周履靖編：《相鶴經》，收於氏編：《夷門廣牘》，頁 787 下。

〔註185〕詳見〔宋〕羅願編：《爾雅翼》，收於〔清〕陳夢雷編：《古今圖書集成》，卷三〇六〈經籍典‧爾雅部〉，頁 1。

〔註186〕詳見〔魏〕阮籍：〈詠懷〉，收於逯欽立編：《先秦魏晉南北朝詩》（臺北：木鐸出版社，1983 年），卷十，頁 500。

〔註187〕〔明〕鄭琰：「閒雲館豢鶴四頂，以其二守柴扃，則其二翱翔霄漢，更相遞也。」詳見氏著：〈梅墟先生別錄〉，下卷，收於〔明〕周履靖：《夷門廣牘》，頁 940 下。

　　　　鶴名仙壽，以其最壽而可仙也。間以硃砂裹飯啖之，行坐必偕。客
　　　　至則盤旋迴舞、狀如流雪，臨溪顧影，剝啄苔花，孤高爽潔，類先
　　　　生之爲人焉。余嘗有「半癡成鶴伴，一拙任鳩如」之句，先生極爲
　　　　嘆賞。〔註188〕

傳文內描述了園中四鶴活動情狀，或翩躚盤旋如流雪、或臨溪照影修顏容、
或啄食苔花飽胃腸，姿態優雅，性情高潔，並藉此標舉豢主性格與之相類；
此外，〔明〕周履靖在不少詩作也屢屢談及園中閒鶴，如：

　　◎孤琴雙蠟屐，攜鶴共幽棲。種數鋤西圃，持竿釣北溪。醉吟塵世
　　　響，狂嘯野雲低。不盡煙霞思，還堪送爾題。〔註189〕

　　◎性懶情踈忘檢束，潛蹤丘壑伴煙霞。每同猿鶴閒清晝，時看飛泉
　　　逐落花。〔註190〕

在他山居生活的書寫中，雖未明顯插入典故或古人詩句，不過，由「鶴」所
拉出的聯想軸，卻足使讀者洄溯起過往事典，在心中不自覺地浮現一幅幅歷
史的場景，諸如瑤池仙界、侯嶺乘鶴〔註191〕、黃鶴樓臺、松陰竹間或春草殘
雪〔註192〕等，循此而化生出種種相關品德行誼或林下風致，此時，「鶴」在動
物學上的意義逐漸弱化，彷彿轉爲一種象徵的符碼，其中涵融著濃厚的歷史
記憶，那麼，沿著這樣的思維回視〔明〕周履靖的園居生活，除了有鼓琴調
鶴的閒適愜意外，往往也增添了許多文化相乘的認知。

　　其他如法帖有「蘭亭帖」、「淳化閣帖」、「元祐祕閣續帖」等，古畫有「沒
骨畫」、「王維畫」、「李思訓畫」等，銅器有「三代銅」、「古鏡」、「古香爐」
等，窯器有「高麗窯」、「龍泉窯」、「古州窯」等，亦皆可生發相類的氣氛

〔註188〕詳見〔明〕李日華：〈梅墟先生別錄〉，上卷，收於〔明〕周履靖：《夷門廣牘》，
　　　　頁922上～下。

〔註189〕詳見〔明〕周履靖：〈送陶君歸山詠二十四首〉其九，《山家語》，收於氏編：
　　　　《夷門廣牘》，頁1254上。

〔註190〕詳見〔明〕周履靖：〈山居十二絕〉其一，《山家語》，收於氏編：《夷門廣牘》，
　　　　頁1257上。

〔註191〕相傳王子喬得道乘鶴駐侯山，詳見〔漢〕劉向：《列仙傳》，收於〔明〕周履
　　　　靖編：《夷門廣牘》，頁906下。

〔註192〕有不少詩文常藉松、竹、雪、雲、草、霞、池等蕭疏曠放的自然景趣，襯托
　　　　鶴的高潔、超然物外，如〔唐〕張仲素〈侯山鶴〉：「映松殘雪在，度嶺片雲
　　　　還。」、〔唐〕白居易〈問鶴〉：「烏鳶爭食雀爭巢，獨立池邊風雪多」。二詩
　　　　詳見《全唐詩》，第十一冊，三六七卷，頁4135，以及第十四冊，四五五卷，
　　　　頁515。

感受。

（二）人與物的心靈感通：以琴、花卉為例

「長物」組成文人風雅生活體系若要成立，除了藉由典故喚醒相關的歷史文化記憶之外，也必須視天地萬物皆為有機的個體，各有其獨特氣性，並能與「我」心靈相融互通。〔明〕墨是龍在《筆塵》中就曾談道：

> 今富貴之家亦多好古玩，亦多從眾附會而不知所以好也。且如蓄一
> 古書，便需考校字樣偽繆，及耳目所不及見者，真似益一良友。蓄
> 一古畫，便須少文澄懷觀道，臥以遊之。其如商彝周鼎，則知古人
> 製作之精，方為有益，不然與在賈肆何異？〔註193〕

在文中所描述的文人鑑賞生活中，古玩、古書、古畫的收藏顯非徒然「從眾附會」之物，相反地，將它們視為藝術文物，並仔細地鑑識、閱翫、裝襯、銓次，由此引發種種懷想冥思；富貴權勢者或許也能憑恃財富購得書帖珍秘，然多半不過是「意作標韻，至假耳目於人」〔註194〕，一旦收購入手後，或掛列壁間架上、或堆放櫥簏任其腐蠹，不似文人可依其知識背景進行品賞，甚且使「物」承載人的情感意識，蓄玩摩撫書畫鼎彝如同「益一良友」，可與之交心暢談或共感生命律動，在把玩長物的同時也追求個人精神的昇華，學者王鴻泰就表示：

> 就是這種能力的擁有才讓他們（文人）可以藉物造境，經營出一個
> 文雅的境界，同時他們建立起一個區別雅俗的門檻，刻意將徒擁巨
> 資，競相購物的富人，排除在外。〔註195〕

換言之，這不但是一種超越財富地位的審美生活，也是雅俗區分的關鍵，並成為明代文人普遍認取的物我關係。

1. 琴

琴在中國文化中，與人的品德才性關係是最為密切者，所謂「眾器之中，唯琴德最優。」〔註196〕因此，自古便常是文人明志抒懷之物〔註197〕，如

〔註193〕詳見〔明〕莫是龍：《筆塵》，收於嚴一萍選輯：《百部叢書集成》（台北：藝文印書館，1966 年）之三十，《奇晉齋叢書》，第十冊，不分卷，頁 8 右。

〔註194〕詳見〔明〕謝肇淛：《五雜俎》，卷七，人部三，頁 3712。

〔註195〕詳見王鴻泰：〈閒情雅致──明清間文人的生活經營與品賞文化〉，《故宮學術季刊》，卷二十二，第一期（2004 年 9 月），頁 83。

〔註196〕詳見〔晉〕嵇康：《琴賦》，收於氏著：《嵇中散集》（臺北：三民出版社，1998 年），頁 104。

〔晉〕嵇康在生命終點時，索琴彈奏《廣陵散》，彰顯自己視死如歸的大無畏精神；〔晉〕陶淵明「息交遊閒樂，臥起弄書琴」，弄琴自賞，聊度閑居時光；〔宋〕歐陽修則藉琴音抒發鬱結、平撫退官後幽憂之疾，在琴音中體會一份跨越物象的超然。宋元以降，琴則漸為文人生活中閒賞娛心不可或缺之物，如：

> 居士談古若無古琴，新者亦須壁懸一床。無論能操，縱不善操，亦當有琴。〔註198〕

齋室掛置古琴，主要意旨不在彈奏娛樂，而是要人體會古琴所蘊含之幽情，因此周履靖在〈撫琴〉便云：

> 新月上簷楹，寒光映脩竹。夜靜人自閒，張琴寫幽獨。清風振長林，流泉響空谷。舉世寡知音，颯颯閉茅屋。〔註199〕

獨居幽棲的生活裡，臨泉鼓琴，伴隨著清風皓月，譜成一曲悠揚和諧的天籟，並從中體會自然的真趣，「舉世寡知音，颯颯閉茅屋」，舉世雖少有志同道合的知音，然琴卻彷彿通曉人心、理解人情，使人可以在音樂中寄託情志、安頓心靈，「機忘狎鷗鷺，性癖嗜書琴；吾生耽樂事，何必嘆浮沉？」〔註200〕「甕內儲醞釀，愡前撫玉琴；靜中看白眼，人事幾浮沉？」〔註201〕「獨抱孤琴眠短榻，從教世事杳無聞。」〔註202〕即使閉屋獨處亦覺適心，毫不貪眷俗塵世事。

由此看來，〔明〕周履靖顯是透過想像力或象徵手法，將琴「性情化」，視之為一有生命、有情感的朋侶，在人與物交互相感的生命體驗中，彼此相融一氣、主客合一，心理感受上則由「物象」轉入「心象」，進而震盪出具美感的生活境界〔註203〕，例如《格古要論》所載〈古琴論〉一篇，共有九條文

〔註197〕〔戰國〕荀子曰：「君子以鐘鼓道志，以琴瑟樂心。」詳見〔清〕王先謙：《荀子集解》，卷十四〈樂論〉，頁631。

〔註198〕詳見〔明〕屠隆：《考槃餘事》，收於《四庫全書存目叢書》（台南：莊嚴文化事業有限公司，1997年），子部，第一一八冊，卷二〈文房器具箋〉，頁205下～206上。

〔註199〕詳見〔明〕周履靖：〈撫琴〉，《閒雲稿》，卷四，收於氏編：《夷門廣牘》，頁1142下。

〔註200〕詳見同上註，卷一，頁1108下。

〔註201〕詳見〔明〕周履靖：〈送陶君歸山詠二十四首〉其二十一，《山家語》，收於氏編：《夷門廣牘》，頁1255下。

〔註202〕詳見同上註，頁1257下。

〔註203〕毛文芳表示，晚明文人在審美經驗中達致主客合一的方式，大致均表現出這

字，內容主要環繞於古琴紋路、色澤、材質、樣式、規制……等等的論述，「古
琴歷年既久，漆光盡退，其色如烏木。」〔註204〕「古琴惟夫子、列子二樣合
古製。」〔註205〕細究物制固然起源於一種古董器物的傾慕之想，尤其古琴背
後所標誌的「文化氣氛」〔註206〕，總不免令人遙思起千百年前的時空場景，
並屢屢生發向古、慕古的歷史情懷，例如一隻酒杯，可倒映過往帝王的意氣，
一柄長劍，可以生發漢唐大漠狼煙、金戈鐵馬或歌舞樓臺的想像，可是，落
在明代文人眞實的生活經驗裡，作爲客體的「琴」則是與作爲主體「我」的
感受交相融匯，藉以抒發文人內在的情感價值。一如〔明〕徐渭談到彈琴適
宜的時機場所時說道：

> 宜素室、宜閒庭、宜書堂、宜花逕、宜幽澗、宜層樓、宜脩竹萬竿、
> 宜蒼松百尺、宜清風明月、宜怪石雕欄、宜焚香、宜調鶴、宜道者
> 高僧、宜幽人韻士。〔註207〕

其中，琴是客體物件，素室、閒亭、書堂、清風明月、幽人韻士等則是作者
的心理感受，並以「宜」串聯彼此的等值關係，使素室的潔淨、書堂的高雅、
脩竹的蒼勁、松木的古樸、怪石的堅毅、僧道的超逸……等主觀內涵，可與
琴的精神相吻合，創生一種「物我合一」的審美品味，於是，彈琴彷彿是與
宇宙自然對話一般，這也正是高友工所謂客體現象與主體的審美意識及價值
互相交融爲一體的「美感境界」。〔註208〕

兩種傾向：或是將審美對象予以主觀化、擬人化，以人的觀點待之，以與自
我人格融匯；或是將自我客觀化、擬物化，將自我人格表現於物象上。這看
來像是兩個路向，其實是合一的。詳見氏著：《晚明閒賞美學》（臺北：臺灣
學生書局，2000 年），頁 360。下引此書皆同此一闆本，不另出詳註。

〔註204〕詳見〔明〕曹昭明編：《格古要論》，中卷，收於〔明〕周履靖：《夷門廣牘》，
頁 169 下。

〔註205〕詳見同上註，頁 170 下。

〔註206〕法國學者尚・布希亞（Jean Baudrillard）表示：「古物呢，當它指涉過去時，
則純粹是在神話邏輯裡。不再有實用的狀況出現，它完全是作爲記號存在
的。……在古物中被取回的，不是眞正的時間，而是時間的記號，或是時間
的文化標誌。」詳見氏著：《物體系》（臺北：時報文化出版社，1997 年），
頁 81～82。

〔註207〕詳見〔明〕徐渭：《刻徐文長先生秘集》，收於《四庫全書存目叢書》（台南：
莊嚴文化事業有限公司，1997 年），子部，第一二九冊，卷十一〈致品・樂
事〉，頁 224 上。

〔註208〕詳見高友工：〈文學研究的美學問題〉，收於李正治編：《政府遷臺以來文學研
究理論及方法之探索》（臺北：臺灣學生書局，1988 年），頁 156～157。另外，

2. 花　卉

《夷門廣牘》內收有不少關於花卉的書籍，植栽者如《王氏蘭譜》、《蘭譜奧法》、《梅品》、《菊譜》等，繪畫者如《淇園肖影》、《羅浮幻質》、《九畹遺容》等，歌詠者如《千片雪》、《毛公壇倡和詩》，周履靖更以「梅墟」命其園，顯然，花卉所蘊涵的文化底蘊，也是文人居室生活中不可忽略的面向。

花卉的賞植活動，自古在文人的生活中便沒缺席過，尤其是中國詩歌作品中時見頌揚，其中除了愛花、憐花所引動的歌詠外，在傳統文化裡，花常因人憑著主觀思維捕捉客觀物象後所賦予的情感流露而有「擬人」的特質，其中，最為常見者是藉以比喻惜春、傷春，或者對於青春、生命、回憶短暫無法把握的嗟嘆，如〔唐〕張泌〈寄人〉：「多情只有春庭月，猶為離人照落花。」〔註209〕〔宋〕晏殊〈浣溪紗〉：「無可奈何花落去，似曾相識燕歸來。」〔註210〕或〔宋〕歐陽修〈蝶戀花〉中的概歎：「淚眼問花花不語，亂紅飛過鞦韆去。」〔註211〕即是以花代人，映照著詩人生命際遇中種種的苦痛與難捨。

不過，在明代文人與花卉相接的生活中，多是視花為一有情知己，時而探詢著了百年前的故事：「瑤箋一幅詢林逋，應是君家興不孤。」〔註212〕「喜有故人貽白菊，先分秋色到寒家。……欲學淵明耽玩賞，且將杯酒閱年華。」〔註213〕或「夏月荷花插案前瓶中，因思周茂叔愛荷，當年風月無邊，庭草交翠，宛然孔顏之樂。」〔註214〕等；時而又悉心呵護與愛惜，如《梅品》中就曾談及花之宜、憎、榮、辱，茲各舉數例表之：

◎【宜稱】為澹陰、為曉日、為薄寒、為細雨、為輕煙、為佳月、
　　為夕陽為微雪、為晚霞、為珍禽、為孤鶴、為清溪、為小橋、為
　　竹邊為林間吹笛、為膝上橫琴、為石枰下棋、為掃雪煎茶。

亦參閱毛文芳：〈花、美女、癖人與遊舫——晚明文人之美感境界與美感經營〉一文，收於氏著：《晚明閒賞美學》，頁351～398。

〔註209〕詳見〔唐〕張泌〈寄人〉，收於〔清〕乾隆本《全唐詩》，第二十一冊，七四二卷，頁8450。

〔註210〕詳見〔宋〕晏殊〈浣溪紗〉，收於《全宋詞》，頁89上。

〔註211〕詳見〔宋〕歐陽修〈蝶戀花〉，收於《全宋詞》，頁126下。

〔註212〕詳見〔明〕周履靖：〈和問梅〉，《千片雪》，收於氏編：《夷門廣牘》，頁1203下。

〔註213〕詳見〔明〕周履靖：〈鍾君惠白菊賦謝〉，《閒雲稿》，卷三，收於氏編：《夷門廣牘》，頁1139上。

〔註214〕詳見〔明〕毛元淳：《尋樂編》，收於《四庫全書存目叢編》（台南：莊嚴文化事業有限公司，1997年），子部，第九十四冊，頁486上。

◎【憎嫉】爲狂風、爲連雨、爲烈日、爲苦寒、爲醜婦、爲俗子、爲老鴉爲惡詩、爲談時事、爲論差除、爲花徑喝道、爲對花張緋幄。

◎【榮寵】爲煙塵不染、爲鈴索護持、爲除地鏡淨，落瓣不淄。

◎【屈辱】爲主人不好事、爲主人慳鄙、爲種富家園內、爲與麤婢命名。〔註215〕

視花如美人，在澹陰、曉日、薄寒、細雨、輕煙……等美景襯托下，備顯嬌豔可愛，文人雅士可在曉日夕陽、或佳月微雪下，臨倚清溪小橋、松竹疏籬，並伴隨著嬌花吹笛、鼓琴或煮茗，以增風韻雅態；不過，若遇狂風、連雨、烈日、苦寒、霜害等，因花質脆弱易傷恐會減損原有的風致〔註216〕，尤其，若又逢主人不好剔蕊灌溉或吝嗇慳卑、甚至以鄙俗之名命之，更是一種對花卉的屈辱。無論是問花、榮寵或是屈辱，都是人的情感投射所致，使外在物象與審美主體相混融，並交織疊映出極具「文人化」的美感境界。

〔明〕周履靖〈閒雲館漫興四首〉其一：

披襟娛永日，山翠雨初過。小院花爭媚，晴窗鳥自歌。雲冠裁紫擇，野服紉青羅。幽意誰能識，閒居保泰和。〔註217〕

明代文人園居生活的興盛，一個重要的原因便是來自個人適志守靜的追求〔註218〕，身不肯役於物，於是走入城郊與山林，植松喬以嬉遊，闢園池以自樂，栽花竹以悅目，較之俗世塵囂，更多了一份淨心滌思的泰和與幽意，不過，這並不意味生活的雅致全然來自居室格局的佈置，所謂：「君子之道，居心爲上，居身次之。」〔註219〕「心」才是一切安居生活的前提，換言之，適

〔註215〕詳見〔宋〕張功甫：《梅品》，收於〔明〕周履靖編：《夷門廣牘》，頁841下～842上。

〔註216〕《菊譜》之「惜花」條有云：「花雖傲霜，其實畏之，一爲風所淩便非向者標致，風雨尤然，何況於霜乎？」詳見〔明〕周履靖編：《菊譜》，收於氏編：《夷門廣牘》，頁844下。

〔註217〕詳見〔明〕周履靖：〈閒雲館漫興四首〉其一，《閒雲稿》，卷三，收於氏編：《夷門廣牘》，頁1129下。

〔註218〕例如〔明〕練子寧〈杏林書隱記〉云：「結屋數楹於東山之麓，故居之北，內蓄圖書，外植大杏，帶以清流，環以群山，扁之曰：杏林書隱，以遊息其間且志先世之舊也。」詳見氏著：《中丞集》，收於《文淵閣四庫全書》（臺北：臺灣商務印書館，1983年），集部，第一二三五冊，上卷，頁22上。

〔註219〕詳見〔明〕王廷陳：《夢澤集》，收於《文淵閣四庫全書》（臺北：臺灣商務印書館，1983年），集部，第一二七二冊，卷十五〈善居〉，頁646上。

志生活的追求終須叩問心靈，唯有心與宇宙萬物相融相合才是本質意義，那麼，詩中「小院花爭媚，晴窗鳥自歌」一句，便能充分地說明人與萬物在生命相感互融之際，使庭園的梅蘭荷菊超越植物層面的內涵，宛如是一個個可以舉杯對酌相應和的良朋故友，為文人鋪設風雅的生活氣味。

第五節　結　語

　　本章是筆者探討《夷門廣牘》所架構之文人生活體系的其中一章，主要是針對「起居生活環境」所開展的討論。

　　居室，作為人類起居活動空間的主要場所，其中的意義或可以是庇護藏身、或可以是侍親頤養、或可以是讀書修身、或可以是適志守靜等，這是傳統中國文化所常見的幾種類型，然而，自明代中期以後，文人居室文化的發展有了大別以往的經營模式：就營建形制而言，漸以園林別業為大宗；就營建位址而言，漸以城郊山林為主要考量；就營建風格而言，也漸由質樸無華轉向精心佈置。居室不再只是為求「安居」，更是文人「遊憩清賞」的小宇宙。園主可在實際土木工程的規劃中，寄寓個人的情感意識，或是伴隨園中的花木泉石，領受著自然山川所帶來的悅心與娛目，又或者招徠一批知音同人相與唱和酬答，形成一道新穎的社交途徑。凡此，都是明代中晚期居室文化所開展的新意義。

　　再者，在居家生活的時空脈絡下，如何能與自然宇宙相契合是中國傳統的核心關懷，因此，明代文人也談風水、論擇吉，然卻未必是要人陷於迷信的泥淖之中，反而透過宇宙山川的地貌物態及運行規律，導引著環境的設計與選擇及居止活動應有的節奏步調，包括居室格局的規劃、有機的自然環境觀及時間觀、「和氣相生」的生命態度，甚至轉為一種為人處世的睿智等，這些都是有意義的啟示，也或許是明代文人對於風水雜占作品的深層關懷。

　　除此之外，居室內外相關物品的擺設與植栽也同樣獲得重視，不過，對明代文人而言，物品植栽的細辨考究只是生活應用的連帶認識，如何自別於其他權貴富豪的附庸風雅，並確定為文人特有生活品味，才是他們更為關心的首要課題，經筆者抉探分析後發現：「典故的回溯」及「人與物的心靈感通」是他們普遍採取的兩種重要途徑，試圖在人與物交涉互動、感通相融的過程中，劃出一道文化界線，依此建立起文人文化特有的內涵。

　　由此看來，居住載體（屋室）不妨說是一種生活方式的物化，它必須透過文化行爲的轉換，才能成就其藝術與精神功能，如果將它視爲一種文化資訊的有序符號，那麼，其中便涵藏了各種人與人、人與物、人與社會的關聯，便如社會學家丁俊清的研究所指：

> 同一建築空間，它的意義要由居住者本身去體味，而這種體味和人
> 的年齡、職業、地位、文化程度、社會經驗、心情和當時所處的環
> 境等一系列因素有關，這些因素統稱爲文化。也就是說，一座建築
> 物給人的感受要由人對該物進行「文化體驗」，使建築物經由文化的
> 再排列而構成一種有意義的文化存在（文化機理）。〔註220〕

換言之，對於明代文人的居室生活，我們大可跳脫一般對於物質環境的理解，諸如格局對稱、空間序列、材料內容、比例原則等形式美感，進而透視其中隱含的某些精神本質，諸如氣氛、品味、哲理、美學……等等，而《夷門廣牘》內的相關安排，恰好實踐了這層意義。

〔註220〕詳見丁俊清：《中國居住文化》（臺北：洪葉文化事業有限公司，1999 年），
　　　　頁 269～272。